図解で早わかり

最新

裁判・訴訟の基本と手続き

弁護士 森 公任　弁護士 森元みのり［監修］

三修社

本書に関するお問い合わせについて

本書の記述の正誤に関するお問い合わせにつきましては、お手数ですが、小社あてに郵便・ファックス・メールでお願いします。大変恐縮ですが、お電話でのお問い合わせはお受けしておりません。内容によっては、お問い合わせをお受けしてから回答をご送付するまでに１週間から２週間程度を要する場合があります。

なお、本書でとりあげていない事項についてのご質問、個別の案件についてのご相談、監修者紹介の可否については回答をさせていただくことができません。あらかじめご了承ください。

はじめに

日常生活の中で法的なトラブルに巻き込まれてしまうことがあります。民事事件については、通常の民事訴訟だけでなく、少額訴訟、支払督促などさまざまな手段があります。刑事事件については、捜査機関や裁判所を通した厳格な手続きが必要になります。また、国や地方公共団体の処分などについて行政事件として争いになることもあります。

訴訟の勝敗は偶然によって左右されるものではありません。訴訟は、弁護士など専門家による訴訟技術の巧拙が影響する場合もありますが、大部分は、当事者の人柄、誠実さ、表現力にかかってきます。また、自分の言い分を証明して、裁判官に納得してもらう事も必要になります。提出する証拠、当事者本人の証言のしかた、印象によって訴訟の結果が左右されることがあります。

民事訴訟では、相手方が勝訴判決を気にしないような場合、訴訟で勝ち取った権利を実現するために強制執行をする必要がでてきます。また、訴訟が終了するまでの間に民事保全という手続きで相手方の財産を暫定的に確保することもよく行われます。

本書には、民事訴訟、刑事訴訟、行政訴訟といった基本的な訴訟のしくみをはじめとして、裁判所で訴訟をするための必要知識がたくさん盛り込まれています。少額訴訟、支払督促、労働審判、消費者団体訴訟、発信者情報開示命令申立て、家事事件、少年事件、行政争訟など、日常トラブルの解決手続きを網羅しています。

「民事訴訟手続きのIT化」に対応した令和４年の民事訴訟法改正、消費者裁判手続特例法改正、令和４年施行のプロバイダ責任制限法改正、少年法改正など、最新の法改正にも対応しています。この他、消費者の財産的被害回復のための手続きや行政不服審査法の改正など、近年法改正のあった手続きについてもフォローしています。

本書を通じて、トラブルの解決の一助になることができれば幸いです。

監修者　弁護士　森公任　　弁護士　森元みのり

CONTENTS

PART 2　日常トラブルを解決するさまざまな訴訟

PART 3 民事執行・民事保全の手続き

PART 4　刑事訴訟法のしくみ

PART 5 行政訴訟・不服申立てのしくみ

PROLOGUE

裁判訴訟の基本
早わかり

PROLOGUE 1

裁判訴訟の基本早わかり

訴訟手続きの種類

当事者間のトラブルを裁判所が関与して解決する

■ 訴訟（裁判）とは何か

訴訟（裁判）とは、国家機関の一つである裁判所が、私たちが抱えるトラブルや利害の対立を法律に基づいて解決するために、対立する当事者を関与させて、中立・公平な立場から審理して、一定の判断を下すまでの一連の手続きのことです。

訴訟には、私人（生身の人間や会社などの法人）同士のトラブルを解決するための「民事訴訟」、犯罪事実を認定して犯人に刑罰を科すための「刑事訴訟」、国や地方公共団体など公権力の権限行使の適法性を確保するための「行政訴訟」があります。

交通事故の例で見てみましょう。交通事故を起こして被害者を負傷させたときは、まず被害者に対する損害賠償（治療費や慰謝料など）が問題になり、話し合いで解決がつかなければ民事訴訟によって解決します。また、運転者に不注意があった場合には自動車運転過失致傷罪で起訴され、刑事訴訟によって有罪・無罪が決まります。さらに、運転者に対し運転免許取消処分が公安委員会によってなされた場合には、それが違法だと思えば、その処分の取消しを求める行政訴訟（取消訴訟）を起こすことになります。

訴訟と裁判の違い

日常用語では、訴訟と裁判は同義で用いられることが多い。
しかし、民事訴訟が典型的であるが、訴訟とは、相対立する当事者の紛争を裁判所が解決する作用を表す言葉である。
これに対して、裁判とは、紛争に対して裁判所が一定の判断を下すことを表す言葉である。終局的な判断である判決だけでなく、付随的な事柄に対する判断である決定・命令を含む言葉として用いられる。

行政訴訟

おもに行政処分の適法性に関する紛争について、裁判所が中立・公平な立場から審理・判断する手続きのこと。

■ 民事訴訟と刑事訴訟の違い

行政訴訟は民事訴訟の特殊な形態ということもできますから、ここでは民事訴訟と刑事訴訟の違いを見ていきましょう。

民事訴訟も刑事訴訟も同じく「訴訟」ですから、前述のよう

訴訟のイメージ

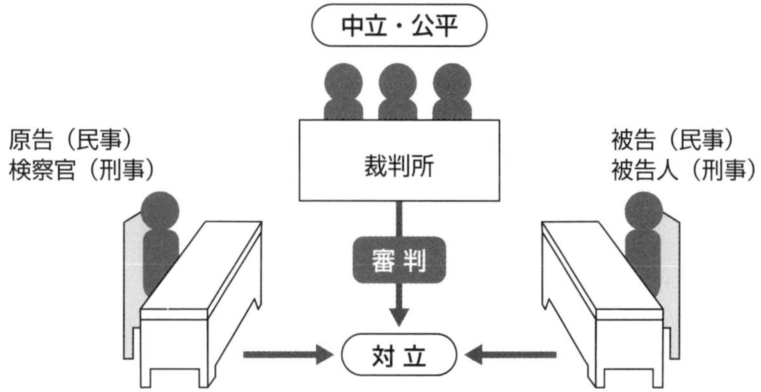

に、おおまかな点では共通しますが、以下のように、①訴訟の主体（当事者）、②訴訟の客体（訴訟物）の点で大きく違っています。この２点の違いが、訴訟のさまざまな場面で具体的な手続上の違いとなって現れてきます。

①　訴訟の主体

民事訴訟の当事者は、原則として私人（生身の人間や法人）同士です。これに対して、刑事訴訟の当事者は、原則として生身の人間である被告人と国家権力である検察官であり、その間には力の差があります。

②　訴訟の客体

訴訟の客体となる権利義務・法律関係のことを「訴訟物」といいます。民事訴訟の訴訟物は、原則として私人の自由な処分に委ねられている私法上の権利義務・法律関係です。これに対して、刑事訴訟の訴訟物は、国家の刑罰権であり、当事者の自由な処分が許されるものではありません。

被告と被告人

民事訴訟の場合は、訴えを起こす者を「原告」、訴えを起こされる者を「被告」という。刑事訴訟の場合は、訴えを起こす（起訴する）のは検察官であり、訴えを起こされる者を「被告人」という。

私法

民法・商法・会社法など、私人間の権利義務・法律関係について規律する法律を総称して「私法」という。

訴訟の目的

民事訴訟と刑事訴訟では訴訟の目的が違う

■ 手続法と実体法の関係

訴訟とは、裁判所や当事者の行為の積み重なりによる一連の流れをもつ手続きです。そして、この手続きを規律する基本的な法律が、民事訴訟法や刑事訴訟法です。このように手続きを規律する法律のことを「手続法」といいます。訴訟は、手続法の規定に従って進行していくことになるのですが、それだけでは、トラブルの解決を図ることはできません。判断を下す際の基準がないからです。そこで、判断を下す際の基準となるべき法律（実体法）が定められています。民法や刑法といった法律が、その基準となる法律です。実体法は、通常、「ある要件を満たせば、ある効果が発生する」という形で規定されており、訴訟の際の基準を示しています。裁判所は、これらの実体法が定める基準に照らして、ある要件を満たしたのかどうかを判断して、当事者間のトラブルを解決していくことになります。

■ 訴訟にはどんな目的があるのか

訴訟の目的は、民事訴訟と刑事訴訟とで違っています。

① 民事訴訟の目的

民事訴訟は、原則として対等な関係に立つ私人同士が当事者となり、個人の自由な処分に委ねられている私法上の権利義務や法律関係についての紛争を解決する手続きです。ですから、民事上のトラブルが起きた場合、当事者は必ずしも訴えによって解決する必要はなく、訴え以外の方法（たとえば、裁判外の和解など）で解決を図ってもよいわけです。

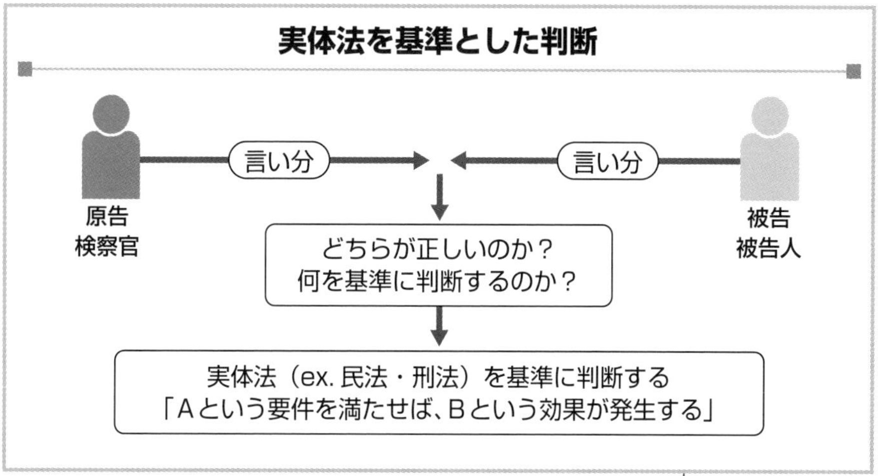

ただ、憲法上、すべての人に「裁判を受ける権利」が保障されていますから、ひとたび訴えが提起された場合、裁判所は、国家機関として強制力をもって、私法上の権利義務や法律関係についての紛争の解決に努めることになります。

民事訴訟の目的は、このように私法上の紛争を解決することによって、私人の権利保護と私法秩序の維持を図ることにあります。

②　刑事訴訟の目的

刑事訴訟は、民事訴訟と違い、訴訟の客体（国家の刑罰権）について、当事者が自由に処分することはできません。そのため、実体法である刑法などの刑罰法令の実現は、原則として訴訟という手続きをとらなければなりません。

憲法31条も、「何人も、法律の定める手続によらなければ、その生命若しくは自由を奪われ、又はその他の刑罰を科せられない」として、法律の定める手続きによらなければ刑罰が科せられないことを保障しています。この規定を受けて、刑事訴訟法１条は、刑事訴訟の目的が、公共の福祉と個人の基本的人権の保障とをまっとうしながら、事案の真相を明らかにして、刑罰法令の適正・迅速な適用実現をすることにあるとしています。

刑事訴訟法の目的

刑罰を科すためには事案（どのような犯罪事実があったか）を解明しなければならないが、それに懸命になるあまり、基本的人権を侵害してはならないということである。

裁判所

独立した裁判官によって裁判は行われる

■ 裁判所には独立性が要求される

裁判所は中立・公平な立場から当事者間のトラブルを解決する国家機関ですから、立法機関である国会や行政機関である内閣などからの不当な圧力や干渉を受けることがあってはなりません。そのため、裁判所・裁判官の職権行使は独立して行われるものとされています。これを「司法権の独立」といいます。

司法権の独立

裁判所・裁判官が立法機関・行政機関からの干渉を受けないことだけでなく、裁判官が司法機関内部からの干渉を受けないことも、司法権の独立の意味するところである。

■ 裁判所の種類と審級制度

訴訟を行う裁判所は、大きく最高裁判所と下級裁判所に分類されます。下級裁判所は、さらに高等裁判所、地方裁判所、簡易裁判所、家庭裁判所に分類されます。

訴えの提起は、第一審の裁判所となる地方裁判所あるいは簡易裁判所に対して行われます。第一審の裁判所で決着がつかなければ、控訴によって第二審裁判所である高等裁判所あるいは地方裁判所へと争いの場が移り、場合によっては上告もしくは特別上告によって最高裁判所まで持ち込まれます。

このように、民事・刑事どちらの事件も、原則として3段階で裁判所の判断を受けることができます（三審制）。

さらに、民事・刑事のどちらの事件にも再審制度が設けられています。刑事事件の場合には、被告人の刑の確定後、判決に合理的な疑いを生じる新しい証拠が発見されたときなど、民事事件の場合には、確定した判決に法律上の重大な瑕疵（間違い）があるときなどに、裁判のやり直し（再審）を請求できます。

なお、家庭内の紛争や非行少年に対する措置などを扱う裁判

控訴・上告

控訴は第二審（控訴審）の裁判所への不服申立て、上告は第三審（上告審）の裁判所への不服申立てであり、控訴・上告をあわせて上訴という。
なお、簡易裁判所が第一審となる民事事件ついては、高等裁判所が第三審となるが、憲法問題があるときは最高裁判所に特別上告ができる。憲法上、最高裁判所が憲法問題を判断する終審裁判所と位置付けられているからである。

三審制とは

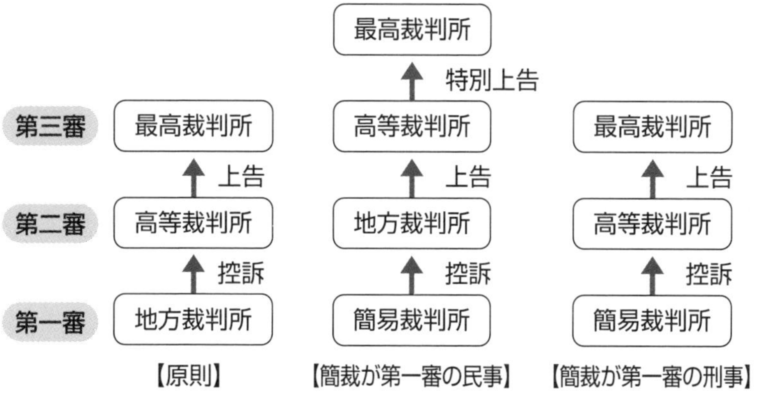

- 判決書の送達を受けた日から２週間以内に上訴しなければならない
- 上訴は判決を下した裁判所に控訴状・上告状を提出して行う

所として家庭裁判所もあります。ここでは、夫婦関係や親子関係の紛争などの家事事件についての調停や審判、非行少年の事件についての審判などを行います。

■ 合議制と単独制とは

最高裁判所は常に合議制で、15人の裁判官全員で構成される大法廷と、５人の裁判官で構成される３つの小法廷があります。最高裁判所が取り扱う事件は、まず小法廷で審理され、憲法問題（法令の憲法違反の問題など）がある場合や最高裁判所の判例を変更する場合などは、大法廷に移して審理されます。

高等裁判所も常に合議制で、原則として３人の裁判官で構成されます。地方裁判所は、第二審として裁判するときは常に３人の裁判官の合議制ですが、第一審として裁判するときは原則として単独制です。簡易裁判所は常に単独制です。

裁判所の構成員

裁判所には、裁判官の他に、裁判所調査官、裁判所書記官、裁判所事務官、執行官などが置かれている。

合議制の裁判所

合議制の裁判所においては、これを構成する裁判官のうち１人が裁判長となり、判決、裁判官の過半数で意見を決める。

PROLOGUE
4

裁判の費用と国選弁護制度

民事訴訟の裁判費用は訴額によって違う

■ 訴訟費用には裁判費用と当事者費用がある

訴訟費用とは、訴訟を進めるために必要となる費用で、裁判費用と当事者費用の２種類があります。勝訴者は支出した訴訟費用を敗訴者から回収できます（敗訴者負担）。

① 裁判費用

訴え提起の手数料や証拠調べの費用など、裁判所の行為に必要な費用です。たとえば、原告が裁判所に訴えを提起するときに必要な手数料は、訴訟の目的の価額（訴額）に従って法律で定められています。また、証拠調べの費用には、証人尋問をするときに証人に支払う旅費や日当の他、鑑定をするときに鑑定人に支払う鑑定料などがあります。

② 当事者費用

訴訟の当事者（原告や被告）の行為に必要な費用です。たとえば、訴訟の当事者が法人の場合に必要な商業登記簿謄本などの資格証明書、不動産に関する紛争の場合に必要な不動産登記簿謄本の交付費用の他、訴状や準備書面といった書面の作成費用や、当事者や代理人が法廷に出頭するため必要な旅費や日当・宿泊費などが当事者費用に含まれます。

手数料

訴額10万円までの場合は1000円であるが、徐々に金額が上昇していく。たとえば、訴額300万円の場合は２万円、訴額1000万円の場合は５万円となる。
手数料は収入印紙を訴状に貼付して納付する。手数料を納めない場合、訴えは却下されることになる。つまり、訴えの提起それ自体を退け、訴えの内容（請求内容）についてまで踏み込まないことになる。

■ 弁護士費用の自己負担

裁判にかかる費用のうち最も大きな比重を占めるのが、弁護士に依頼した場合の弁護士費用です。弁護士費用は、弁護士に委任しなければ十分な訴訟活動ができないと裁判所が認めた場合のみ敗訴者負担となりますが、それ以外は勝訴しても敗訴者

訴訟に必要な費用

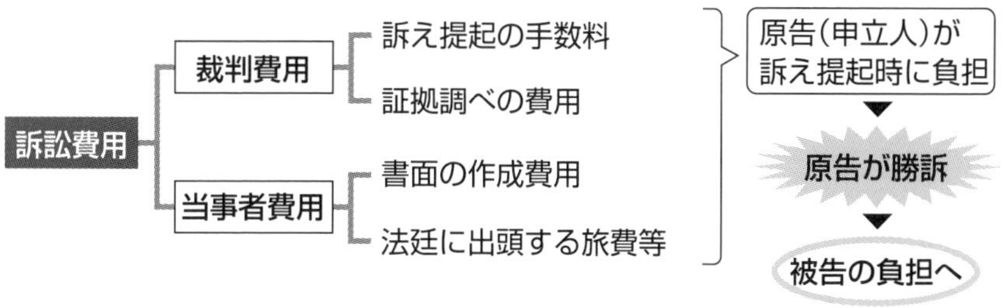

☆弁護士費用…原告勝訴後も、被告に負担させることはできない（原則）
★国選弁護人（刑事事件）…国費により選任される（被疑者は勾留されている者が対象）

に負担させることはできません。勝訴しても資料収集費や弁護士費用などは自己負担になります。

■ 刑事訴訟における国選弁護人制度

民事訴訟の場合、前述したように弁護士費用は原則として自己負担です。これに対し、刑事訴訟の場合、貧困などの経済的な理由から弁護人をつけることができない被疑者・被告人のために、国選弁護人制度が設けられています。

殺人罪や強盗罪などのいわゆる凶悪事件については、弁護人がいなければ刑事訴訟の審理を進めることができないため（必要的弁護事件）、裁判所が職権で国選弁護人をつけます（刑事訴訟法289条）。また、国選弁護人は原則として起訴された被告人につけることができますが、被疑者が勾留の対象となっている事件については、被疑者段階から国選弁護人をつけることができます（被疑者国選弁護制度、刑事訴訟法37条の２）。

その他、各弁護士会が自主的に設置している当番弁護士制度の活用により、弁護士と面会することも可能です。

私選弁護は自己負担

刑事訴訟の場合も、被疑者・被告人が自ら弁護士を依頼した場合（私選弁護）には、弁護士費用は自己負担である。

必要的弁護事件

必要的弁護事件は「死刑又は無期若しくは長期三年を超える懲役若しくは禁錮にあたる事件」である（刑事訴訟法289条1項）。

PROLOGUE
5

裁判訴訟の基本
早わかり

管轄

事件に応じて担当する裁判所が違う

■ 管轄とは何か

訴訟を提起する場合に、どの裁判所がその事件を担当するのか、という裁判所の仕事の分担について定めたものです。どの裁判所に訴訟を提起すべきかという問題を決定するのが管轄の定めです。管轄は、法律によって管轄を定めている「法定管轄」とそれ以外の「指定（裁定）管轄」に分けることができます。

■ 法定管轄の種類

最高裁判所が第二審の場合

内乱罪に関する事件のように高等裁判所が第一審となる場合、第二審が最高裁判所となる。

法定管轄は、いくつかの基準によって、以下のように分類することができます。

① 審級管轄

上級の裁判所と下級の裁判所との関係を定めるものです。

民事訴訟の場合、第一審は簡易裁判所・地方裁判所、第二審（控訴審）は地方裁判所・高等裁判所、第三審（上告審）は高等裁判所・最高裁判所です。

これに対して、刑事訴訟の場合、第一審は簡易裁判所・地方裁判所・高等裁判所、第二審は高等裁判所・最高裁判所、第三審は最高裁判所です。

② 事物管轄

訴訟物の価額や性質（民事訴訟の場合）、犯罪の種類（刑事訴訟の場合）によって事件を担当する裁判所を配分するものです。

民事訴訟の場合、訴額（訴訟物の価額）が140万円以下の事件は簡易裁判所、これを超える事件は地方裁判所の管轄になります。刑事訴訟の場合、罰金以下の刑や選択刑として罰金の刑

管轄のしくみ

法定管轄	審級管轄	裁判所の上下関係により定まる 【例】地裁(第一審) ⇒ 高裁(控訴審) ⇒ 最高裁(上告審)
	事物管轄	訴訟の内容(請求内容)により定まる 民事 訴訟物の価額(訴額)により決定される。 【例】訴額 140 万円超 ⇒ 地裁
	土地管轄	事件との関係により定まる 民事 被告の住所地所在の裁判所 刑事 事件の犯罪地 or 被告の住所地所在の裁判所
指定管轄	法定管轄により管轄が定まらない場合に、裁判所により定められる ⇒ 民事 当事者の合意により管轄を定めることができる場合がある 〈合意管轄〉	

が定められている罪などに関する事件は簡易裁判所、内乱罪などに関する事件は高等裁判所、これら以外は地方裁判所が管轄になります。

③　土地管轄

事件と関係のある地点によって事件を担当する裁判所を決めるものです。民事訴訟の場合は、原則として被告の住所地を管轄する裁判所に訴えを提起します（例外として、義務履行地、事務所・目的物の所在地、不法行為地などがある)。刑事訴訟の場合は、事件の犯罪地もしくは被告人の住所（居所・現在地）を管轄する裁判所に公訴を提起（起訴）します。

応訴管轄

民事訴訟の場合、原告が、法定管轄が認められていない裁判所に訴えを提起したとしても、被告がその裁判所で応訴をすれば、その裁判所に管轄権が認められる。

■ 指定（裁定）管轄とは

法定の管轄権をもつ裁判所が裁判権を行使できない場合、あるいは管轄裁判所が明らかでない場合に、上級の裁判所が定める管轄のことです。なお、民事訴訟の場合、当事者の公平と便宜を図るため、一定の範囲で、当事者の合意によって管轄裁判所を定めることが認められています（合意管轄)。

裁判所の公平を担保する制度

裁判官の除斥・忌避・回避の制度がある

■ 裁判所は公平でなければならない

国家機関である裁判所は、中立かつ公平に裁判をしなければなりません。「公平な裁判所による裁判を受ける権利」は、憲法で保障されています（憲法37条１項・32条）。

「公平な裁判所」とは、組織や構成において偏った裁判をするおそれのない裁判所のことをいいます。

このような憲法上の要請を受け、民事訴訟法や刑事訴訟法では、「裁判所の公平」を担保するため、裁判官の除斥・忌避・回避の制度が設けられています。

■ 裁判官の除斥とは

裁判官に偏った裁判をするおそれのある一定の事由（除斥事由）があるときに、法律上当然に職務の執行から排除する制度のことです（民事訴訟法23条１項、刑事訴訟法20条）。

裁判官が当事者の親族であったり、保護者であったりする場合などに、裁判官がその事件を担当することになると、公平な裁判を期待することはできません、そこで、除斥事由にあたるときは、当事者の請求を待たず、当然に職務の執行から排除されるとしています。ただ、除斥をするには除斥事由を確認するための裁判を経る必要があります。

■ 裁判官の忌避とは

裁判官に不公平・不公正な裁判をするおそれのある事情がある場合に、当事者の申立てに基づいて、裁判によって裁判官を

裁判の公正は裁判官の公正から

裁判の公正を確保するには、実際に裁判をする裁判官の公正を確保する必要がある。裁判についてどんなによい制度を設けても、それを運用する人間の公平性が確保されないのでは、何にもならない。裁判官の除斥・忌避・回避の制度も裁判の公正を保つのに重要な制度である。
なお、裁判長が被告の弁護士の娘婿であったという事件で、最高裁はこのような場合でも裁判の公正を害するものではないと判断したことがあったが、この判断は批判の対象とされている。

除斥・忌避・回避

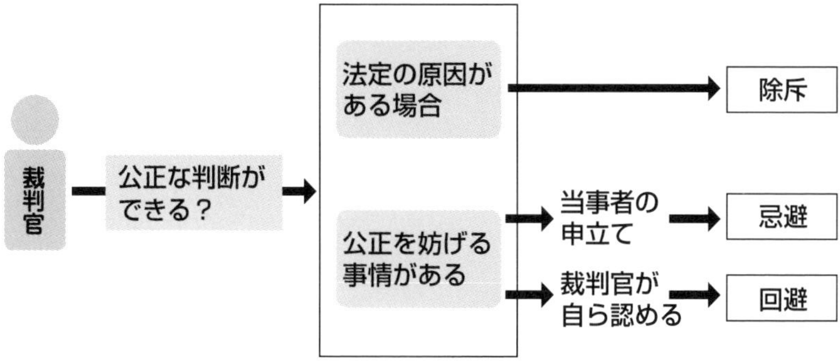

職務の執行から排除する制度です（民事訴訟法24条、刑事訴訟法21条）。

なお、刑事訴訟の場合、弁護人も被告人の明示の意思に反しない限り、被告人のため忌避の申立てをすることができます。

ただ、忌避原因があることを知りながら、裁判官の面前で弁論をしたり、弁論準備手続に申述したとき（民事訴訟の場合）、事件について請求や陳述をしたとき（刑事訴訟の場合）には、その裁判官を忌避することはできなくなります。

また、訴訟遅延の目的など濫用的な忌避の申立てに対しては、申立てを受けた裁判官自らが加わり、申立てを却下することができます。

除斥／忌避／回避

除斥は、法定の原因がある場合に当然に職務を行うことができなくなることをいう。
忌避は、除斥原因以外に、裁判の公正が妨げられる事情がある場合に、当事者の申立てにより裁判を経て裁判官を訴訟から排除することをいう。
回避は、裁判官が自ら進んで訴訟への関与を避けることをいう。

■ 裁判官の回避とは

裁判の公平を害する事由があると考えた裁判官が、自発的に職務の執行から離脱する制度のことです（民事訴訟規則12条、刑事訴訟規則13条）。裁判官が回避をするには、裁判所の許可を得る必要があります。

民事訴訟を起こす場合の下準備

事実関係を整理して必要な証拠を集める

■ まず事実関係を整理する

民事訴訟を起こすことを決意した場合は、①事実関係を整理すること、②証拠を確保すること、が必要となります。

まず、事実関係をよく整理して、紛争の実体を把握します。トラブルが深刻になっていくと、最初は単なる利益問題だったものが、いつしか感情の問題に変わっていってしまうこともあります。次に、自分の主張を裏付けるための証拠を確保していきます。訴訟は証拠の有無が勝敗を分けます。訴訟で権利を主張する側は、その権利が存在することを証明しなければなりません。これを立証といいます。そのためには、証拠が必要です。

証拠の具体例

たとえば、売買代金を請求する事件の場合は、契約書や請求書、相手方からの回答書・帳簿類などが証拠になる。

■ 内容証明郵便の送付

請求の証拠として、訴訟を起こす前に内容証明郵便を送付するのも有力な方法です。内容証明郵便は、誰が、どんな内容の郵便を、誰に送ったのかを郵便局（日本郵便株式会社）が証明する特殊な郵便です。受取人にある程度のインパクトを与えることができ、後々訴訟になった場合の強力な証拠になります。

内容証明郵便は、配達証明付にして差し出せば間違いがありません。郵便物を発信した事実から、その内容、さらには相手方に配達されたことまで証明をしてもらえます。

内容証明郵便の作成ルール

用紙についてはとくに指定はないが、文字数と行数については、縦書きの場合は、20字以内×26行以内、横書きの場合は、①20字以内×26行以内、②26字以内×20行以内、③13字以内×40行以内という制限がある。使用できる文字や文字数のカウントについても一定のルールがある。

内容証明郵便の料金

内容証明料金が1枚につき440円（1枚増えるごとに260円加算）、書留料金435円、通常の郵便料金84円（25ｇまで）、配達証明料金は320円（差出時）である。

■ 訴訟を起こすのにどんな書類が必要か

訴訟を起こすには、訴状を用意しなければなりません。裁判は、訴状を裁判所に提出することによって開始します。訴状は、

証拠のとり方

	収集の場所	証拠となるもの
利害関係人など第三者も閲覧や謄写が認められるもの	市区町村役場	固定資産課税台帳登録事項証明書（東京都23区の場合は都税事務所）、住民基本台帳、住民票、都市計画図
	税務署	路線価図
	法務局	土地・建物登記事項証明書、建物所在図、地図（土地の区画・地番）、会社・法人登記事項証明書
	運輸支局または自動車検査登録事務所	登録事項等証明書
	特許庁	特許、意匠、商標、実用新案権の各原簿など
相続人が収集できるもの	金融機関	被相続人の取引経緯明細書、残高証明
	郵便局	郵便貯金の残高、簡易保険加入の有無

裁判所に判断を求める請求内容などを記した書面で、ここに記された内容を中心に、裁判が展開されていきます。

訴状を提出するときには、請求額に応じた申立手数料を収入印紙で支払います（上図参照）。また、添付書類として、いくつかの文書が必要になってきます。たとえば、土地や建物など不動産に関する事件の場合は、不動産登記事項証明書や、固定資産課税台帳登録事項証明書などが必要になります。

オンラインによる訴状提出

令和４年（2022年）成立の民事訴訟法改正により、オンラインによる訴状の提出（e提出）が可能になった（25ページ参照）。

■ 証拠の準備が勝敗の分かれ目になる

訴訟において当事者が最終的な目的としているのは、自分に有利な判決を得ることです。そのためには、自分の主張が正しいことを、裁判官に納得してもらわなければなりません。そのとき必要になるのが証拠です。ある事実が存在するか否かを判断する裁判官の行為を事実認定といい、その際に裁判官が用いる材料のことを証拠といいます。たとえば、貸金返還請求訴訟の場合には、契約書や借用書が証拠になります。

PROLOGUE
8

民事訴訟手続きのIT化

裁判書類の提出や訴訟記録の電子化、口頭弁論のオンライン実施など

■ なぜ改正が行われたのか

わが国における民事訴訟手続は、基本的に紙ベースで行われており、諸外国に比べてIT化が遅れているとされています。そのため、わが国においても民事訴訟手続のIT化を促進し、その利便性を向上させて、諸外国に足並みをあわせていかなければならないとの議論が、従来から継続的に行われてきました。

こうした背景を踏まえ、令和４年（2022年）５月18日、民事訴訟手続のIT化を促進させるための規定などを盛り込んだ改正民事訴訟法が成立しました。民事訴訟手続をIT化することのメリットとして、以下の点を挙げることができます。

・訴訟当事者の物理的・心理的負担の軽減

民事訴訟手続が紙ベースで行われており、それに伴うさまざまな煩雑な対応（たとえば、FAXの送受信、書類の送付）が求められることがネックとされてきました。しかし、民事訴訟手続をIT化することで、ほとんどの部分を電子的な方法により行えるようになります。

・訴訟の進行過程においてWeb機能の活用

たとえば、Webメッセージ機能を利用して当事者間で意見や質問のやり取りをする、期日において画面共有機能を使用しながら当事者の意見を聴取する、期日において裁判官自身が作成したメモ等を訴訟関係者間で共有するなど、IT技術ならではの臨機応変で即応性の高い訴訟審理が行えるようになります。

そのため、より柔軟な民事訴訟の審理が行われることにつながり、従来と比較して裁判に携わる人々の負担が軽減され、全

民事訴訟のIT化と諸外国の動き

法務省が設置する法制審議会に提出された「民事裁判手続等IT化研究会報告書」（令和３年12月）によれば、アメリカ・中国・シンガポール・韓国等においては、民事訴訟手続に関するIT化が急速に進められている。

改正法の施行予定

改正法は段階的に施行される計画となっており、2025年度中(2026年３月末まで)には全面的に施行される予定である。

改正民事訴訟法における3つのe

① e提出

民事訴訟手続のために必要な「訴状」「答弁書」「準備書面」等の書類をオンラインで提出できる。訴訟費用の納付をインターネットバンキング等を活用した電子的振込によって行うことができる。

② e事件管理

当事者が提出した書類、判決書、和解調書等の訴訟記録をオンラインでアクセスして閲覧できる。裁判期日の調整もオンラインで行われるようになる。

③ e法廷

裁判所で直接裁判官の面前で行わなければならない種々の手続について、テレビ会議やWeb会議システムの活用が大幅に拡大される。

体として訴訟資源の節約にもつながるといえます。

・裁判資料の電子化

訴訟資料のすべてを紙媒体にすると膨大な量となり、印刷や複写のための労力と費用の負担は大きなものとなります。それらの書類を保管するための場所や費用の負担も大きいです。

しかし、IT技術を活用して、訴訟の初期段階から関係する書面を電子化する制度を導入することで、民事訴訟手続で生じるさまざまな負担の問題を解決できることになります。

■ 民事訴訟手続のIT化によりできるようになること

民事訴訟手続のIT化により、以下のように、e提出、e事件管理、e法廷の3つのeが実現します（上図参照）。

・オンラインによる訴状提出（e提出）

現状では、訴状の提出は、原則として、紙媒体にて訴えを提起する裁判所へ直接出向いて提出するか、もしくは郵送で送付

訴状

民事訴訟では、訴状が裁判所に提出された時に、訴えが提起されたことになる。38ページ参照。

するとされています。しかし、改正民事訴訟法により、いつでもオンラインで訴状を提出できるようになります。また、弁護士が訴状を提出する場合は、オンラインでの提出が義務化されることになります。

その他、訴えの提起時に裁判所に納付すべき手数料の支払いについても、従来の印紙による納付の他、インターネットバンキング等を利用した方法で支払えるようになります。

・訴訟記録の閲覧・複写の電子化（e事件管理）

現状では、訴訟記録を閲覧したり複写（コピー）を取得したりする場合は、実際に書面が保管されている裁判所に直接出向いて、裁判所書記官に請求しなければなりません。しかし、改正民事訴訟法により、IT技術を活用して訴訟記録の閲覧・複写の手続は、いつでもオンラインで行えるようになります。

・口頭弁論のオンライン実施（e法廷）

改正民事訴訟法ではIT技術を活用して当事者がオンラインで訴訟参加ができるように、訴訟制度自体を大幅に変更・緩和することとしました。具体的には、Web会議（裁判所および両当事者が映像と音声の送受信で相手の状態を相互に認識しながら通話できる方法）によって、口頭弁論の審理を進めていくことが可能となります。

・弁論準備手続の完全オンライン実施（e法廷）

現状では、弁論準備手続は当事者の一方が裁判所に出頭していれば、もう一方はWeb会議または電話会議（裁判所および両当事者が音声の送受信で同時に通話できる方法）での出席ができるとされています。弁論準備手続は口頭弁論ではありませんが、裁判の形骸化を防ぐため、この規定があります。改正民事訴訟法により、口頭弁論の柔軟化に合わせて、両当事者ともWeb会議・電話会議での出席が認められるようになります。

・証人尋問のオンライン実施要件の緩和（e法廷）

現状では、証人尋問は一定の理由があれば、Web会議によ

本人訴訟の場合の訴状提出

弁護士等を使わずに自分で訴訟を提起する本人訴訟においては、従来通り書面での提出も可能となる予定。

訴訟記録

裁判所が保管する訴訟に関するすべての記録。訴えを提起する者が作成する訴状とそれに対する相手方からの答弁書、両当事者の裁判期日のための準備書面に加えて、裁判上で当事者から提出された書面による証拠（書証）や、判決が書かれた判決書、判決に代わるものとなる和解調書等、裁判所が主体となって作成する書面も含まれる。

口頭弁論

民事訴訟手続の両当事者やその代理人が、裁判官の面前で直接自身の主張を述べたり、相手方への反論を述べたりする訴訟行為。

弁論準備手続

訴えが提起された後、民事訴訟手続の初期段階において、争点や証拠の整理を行うために、裁判官と両当事者またはその代理人が立ち会って行う手続。口頭弁論を迅速かつ的確に行うことを目的としてなされる。

Web会議システムを使った期日のイメージ

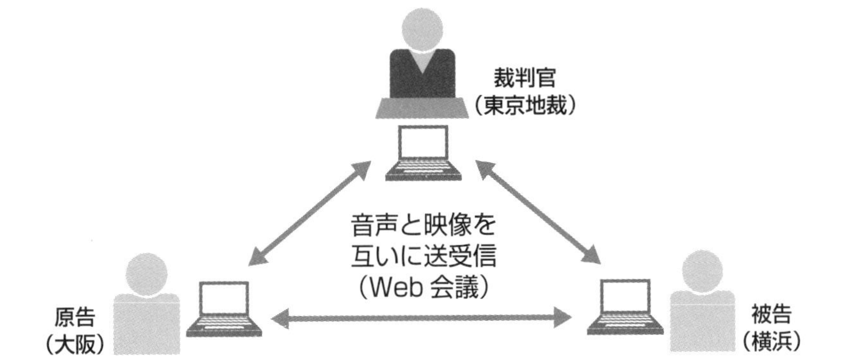

る出席ができるとされていますが、それが認められるのは、裁判所から遠隔地に住んでいるか、あるいは法廷で相手方から威迫を受ける可能性がある場合などの限られた場合です。改正民事訴訟法により、これらの場合に加え、両当事者に異議がない場合もWeb会議による証人尋問ができるようになります。

証人尋問

訴訟における証拠のひとつとされる証人（事件の目撃者等）が、裁判所において宣誓をした上で証言（経験した事実を述べること）を行うと共に、相手方や裁判官からの審尋（質問等）に答える手続き。裁判官は証人の受け答えや態度等を観察し、その証言に信用性があるかどうかなどを判断する。

■ 法定審理期間訴訟手続

現状では、民事訴訟の訴えの提起から判決の言渡しまでの期間は法律で定められていません。訴えを提起してから判決が言い渡されるまで１年あるいはそれ以上かかることもあります。訴訟を提起しても、紛争の解決までどの程度の期間かかるのかが不透明であることが、民事訴訟を活用しにくい原因の一つであると指摘されていました。そのため、改正民事訴訟法により、IT技術の活用により、当事者と裁判官の間で簡易迅速なやり取りが可能になることに合わせて「法定審理期間訴訟手続」が定められました。両当事者が望む場合あるいは一方当事者が申し出て相手方が同意する場合、訴えの提起から終局判決までを約７か月以内で行えるようになります。

法定審理期間訴訟手続を採用した場合

法定審理期間訴訟手続を採用した場合の終局判決に対しては、それが訴え却下の判決である場合を除き、控訴をすることができない。ただし、２週間以内に異議申立てをすることで、通常の民事訴訟手続による審理・判決が行われる。

資料　裁判所への手数料一覧

単位：円（令和５年２月現在）

手数料／訴額等	訴えの提起	支払督促の申立て	借地非訟事件の申立て	民事調停・労働審判手続の申立て	控訴の提起	上告の提起
10万まで	1,000	500	400	500	1,500	2,000
20万	2,000	1,000	800	1,000	3,000	4,000
30万	3,000	1,500	1,200	1,500	4,500	6,000
40万	4,000	2,000	1,600	2,000	6,000	8,000
50万	5,000	2,500	2,000	2,500	7,500	10,000
60万	6,000	3,000	2,400	3,000	9,000	12,000
70万	7,000	3,500	2,800	3,500	10,500	14,000
80万	8,000	4,000	3,200	4,000	12,000	16,000
90万	9,000	4,500	3,600	4,500	13,500	18,000
100万	10,000	5,000	4,000	5,000	15,000	20,000
120万	11,000	5,500	4,400	5,500	16,500	22,000
140万	12,000	6,000	4,800	6,000	18,000	24,000
160万	13,000	6,500	5,200	6,500	19,500	26,000
180万	14,000	7,000	5,600	7,000	21,000	28,000
200万	15,000	7,500	6,000	7,500	22,500	30,000
220万	16,000	8,000	6,400	8,000	24,000	32,000
240万	17,000	8,500	6,800	8,500	25,500	34,000
260万	18,000	9,000	7,200	9,000	27,000	36,000
280万	19,000	9,500	7,600	9,500	28,500	38,000
300万	20,000	10,000	8,000	10,000	30,000	40,000
320万	21,000	10,500	8,400	10,500	31,500	42,000
340万	22,000	11,000	8,800	11,000	33,000	44,000
360万	23,000	11,500	9,200	11,500	34,500	46,000
380万	24,000	12,000	9,600	12,000	36,000	48,000
400万	25,000	12,500	10,000	12,500	37,500	50,000
420万	26,000	13,000	10,400	13,000	39,000	52,000
440万	27,000	13,500	10,800	13,500	40,500	54,000
460万	28,000	14,000	11,200	14,000	42,000	56,000
480万	29,000	14,500	11,600	14,500	43,500	58,000
500万	30,000	15,000	12,000	15,000	45,000	60,000
550万	32,000	16,000	12,800	16,000	48,000	64,000
600万	34,000	17,000	13,600	17,000	51,000	68,000
650万	36,000	18,000	14,400	18,000	54,000	72,000
700万	38,000	19,000	15,200	19,000	57,000	76,000
750万	40,000	20,000	16,000	20,000	60,000	80,000
800万	42,000	21,000	16,800	21,000	63,000	84,000
850万	44,000	22,000	17,600	22,000	66,000	88,000
900万	46,000	23,000	18,400	23,000	69,000	92,000
950万	48,000	24,000	19,200	24,000	72,000	96,000
1000万	50,000	25,000	20,000	25,000	75,000	100,000

変額制の手数料額算出方法						
訴額等／手続の種別	100万円までの部分，価額10万円までごとに	100万円を超え500万円までの部分，価額20万円までごとに	500万円を超え1000万円までの部分，50万円までごとに	1000万円を超え10億円までの部分，100万円までごとに	10億円を超え50億円までの部分，価額500万円までごとに	50億円を超える部分，価額1000万円までごとに
訴え提起	1,000円	1,000円	2,000円	3,000円	10,000円	10,000円
借地非訟	400円	400円	800円	1,200円	4,000円	4,000円
民事調停	500円	500円	1,000円	1,200円	4,000円	4,000円
支払督促の申立ては訴え提起の２分の１の額，控訴提起は訴え提起の1.5倍の額，上告提起は同２倍の額						

PART 1

民事訴訟法のしくみ

PART1
1

民事訴訟法のしくみ

民事訴訟法の構造と基本原則

裁判の適正・裁判の迅速・当事者の公平・訴訟経済が基本原則

■ 民事訴訟法の体系と基本原則

民事訴訟法の目次には、第一編から第九編までの標題が書かれています。つまり、民事訴訟法は9つの編によって構成されているわけです。とくに第四編までを理解しておけば、民事訴訟手続の基本的な流れを把握することができます。

また、法律には、その全体を貫く基本原則・理念があります。民事訴訟法もその例外ではありません。ここでは民事訴訟法の基本原則を見ておくことにしましょう。

① 裁判の適正

民事訴訟は、何よりも裁判の適正、つまり真実に沿った事実認定に基づき法律が正当に解釈適用され、正しい裁判が行われることが必要です。訴訟手続きと判決が不当なものであれば、誰も紛争解決を裁判所にまかせようとは思わなくなります。裁判が適正であることは、民事訴訟にとって不可欠です。

② 裁判の迅速

訴訟手続きが迅速に進行し終結することも大切です。アメリカには「裁判の遅れは裁判の拒否」という格言がありますが、いかに適切な解決策が裁判所によって示されたとしても、訴訟に10年も20年もかかっているのでは、当事者はたまったものではありません。残念ながら日本では裁判に時間がかかることが常識となっており、そうした事態を受けて、民事訴訟法は平成8年に大きく改正されました。

③ 当事者の公平

裁判所は、訴訟手続きにおいて、対立する当事者を公平に取

民事訴訟規則も重要

民事訴訟法を知る上で、民事訴訟規則についても知っておく必要がある。民事訴訟規則は、民事訴訟法の規定をより詳細に補ったものである。民事訴訟法が国会によって制定されたものであるのに対し、民事訴訟規則は最高裁判所が制定したものであることが両者の大きな違いである。

民事訴訟法の改正

民事訴訟法は大正15年に制定されたが、複雑化した民事事件に対応できず、審理の長期化も招いていた。そこで、平成8年に民事訴訟法の大改正がなされた。なお、その後も専門委員の制度や計画審理の制度を導入したり、民事訴訟手続のIT化を進めたりするなど、一部の改正がたびたび行われている。

民事訴訟法の条文構造

第一編「総則」（1条～132条の10）	通則／裁判所／当事者／訴訟費用／訴訟手続／訴えの提起前における証拠収集の処分等／電子情報処理組織による申立て等／当事者に対する住所、氏名等の秘匿
第二編「第一審の訴訟手続」（133条～280条）	訴え／計画審理／口頭弁論及びその準備／証拠／判決／裁判によらない訴訟の完結／大規模訴訟等に関する特則／簡易裁判所の訴訟手続に関する特則
第三編「上訴」（281条～337条）	控訴／上告／抗告
第四編「再審」（338条～349条）	

ここまでが基本的な流れ

第五編「手形訴訟及び小切手訴訟に関する特則」（350条～367条）／第六編「少額訴訟に関する特則」（368条～381条）／第七編「法定審理期間訴訟手続に関する特則」（381条の2～381条の8）／第八編「督促手続」（382条～402条）／第九編「執行停止」（403条～405条）

り扱わなければなりません。訴訟の当事者は裁判所の判決に拘束され、最終的には判決の内容が強制的に実現されるわけですから、判決に至るまでの手続きに不公平な取扱いがあれば、当事者、とくに判決によって不利益を受ける当事者は納得できませんし、たとえ勝訴してもいい心持ちはしないでしょう。これでは、訴訟に対する国民の信頼は確保できません。

④　**訴訟経済**

訴訟を経済的に行うこと、つまり国家にかかる費用はもちろんですが、当事者が負担する労力や経費などを最小限の合理的な範囲におさえることも大切な基本原則です。訴訟には時間の他に費用も多くかかるというのでは、裁判はお金をかけて訴訟の進行を他人（弁護士）にまかせておくことができる、一部のお金持ちだけのものになってしまうからです。

当事者に対する住所・氏名等の秘匿

申立て等をする者またはその法定代理人の氏名等または住所等が当事者に知られることにより、当該申立て等をする者または当該法定代理人が社会生活を営むのに著しい支障を生ずるおそれがあることにつき疎明があった場合、裁判所は、申立てにより住所等を秘匿する旨の裁判ができる。当事者に対する住所・氏名等の秘匿の制度は、民事訴訟手続のIT化とあわせて、令和4年（2022年）5月18日に成立した改正民事訴訟法で追加された制度である。

PART1
2

民事訴訟法のしくみ

訴訟手続きの流れ

当事者が訴えを提起することで開始し口頭弁論を経て判決に至る

■ 裁判の提起から判決まで

ここでは、訴訟の一般的な流れを概観しましょう。手続きの一部がIT化された点は24ページを参照してください。

① 訴えの提起

訴訟を起こすと決断したら、訴状を裁判所に提出します。訴状には当事者の情報や請求の趣旨・原因を記載し、審判の対象を明らかにします。訴状に不備があれば、裁判長が一定の期間を定めて原告（訴訟を提出した者）に補正を命じることができます。期間内に補正がないときは訴状が却下されます。

② 訴状の送達と答弁書の提出

訴状が裁判所に受理されたら、裁判所書記官によって訴状が訴えられた側（被告）に送達されます。訴状が被告のもとに届いたときに訴訟が成立します。これを訴訟係属といいます。訴状を受け取った被告は、答弁書を裁判所に提出します。答弁書は裁判所から原告に送り届けられます。

③ 第１回口頭弁論期日

裁判所は、訴状の送達と共に、第１回口頭弁論期日を指定して当事者双方に呼出状を送達します。口頭弁論とは、裁判官の面前で、口頭によって主張や反論を行うことです。判決を下すには、必ず口頭弁論を開くことを要します。第１回目の口頭弁論では、原告が訴状に基づき請求の趣旨を陳述し、被告は答弁書に基づき訴えの却下や請求棄却を求める陳述を行うのが一般的です。口頭弁論は必要があれば数回行われますが、終結するまでに行われた口頭弁論の全体が判決の基礎となります。

訴え提起前の証拠収集

訴えを提起しようとする者は、相手方（被告となる者）に訴え提起を予告する通知（予告通知）をした上で、主張・立証に必要な事柄について相手方からの回答を求めたり、裁判所に証拠収集の処分を求めたりすることができる。予告通知に回答した相手方からも同様の請求ができる。

主張と立証

訴訟が始まると、原告と被告は共に自分に有利な判決を求めて攻撃と防御を展開する。この表面上の対決姿勢の裏には、しばしば話し合いへの期待やかけ引きも潜んでいる。
また、民事訴訟の対象となる紛争はそもそも当事者の話し合いによる解決になじみやすいものが多いので、裁判所は紛争の実情を踏まえて和解を勧めてくる。原告と被告は自己の主張や反論を裏付けるために、証拠を提出することができる。この証拠を裁判所が取り調べるために、証拠調べという手続きがとられる。

訴訟手続きの流れ

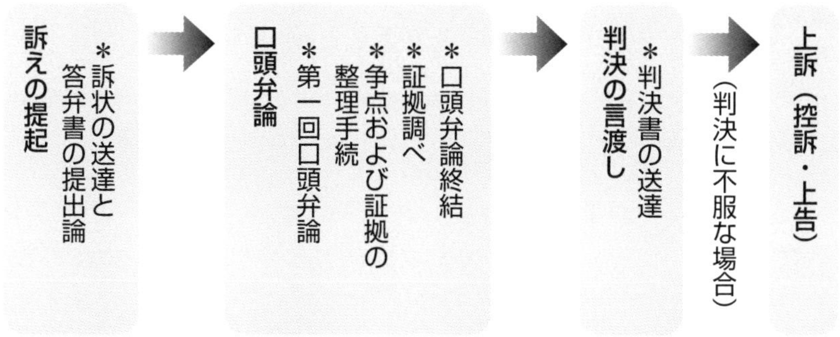

■ 口頭弁論の終結から判決まで

裁判所は、口頭弁論で行われた主張や反論、提出された証拠などを考慮し、判決をするのに熟したと判断したら、口頭弁論を終結する旨を宣言して、判決の言渡期日を指定します。

法廷が１人の裁判官にまかされている場合にはその者の判断によって、合議制であれば複数の裁判官が集まって評議を行って、判決の内容を決めます。判決は言渡しによって効力を生じます。言渡しは、公開の法廷で、裁判長が判決文を朗読して行われます。判決正本は原告と被告に送られます。判決の言渡しによって、訴訟は一応のしめくくりを迎えます。当事者に異存がなければ、判決正本を受け取ってから２週間で判決が正式に確定します。その判決を確定判決といいます。

なお、裁判官は神様ではありませんから、誤った判決が絶対にないとは言い切れません。そこで、当事者が上級の裁判所に対して、裁判の取消し・変更を求める不服申立ての制度が設けられています。これを上訴といいます。

合議制と単独制

裁判所には1人の裁判官で構成される単独制と、複数の裁判官で構成される合議制がある。合議制の裁判所では、これを構成する裁判官のうち１人が裁判長となる。判決その他事件の処理上重要な事項の裁判は、合議制を構成する裁判官が評議し、その過半数で意見を決める。

上訴

第一審の裁判に対する不服申立てが控訴である。控訴審でも口頭弁論が開かれ、基本的には第一審と同じような流れで訴訟が進み、判決を迎える。さらに、控訴審の判決に対しても不服があれば上告ができる。上告審の判決に対しては、原則として不服申立てはできず、その判決が確定する。

PART1
3

民事訴訟法のしくみ

処分権主義と弁論主義

どちらも当事者を尊重した制度である

■ 処分権主義の内容

民事訴訟の対象となっている私人（個人）間の生活関係は、個々人の意思のままに自由に決定でき、国家はこれに干渉しないのが原則です（私的自治の原則）。ですから、これをめぐって発生する紛争の処理についても、当事者の主導権を広く認めるのが当然ではないでしょうか。そこで、民事訴訟では、いつどんな場合に訴えを提起し、どのような請求を行い、いつまで訴訟を続けるのかについて、当事者に主導権を認めようという処分権主義が原則とされています。

訴えるということ

「訴え」は、裁判所に公正中立な立場でトラブルを解決してほしい、最終的にどちらの言い分が正しいのかを明らかにしてほしい、と判断を仰ぐ行為である。

処分権主義を裁判所の側から見ると、裁判所は当事者が申し立てていない事項について判決をすることはないということです。訴訟において判決の対象となる請求のことを訴訟物といいます。何について審判を求めるか、どんな訴訟物を提示するかは、当事者の責任とされています。

当事者主義と職権主義

訴訟の主導権を当事者に与えることを当事者主義という。訴訟を利用したり、証拠資料の収集については、この当事者主義である処分権主義や弁論主義が適用されるが、訴訟手続きの進行については、裁判所が当事者の意思によらず職権で行えるという職権主義がとられている。

なお、当事者は、訴訟上の和解などによって訴訟を裁判によらずに終了させることができますし、訴えや上訴を取り下げることで、訴訟手続き自体をはじめからなかったことにすることもできます。

■ 弁論主義の内容

訴えが提起されても、原告の主張がすんなりと認められるとは限りません。そもそも当事者の主張が相容れないからこそ訴訟となったわけですから、被告にもそれなりの反論があるはずです。当事者は、お互いに自己の主張に有利な事実や証拠を法

処分権主義と弁論主義

当事者は裁判の主人公

民事訴訟を舞台にたとえれば、原告と被告はその主人公というべき存在。この主人公をまとめて当事者と呼んでいる。

↓

私的自治の原則

私法上の権利義務・法律関係については、当事者が自由に決定でき、国家はこれに干渉しないとする原則

処分権主義

民事訴訟において何を判決の対象としてもらうのか（どんな請求をするか）を当事者が自由に決定できるとする原則のこと

弁論主義

当事者の示す主張や証拠をもとに判決をする原則のこと

廷にもちだして争うわけです。

このように、判決の基礎となる事実や証拠（訴訟資料）の収集を当事者の権限かつ責任とする建前を弁論主義といいます。

民事訴訟は、当事者自身の利害をめぐる紛争ですから、裁判所は、当事者に争いがない事実については、そのまま判決の基礎にしなければならず、当事者に訴訟資料を提出する責任を負わせることもむしろ当然でしょう。訴訟資料の提出が不十分であるために、不利な判決がなされたとしても、それは当事者自身の責任なのです。

裁判所としても、とくに事実関係が錯綜した複雑な事件では、訴訟資料を収集する責任を背負い込むことは不可能ですし、訴訟資料の収集に不備があった場合、事態はさらに紛糾しかねませんから、当事者に委ねた方が都合がよいのです。

訴訟契約（訴訟上の合意）

民事訴訟において、訴訟上の手続きをどのように行っていくかについての当事者間の合意。管轄の合意、不控訴の合意などが規定されている。条文上規定がないものについては、原則として当事者が合意によって訴訟上の手続きを決めることは許されない（任意訴訟禁止の原則）。しかし、処分権主義や弁論主義の妥当する範囲内であって、合意の効果が明確に予測できる場合には、当事者が合意によって訴訟上の手続きを決めてもよいとされている。たとえば、不起訴の合意、訴え取下げの合意などが挙げられる。

PART1
4

民事訴訟法の
しくみ

訴え

給付、確認、形成の３種類の訴えがある

■ 訴訟判決と本案判決

訴えによって裁判の申立てがなされた以上、裁判所は、必ず裁判によって応えなければなりません。しかし、訴えに対する裁判所の応答は、原告の希望どおりのものになるとは限りません。まず、訴えが法の定める手続き（訴訟要件）に適合しない場合には、裁判所は紛争を門前払いの形で処理します。このような判決を訴訟判決といい、「訴えを不適法として却下する」と言い渡されます。原告の訴えが訴訟するための要件を充たしているときは、原告が訴状で求めた「請求の趣旨」に関する実質的な判断に立ち入った判決（本案判決）がなされます。

原告の主張に理由がないと判断されれば、原告敗訴・被告勝訴の意味をもつ「原告の請求を棄却する」という請求棄却判決がなされます。逆に原告の主張に理由があると判断されれば、原告が訴状の「請求の趣旨」で求めたとおりの判決、つまり原告勝訴・被告敗訴の意味をもつ請求認容判決がなされます。

給付の訴えと確認の訴えの違い

給付の訴えが、被告の給付義務の実現をめざすのに対して、確認の訴えは、利益支配のあるべき状態（たとえば、不動産の所有権が誰にあるのか）が不明確であることから生じるトラブルの悪化や続発を防止することを主眼とする。

判決

裁判の判決には、訴えが法の定めた手続きに適合していない場合に訴えそのものを不適法とする訴訟判決、訴えの実質的な内容について判断する本案判決がある。本案判決には、請求認容判決や請求棄却判決がある。

■ 訴えには３つある

訴えは、請求の内容によって次の３つの類型に区別されます。

①　**給付の訴え（給付訴訟）**

金銭の支払いや物の引渡しや明渡しを目的とする訴えのように、請求内容として、被告に対する特定の給付請求権の存在を主張し、給付を命ずる判決を求めるのが給付の訴えです。

給付の訴えに対する請求認容判決は、たとえば、「被告は原告に金100万円を支払え」というような給付命令を掲げる判決

訴えの種類

訴えには、給付の訴え、確認の訴え、形成の訴えの３種類がある。このうち、給付の訴えが現実に最も多く提起されている訴えである。

訴えの3類型

です。原告は、この判決に基づいて強制執行により被告の給付義務の強制的な実現を求めることができます。

② 確認の訴え（確認訴訟）

確認の訴えは、請求内容として、特定の権利や法律関係の存在または不存在を主張し、それを確認する判決を求める訴えです。たとえば、自分の土地に勝手に駐車場を作ろうとしている者がいる場合に、「その土地は自分のものであることの確認を求める」という所有権確認の訴えを裁判所に提起することが挙げられます。また、借りてもいない金をしつこく支払えと請求してくる者に対して「そのような借金はないことの確認を求める」という債務不存在確認の訴えもあります。

③ 形成の訴え（形成訴訟）

法律が定める一定の要件（形成要件）が存在するため、「○○○という法的な状態が生まれた」（権利関係が変動した）ということを、裁判所に宣言してもらうよう求める訴えです。

たとえば、離婚の訴えの場合は、当事者に離婚原因（形成要件）が存在するかしないいかを審理し、それが存在するとされたときに、「原告と被告とを離婚する」という権利関係の変動を宣言する判決（形成判決）がなされ、この判決が確定することによって初めて離婚という権利関係の変動が生じます。

強制執行

判決によって支払いを命じられた金銭や、引渡しを命じられた物を、国が強制的に被告から取り上げて原告に引き渡す手続き。判決によって命じられた金銭の支払いや物の引渡しを、被告が履行しない場合に実施される。

形成権

私法上の権利をその作用によって分類したもので、権利者の一方的な意思表示で権利関係の変動という効力を発生させる私権をいう。取消権・追認権・解除権・認知権などがその例である。
形成権には、裁判外の普通の意思表示で効力が生じるものと、裁判所の判決を待たなければ効力が生じないものがある。

訴状と答弁書

訴状は原告、答弁書は被告が提出するもの

■ 訴状の記載事項

訴えを提起するには、管轄の第一審裁判所に対して訴状を提出するのが原則です。訴状とは、原告が第一審裁判所に提出する書面（オンライン提出の場合は電磁的記録）で、裁判所に求める審判の対象（訴訟物）を特定するものです。

訴状が提出されると、裁判長は訴状を審査し、不備があれば一定の期間を定めて補正を命じます。これを補正命令といいます。期間内に補正されないと、訴状を受理できないとして裁判長が却下します（訴状却下命令）。訴状が受理された場合は被告に送達されます。一般には、被告に訴状が送達された時点で、訴訟が正式に裁判所によって審理される状態になると考えられています。これを訴訟係属が発生したといいます。

■ 請求の趣旨

請求の趣旨は、訴状の記載のうち、原告が、いかなる請求について、どのような裁判を求めるかを簡潔・明瞭に記載した部分で、訴えの核心をなし、その結論を示す重要な部分です。

給付訴訟では「○○を引き渡せとの判決を求める」「金○○万円を支払えとの判決を求める」などと表現され、確認訴訟では「○○に対する原告の所有権を確認するとの判決を求める」などと表現され、形成訴訟では「原告と被告を離婚するとの判決を求める」などと表現されます。

簡易裁判所の特例

簡易裁判所に対する訴えの提起は口頭で行うことも認められている。

訴状却下命令

裁判所が行う意思表示のことを裁判といい、裁判には判決・決定・命令の３種類がある。判決は口頭弁論を経た上で裁判所が言い渡すのに対し、決定・命令は口頭弁論を経ずに言い渡すこともできる。また、決定は裁判所が言い渡すのに対し、命令は裁判官が言い渡す。訴状却下命令は「命令」であり、裁判官のうち裁判長が言い渡すものである。

訴状の必要的記載事項

訴状に必ず記載しなければならない事項（必要的記載事項）として、①当事者、②法定代理人、③請求の趣旨・原因などがある。

訴状サンプル

訴　　状

令和○○年○月○日

○○地方裁判所○○支部　御中

原告訴訟代理人弁護士　○　○　○　○　㊞

〒○○○－○○○○　東京都○区○町○丁目○番○号
原　　　告　○　○　○　○
〒○○○－○○○○　東京都○区○町○丁目○番○号　○○ビル○階
○○法律事務所（送達場所）
上記訴訟代理人弁護士　○　○　○　○
電 話　０３－○○○○－○○○○
FAX　０３－○○○○－○○○○
〒○○○－○○○○　東京都○区○町○丁目○番○号
被　　　告　○　○　○　○

貸金請求事件
訴訟物の価額　１０００万円
貼用印紙額　５万円

請求の趣旨

１　被告は、原告に対し、金１０００万円及びこれに対する令和○○年○月○日から支払済みまで年７分の割合による金員を支払え。

２　訴訟費用は被告の負担とする。

との判決ならびに仮執行宣言を求める。

請求の原因

１　原告は、令和○○年○月○日、被告との間で、次の約定にて、金銭消費貸借契約を締結し、被告に対し、金１０００万円を貸し付けた（甲１）。

⑴　弁済期　令和○○年○月○日

⑵　利息　年７分

２　ところが、被告は、弁済期が経過しても利息の支払いをしたのみで、元金の返済をしない（甲２）。

３　よって、原告は、被告に対し、上記貸金１０００万円及びこれに対する弁済期の翌日である令和○○年○月○日から支払済みまで約定利率の年７分の割合による遅延損害金の支払を求める。

証拠方法

１　甲１号証　借用書

２　甲２号証　通知書

附属書類

１　訴状副本　１通

２　甲１ないし３号証（写し）　各１通

３　訴訟委任状　１通

■ 請求の原因

請求の原因とは、請求の趣旨だけでは審判の対象が十分に特定されない場合に、請求の趣旨の記載を補充する部分です。請求を特定し、何について審理がなされ、判決が求められているのかを明確にする役割を果たす記載です。

たとえば、給付訴訟において「被告は原告に対し金100万円を支払えとの判決を求める」といっても、それが被告が原告から借りたお金なのか、品物を買った代金なのか、原告が引き受けた仕事に対する報酬なのかはわかりません。場合によっては、被告の行為によって原告が受けた被害に対する損害賠償かもしれません。このように、原告が自ら主張する給付請求権の発生原因となる事実を具体的に表示しないと、請求は特定できないわけです。

■ 任意的記載事項

訴状は原告にとっての最初の準備書面です。原告の訴訟代理人（弁護士等）の住所・氏名、請求を理由付ける事実（主要事実）や証拠方法（証人・鑑定人・物的証拠など）を記載するのが通例ですが、これらの事項の記載を欠いていても訴状としては有効です。これを任意的記載事項といいます。

■ 被告は答弁書を作成・提出する

原告が訴状を提出するのに対応して、被告は答弁書と呼ばれる書面を裁判所に提出します。答弁書とは、原告が訴状で示した請求やその根拠である法律関係や事実関係を被告が認めるか否かを記載する他、被告が裁判所に対してどのような判決を求めるかなどを記載する書面です。答弁書の提出によって訴えられた被告が反撃を開始するわけです。

答弁書は、必ず提出期限までに裁判所に提出しなければなりません。もし被告が答弁書もその他の準備書面も裁判所に提出せずに口頭弁論期日に欠席した場合、被告は原告の主張を認め

裁判所の訴状チェック

事件受付というところで、訴状の記載事項に漏れがないか、訴状に貼る印紙代などの計算に間違いはないか、裁判所に管轄があるかなどの形式面がチェックされる。
訴状が受理されると受付印が押されて事件番号が決まる。事件番号は裁判所に問合せをする場合に使用するので、必ず控えておく必要がある。
受理された訴状は担当裁判長のところに回され、最終的に審査される。事件受付で事前に審査されているので、裁判長の段階で訴状の不備が見つかることは少ない。もし不備があれば、一定の期間内での補正が裁判長によって命じられる。

答弁書サンプル

令和○○年（ワ）第○○○○号　貸金請求事件
原　　告　○○○○
被　　告　○○○○

答　弁　書

令和○○年○月○日

○○地方裁判所民事第○部○係　御中

〒○○○－○○○○　東京都○区○町○丁目○番○号
○○法律事務所（送達場所）
被告訴訟代理人弁護士　○○○○　㊞
電話　０３－○○○○－○○○○
FAX　０３－○○○○－○○○○

第１　請求の趣旨に対する答弁
　１　原告の請求を棄却する。
　２　訴訟費用は原告の負担とする。
第２　請求の原因に対する認否
　１　請求原因第１は認める。
　２　請求原因第２は否認ないし争う。
　３　請求原因第３は否認ないし争う。
第３　被告の主張
　　　追って主張する。

附属書類

　１　訴訟委任状　　１通

たものとみなされます。このとき、原告の訴状の記載だけで判決を言い渡せると裁判所が判断すれば、被告欠席のまま原告勝訴の判決がなされてしまいます。したがって、原告の請求について争いたいのであれば、必ず答弁書を指定された期日までに裁判所に提出しなければならないのです。

PART1
6

民事訴訟法のしくみ

訴訟要件・二重起訴の禁止

訴訟要件を充たさないと本案判決には進めない

■ 訴訟要件の内容

原告は裁判所に訴えを起こして、訴訟上の請求（請求の趣旨）の当否について判決を求めます。裁判所が審理した結果、訴訟上の請求を正当と認める判決を請求認容判決といい、反対に、訴訟上の請求を不当として退ける判決を請求棄却判決といいます。この2つの判決をまとめて、事件の本来の案件に対する判決という意味で本案判決といいます。ただ、当事者が本案判決を手に入れるまでには、1つのハードルがあります。原告の希望どおりの判決がでるかどうかは別にして、このハードルをクリアして初めて裁判所は本案判決ができるのです。

本案判決をするために必要な要件を訴訟要件といいます。

訴訟要件が備わっていない場合、裁判所は、原告の訴えの提起に対する本案判決ができないという意味で、主文で「本件訴えを却下する」と表示した判決を行います。この判決を訴訟判決（＝訴え却下判決）といいます。訴訟判決は、当事者の請求に関する判断を含まないので、訴訟要件を備えれば、また同様の訴えを起こすことができます。

訴訟要件については、裁判所は被告からの申立てを待たなくても、自ら職権で調査することになっています。ただ、訴訟要件の審理と本案の審理は同時に並行してなされるので、訴訟の進行によっては、裁判所からなされる判決は本案判決ではなく、訴訟判決である場合があります。この場合には、事件の本来の案件に対する裁判所の判断は得られなかったわけで、いわば「門前払い」の判決となるのです。

おもな訴訟要件

何が訴訟要件であるかについては、法律に統一的な規定はない。おもな訴訟要件は以下のとおり。

①裁判所に関するもの
・被告が日本の裁判権に服すること
・その裁判所が管轄権をもっていること
②当事者に関するもの
・当事者が実在すること
・当事者が当事者能力を有すること
・当事者が訴訟能力を有すること
・当事者が当事者適格を有すること
・訴訟代理を受ける場合は、訴訟代理人が代理権を有すること
③訴訟物に関するもの
・二重起訴の禁止にふれないこと
・訴えの利益があること

訴訟要件

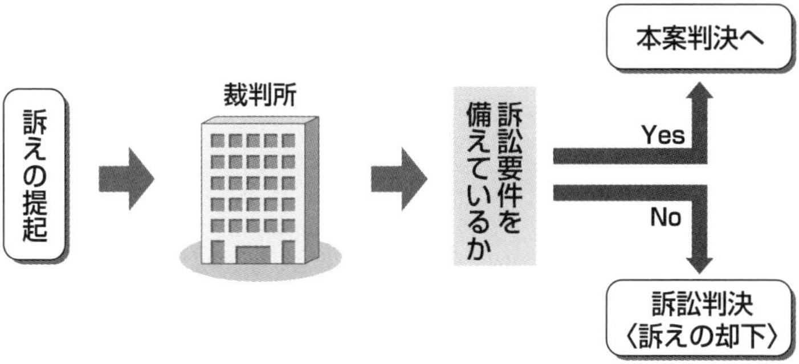

■ 二重起訴の禁止

ある事件について裁判所に訴訟係属が生じている場合には、たとえ異なる裁判所に対してであっても、当事者が同一の事件について重ねて訴えを提起することはできません。つまり、Xという事件がA裁判所に係属している場合、後から同一の事件であるYという訴えを提起することは、A裁判所に対してであっても、別の裁判所に対してであっても許されません。これを二重起訴の禁止といいます。

二重の訴訟を強いられては、被告は迷惑ですし、訴訟制度としても、重複して審判することは不経済で無益です。しかも同じ事件について矛盾した判決がでてしまう危険性もないとはいえないからです。

禁止される二重起訴に該当するかどうかは、事件の同一性の有無から判断されます。そして、事件が同一であるかどうかは、当事者が同じ場合であるか、請求（訴訟物）が同一の場合であるかが、その基準になります。

再訴の禁止と既判力

二重起訴の禁止と似た概念として、再訴禁止効や既判力がある。これらも、後で同様の訴訟を行うことを封じる役目を果たすものだが、二重起訴の禁止が訴えの提起時に働く効力であるのに対し、再訴禁止効や既判力は、訴訟が終了した後に働く効力である。

二重起訴と一部請求後の残部請求

債権の一部を請求した後に、同じ債権の残部について請求ができるかどうかについては争いがある。判例は、債権の一部であることを明示して一部請求をした場合には、残部請求は認められるとする。

PART1
7

民事訴訟法のしくみ

当事者

原則として双方が互いに主張をし合う二当事者対立構造の下で行われる

■ 当事者は判決の名宛人になる者

訴訟の当事者は、ある訴訟事件について、自己の名において裁判所に裁判権の行使を求める者とその相手方のことです。民事訴訟の主役、つまり、原告と被告がその代表です。当事者とは、訴えるか訴えられることによって判決の名宛人になる者です。ただ、訴訟には代理が認められていますから、実際に訴訟行為をしている者が当事者とは限りません。

■ 二当事者対立の原則

訴訟手続きにおいては、裁判が公正に行われ、その結果を当事者が納得できるようにするために、対立する利害関係人を当事者として手続きに関与させ、双方が自らの利益の主張を尽くし合うことができる地位と機会を対等に与えています。この点から、訴訟には当事者が対立し合って存在することが必要になってきます。これを二当事者対立の原則といいます。

「二当事者」といっても、厳密に１人対１人の２人である必要はありません。原告・被告双方に数人の当事者があってもよく（共同訴訟）、また、例外的に３人以上の当事者が相互に対峙しあう形態の訴訟（多面訴訟）であってもかまいません。

ただ、対立し合う当事者が存在しなくなった場合には、訴えは却下されます。たとえば、実在しない者（死者や架空の人物）を相手にした訴訟や、被告が原告の唯一の相続人である場合など、対立し合う当事者が存在しなくなった場合には、訴訟は原則として終了します。

当事者の呼び方

当事者は、それが関与する訴訟手続きの種類に応じていろいろな呼び名がある。判決手続きにおける第一審では原告・被告、第二審では控訴人・被控訴人、上告審では上告人・被上告人と呼ばれる。督促手続きや強制執行手続きでは債権者・債務者と呼ばれる。

訴訟行為

訴えの提起、口頭弁論における攻撃防御方法の提出など、当事者は訴訟手続きにおいてさまざまな行為を行う。こうした当事者の訴訟上の行為を総称して訴訟行為という。

二当事者対立の原則

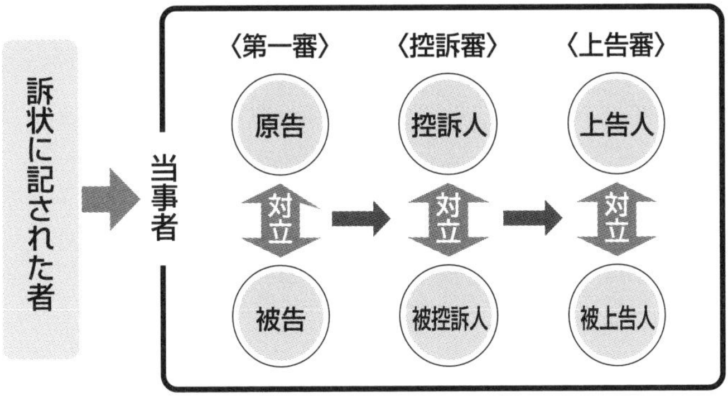

■ 訴え、訴えられるための資格

民事訴訟の当事者となることのできる一般的な能力を当事者能力といいます。民法では、権利義務の主体となり得る資格を権利能力といっています。これは、市民社会に独立の取引の主体として立ち現れるための資格、いわば、市民社会のメンバーシップといえます。当事者能力とは、訴訟という世界における権利能力のようなものです。訴訟という世界で、独立に当事者となり、訴え、訴えられるための資格をいいます。

■ 当事者能力を欠く場合の処置

当事者能力が存在することは訴訟要件のひとつなので、裁判所は職権で当事者能力の有無を調査し、これを欠くことがわかれば訴え却下の判決をしなければなりません。当事者能力がないことに気づかずに本案判決がなされた場合には、判決確定前であれば上訴によって取り消すことができます。

ただ、判決が確定してしまえば、もはや取り消すことはできません。

当事者能力

民事訴訟法28条の規定により、権利能力が「人」（生身の人間および法人）に与えられることから、当事者能力も「人」に与えられるのが原則となる。

組合の当事者能力

民法上の組合は法人ではない。そのため、民事訴訟法28条の規定によっては、組合に当事者能力を認めることはできない。
では、民事訴訟法29条の「法人でない社団」にあたるものとして、当事者能力を認めることはできるだろうか。この問題は、かつて裁判でも争われたことがある。最高裁は、このような民法上の組合にも当事者能力があることを認めた。

PART1
8

民事訴訟法の
しくみ

訴訟能力

訴訟能力をもたない者に関する訴訟行為は当然に無効

■ 訴訟能力はなぜ必要なのか

訴訟能力とは、訴訟の当事者が自分だけの力で訴訟を遂行する能力のことです。未成年者や成年被後見人は、訴訟能力をもたないとされており、被保佐人や被補助人（審判がある場合）は、保護者の同意（被保佐人は保佐人の同意、被補助人は補助人の同意）を得なければ訴訟能力をもたないとされています。

このように、当事者が訴訟能力をもたないとされる場合、その当事者が行った訴訟行為や、その当事者が受けた訴訟行為は無効となります。では、訴訟能力をもたない者に関する訴訟行為は、なぜ無効となるのでしょうか。

たとえば、５歳の幼児が両親を鉄道事故で失い、鉄道会社に損害賠償を求める訴えを起こしたとします。幼児も自然人（生身の人間）である以上、当事者能力が認められ、訴訟の当事者となること自体は全く問題ないはずです。しかし、幼児に満足な訴訟を行うことは期待できず、敗訴するだけであることは誰の目にも明らかです。そこで、訴訟能力をもたないことが明らかな者を類型化して、その者に関する訴訟行為は無効とすることで、その保護を図ったわけです。これが訴訟能力の制度の目的です。その結果、訴訟能力をもたない者が訴訟を起こす場合には、その法定代理人が助けたりすることになります。

■ 訴訟能力をもたない場合の処理

訴訟能力をもたない者に関する訴訟行為（訴訟能力をもたない者が行ったり受けたりした訴訟行為）は当然に無効です。た

訴訟能力者であるか否か

民法上の行為能力の有無を基準として判断するのが原則である（民事訴訟法28条）。したがって、行為能力者はすべて訴訟能力を有する（訴訟行為者）。これに対し、制限行為能力者は訴訟行為について制限を受ける。
成年被後見人や未成年者は、法定代理人によらなければ訴訟行為ができない（これらを訴訟無能力者という）。また、被保佐人は、保佐人の同意を得なければ訴訟行為ができず、被補助人は、訴訟行為をするのに補助人の同意を要する旨の審判を受けている場合に、補助人の同意を得なければ訴訟行為ができない（これらを制限的訴訟能力者という）。

弁論能力

裁判所において弁論を行うための能力。具体的には、訴訟関係を明瞭にするために必要な陳述をする能力（民事訴訟法155条１項）。訴訟においては主張を述べることが重要なので、当事者の弁論能力が欠けている場合は、当事者に代わって弁護士が訴訟活動を行うことになる。

訴訟能力

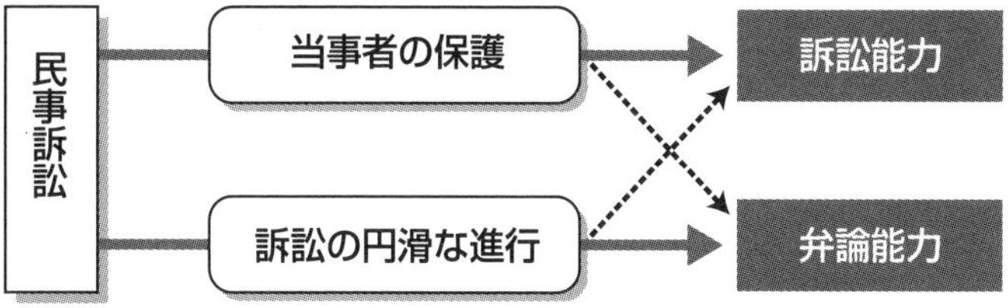

だし、その訴訟行為は不存在ということではないため、訴訟能力をもたない者の法定代理人などが、後からその訴訟行為を認める（追認する）ことによって有効とすることができます。

■ 訴訟上の代理人

民法に代理人の制度が設けられたのは、法律行為を行う能力が十分にない人や、たとえあったとしても自分で行うことが難しい人が、代理人を使うことによって、自己の不十分なところを補い、目的とする法律上の効果を享受するためです。

訴訟上の代理人の制度も、民法上の代理人と同様の目的の下に設けられています。訴訟を遂行するためには、法律行為を行う以上に専門的な知識や経験が求められます。そこで、前述した訴訟無能力をもたない者はもとより、訴訟能力者であっても訴訟を遂行する知識や経験をもつ代理人を選任する必要性が高いといえます。

この観点から、民事訴訟法は、代理人について詳細な規定を設けています。民事訴訟法が定めている代理人のことを「訴訟上の代理人」（訴訟代理人）といいます。

訴訟上の代理人の行った訴訟行為の法律上の効果は、民法と同様に本人に帰属します。つまり、訴訟上の代理人の行ったことは、本人が行ったこととみなされるのです。

被保佐人や被補助人が同意を要しない場合

被保佐人や被補助人が相手方の提起した訴えまたは上訴について訴訟行為をするには、保佐人や補助人の同意を要しない（民事訴訟法32条1項）。
つまり、被保佐人や被補助人が相手方による訴えの提起に巻き込まれる形になるときは、保佐人や補助人の同意を要せず自力で訴訟行為ができる。

訴訟代理人の種類

訴訟代理人には法定代理人と任意代理人がある。法定代理人とは、本人の意思に基づかずに就任した代理人のことで、訴訟無能力者には法定代理人が付される。任意代理人とは、当事者の意思に基づいて就任した代理人のことで、原則として弁護士が任意代理人となる。

訴えの利益

一般的な要件と各種の訴えに求められる特殊な要件がある

■ 訴えの利益がなければならないのはなぜか

民事訴訟制度の利用が認められるためには、それを利用する正当な利益や必要性がなければなりません。これを広い意味における訴えの利益といいます。訴えの利益がある訴訟だけをとりあげることで、裁判所は本当に本案判決をする必要がある事件に集中することができ、また、不必要な訴訟に対応しなければならない相手方の不利益を除くことができます。

訴え提起の要件
訴えの提起が適法となるためには、さまざまな要件を満たす必要がある。なお、確認の訴えや形成の訴えは、給付の訴えに比べて訴えが適法となるための要件が厳しくなっている。

■ 各種の訴えに共通する一般的な要件

訴えの利益の一般的要件には、次のものが挙げられます。

① 請求が具体的な権利関係の存否の主張であること

民事訴訟は、被告に対する原告の主張の当否を法律的に判断することによって紛争を解決するものですから、その主張の当否を法律に基づき判断ができるものでなければなりません。たとえば、ある事実があったか否か、というような事実の存否の争いは、原則として民事訴訟の対象にはなりません。

② 起訴が禁止されていないこと

原告の訴えが二重起訴の禁止や再訴の禁止などにあたらないものでなければなりません。

二重起訴の禁止
43ページ参照。

③ 訴訟による解決を抑制する事由のないこと

当事者間に訴訟を利用しないとの特約（不起訴の合意）がある場合や、破産手続などの訴え以外の法律上の手段だけによるという趣旨が明らかな場合などは、この要件を満たさないとされています。

訴えの利益

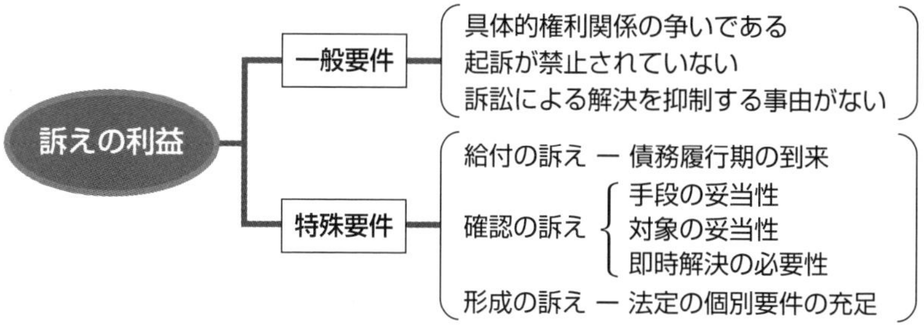

■ 各種の訴えに求められる特殊な要件

① 給付の訴え

原則として、債務の履行期が到来していれば、訴えの利益があるとされています。この場合、債務を履行せよとの給付判決を裁判所が下せば紛争の解決が期待できるからです。

将来の給付の訴え

将来の給付義務について給付判決を求める訴え。給付の訴えは、原則として、履行期が到来し給付義務が現存することを主張するものだが、例外的に、履行期到来後、すぐに執行ができるように準備しておく必要がある場合に限り、将来の給付の訴えが許される。

② 確認の訴え

ⓐ確認の対象として選んだものが妥当かどうか、ⓑ他の法的手段ではなく確認訴訟を選択したことが適切かどうか、ⓒ即時に確定する必要性があるかどうか、を考慮して訴えの利益があるかどうかが判断されます。たとえば、給付の訴えが可能ならば、まず給付の訴えを起こすべきです（ⓑがない）。また、理事が辞任している場合に、その理事を選出した選挙の無効の確認を求めても原則として意味はありません（ⓐがない）。

③ 形成の訴え

通常は法律が個別に訴えを提起するための要件を定めているため、その要件を満たす限り訴えの利益が認められます。ただし、事情の変化によって形成判決をする必要性がなくなることがあり、その場合は訴えの利益が否定されることもあります。たとえば、会社設立無効の訴えは、会社の解散によって訴えの利益が失われるとされています。

PART1
10

当事者適格・第三者の訴訟担当

当事者適格は個々の訴訟ごとにその有無が判断される

■ 当事者適格と当事者能力

原告と被告が当事者能力を有していても、それだけでは不十分です。さらに、当事者適格を有する（訴訟の当事者として適切である）ことが必要です。当事者能力は、一般的に民事訴訟の当事者となり得る資格のことで、事件の性質や訴訟において問題となっている権利とは無関係に決まります。しかし、当事者適格は、個々の訴訟ごとにその有無を具体的に検討します。

■ 第三者の訴訟担当の内容

他人の紛争を解決するために、当事者として訴訟を行い、判決を受けることが認められる場合があります。これを第三者の訴訟担当といいます。

たとえば、株式会社で取締役が違法な行為を行い、会社に損害を与えた場合を考えてみましょう。損害を受けた会社は、違法行為を行った取締役に対して、損害賠償を求めることができます。しかし、実際には、会社が取締役を相手に訴訟を起こすということは、あまり期待できません。そこで、その会社の株主が会社に代わって、違法行為を行った取締役に損害賠償を求める訴えを起こすことが認められています。これを株主代表訴訟（責任追及等の訴え）といいます。

この場合、本来ならば損害を受けた会社が当事者となって訴訟を行うべきなのですが、第三者である株主が当事者となって訴訟を担当することが認められているのです。なお、第三者の訴訟担当には、法定訴訟担当と任意的訴訟担当があります。

当事者能力と当事者適格の違い

当事者能力がなければ、すべての訴訟について訴えが却下される。反対に、当事者適格は、あくまでも個別の訴訟ごとにその有無が判断され、当事者適格がなかった場合には、その訴訟についてだけ訴えが却下される。

当事者適格の要件

請求認容判決によって自らの法的利益が保護される者が原告となり、その者を被告とする訴訟で請求認容判決を得た場合に原告の法的利益が保護される、という関係にある者が被告となる。

訴訟担当者の受けた判決の効力

第三者の訴訟担当の場合、訴訟担当者（当事者として訴訟を行った者）の受けた判決の効力は、本来の利益が帰属する主体に対しても効力を及ぼす。

当事者適格

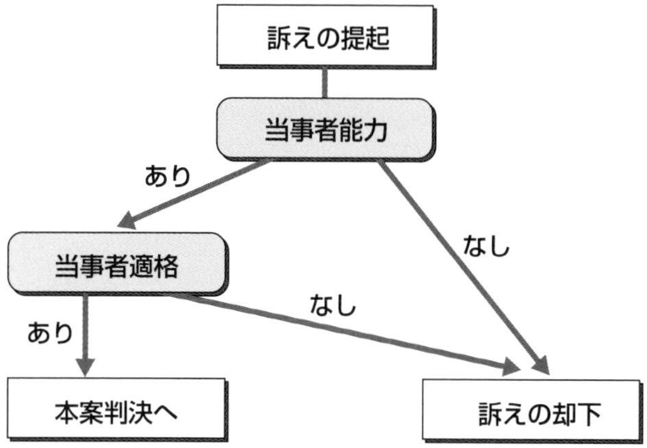

・法定訴訟担当

本人の意思によることなく、法律の規定によって第三者が当然に訴訟を行う権限をもつ場合を法定訴訟担当といいます。

法定訴訟担当には、①自己の権利の実現や保全のために、義務者などの権利関係について認められる場合（たとえば、債権者代位権に基づいて債務者の権利を代位行使する債権者、株主代表訴訟を行う株主）、②財産の管理処分権を与えられた財産管理人（たとえば、破産管財人や相続財産清算人）、③職務上の当事者（たとえば、婚姻や養子縁組などの身分関係事件において本人に代わって当事者となる検察官）があります。

・任意的訴訟担当

本来当事者となるべき者が権限を授けることによって訴訟を行えるようになる場合を任意的訴訟担当といいます。ただ、係争中の権利関係に無縁な素人が訴訟に関与して訴訟手続きが混乱したり、あるいは事件屋などの関与を招いたりするおそれがあるため、任意的訴訟担当は無制限には認められていません。

相続財産清算人

従来の相続財産管理人のこと。令和5年(2023年）4月施行の民法改正により、その名称が「相続財産清算人」に変更された。

任意的訴訟担当が許容される場合

任意的訴訟担当を許容する法律の規定がある場合は、任意的訴訟担当が認められる。また、法律の規定がなくても、弁護士代理の原則や訴訟信託の禁止の趣旨に反せず、かつ、任意的訴訟担当を認める合理的な必要性がある場合は、任意的訴訟担当が認められるとされている。

PART1
11

民事訴訟法の
しくみ

訴訟物・処分権主義

当事者は自らの意思によって、審判の対象を決定したり、訴訟を終了させたりすることができる

■ 訴訟物の内容

訴訟において審理の対象となるものを訴訟物といいます。具体的には、「売買契約に基づく代金支払請求権」「所有権に基づく土地明渡請求権」というように、訴訟で当事者によってなされている請求のことです。このため、訴訟物は請求あるいは訴訟上の権利とも呼ばれています。

訴訟では、訴訟物をめぐって原告・被告が争い、そして、裁判所は訴訟物について判決をすることになります。裁判所は、両者の言い分と提出された証拠を吟味した上で、原告の訴えを認めるのか、認めないのかを判断するわけです。

訴訟の主体である当事者、裁判所の関心は言うまでもなく、原告の請求である訴訟物に集中します。このため、訴訟物は訴えが提起された時点で明らかでなければなりません。訴訟物の特定は、具体的には、原告が提出する訴状に記載した請求の趣旨と請求の原因によってなされることになります。

■ 当事者の意思決定に委ねるということ

処分権主義とは、訴訟をどのようなものにしていくのかを、裁判所ではなく当事者にまかせようという考え方です。具体的には、まず、訴えをいつ提起するのか、そもそも訴えを提起するのか否かが当事者の意思に委ねられていることが挙げられます。さらに、訴訟を判決という形で終わらせるのか、それとも別の形で終わらせるのか（たとえば、両者の和解によって終わらせるのか）ということも当事者が決定できるようになってい

訴訟物をめぐる考え方

訴訟物を特定するための基準として2つの考え方がある。1つは旧訴訟物理論という考え方で、実体法上の権利の発生・変更・消滅の各原因を基準として訴訟物を特定しようとする立場である。もう1つは新訴訟物理論という考え方で、実体法上の権利の発生・変更・消滅の各原因から訴訟物を切り離し、訴訟で原告がどのような要求をしているのかに絞って訴訟物を特定しようという立場である。

訴訟上の和解

訴訟係属中に、当事者双方が請求についての主張をお互いに譲歩し合って、訴訟を終了させる旨の合意を訴訟上の和解という。

訴訟物がはっきりしないとどうなるのか

もし訴訟物がはっきりしなければ、当事者はどんな主張や反論をすればよいのか戸惑うことになり、裁判所もどんな判決をしたらよいのかわからなくなる。

処分権主義

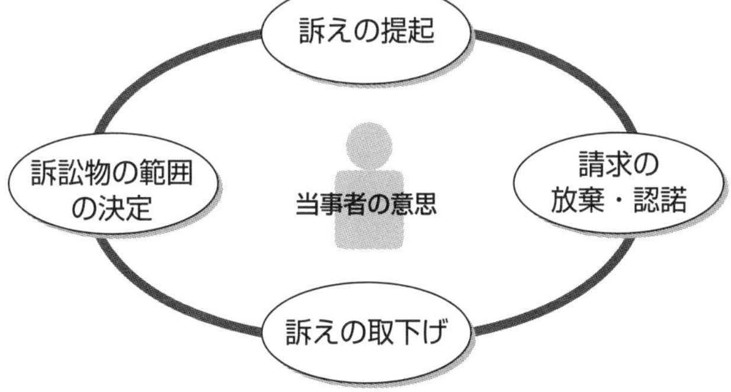

るのです。このような処分権主義の一環として、訴訟物の特定も当事者にまかせられています。

■ 処分権主義の具体的内容

処分権主義の内容は、おおまかに次の４つに分けられます。

① 民事訴訟は原告の訴えの提起によって開始されます。上訴や再審も裁判所の職権で開始されることはありません。

② 当事者が審判の対象（訴訟物）とその範囲を決定し、裁判所はそれに拘束されます。つまり、裁判所は、当事者の申し立てていない事項について判決をすることはできません。

③ 当事者は訴えを撤回することによって、訴訟を終了させることができます（訴えの取下げ）。また、訴えを提起しないという合意（不起訴の合意）や訴えの取下げの合意が認められるのも、処分権主義のあらわれと見ることができます。

④ 原告は訴訟物たる請求を放棄して、被告は原告の主張を認めて（認諾）、あるいは原告と被告が和解をして、判決によらないで訴訟を終結させることもできます。

処分権主義と弁論主義

弁論主義とは、訴訟資料（判決の基礎をなす事実の確定に必要な資料）の収集について当事者の支配を認める原則である。判決は事件の解決基準であり、弁論主義はその判決の基礎を形作ることに当事者の支配を認めるものである。
他方、処分権主義は、何を裁判所に判断してもらうか、さらには裁判所に判断してもらうか否かについて、当事者が自由に決定できるとする考え方である。

PART1
12

申立事項と一部請求

処分権主義の考え方から一部請求が許される

■ 申立事項と判決事項

原告が訴えで求める判決の内容を申立事項といい、裁判所が言い渡す判決の内容を判決事項といいます。判決事項は、原則として申立事項の範囲内にとどまっていなければなりません。つまり、申立事項に含まれていない内容の判決を裁判所は下すことができないわけです。

たとえば、原告が確認判決を求めているのに対して、裁判所が勝手に給付判決を行うことはできません。また、原告が被告に対して100万円の支払いを求めているのに対して、裁判所がそれに上乗せして、150万円の支払いを命じる判決を下すこともできません。これは原告が自らの責任で、訴えの対象を特定した以上、それを裁判所が勝手に変えてしまうようなことはすべきではないという考え方（処分権主義）に基づいています。

これに対して被告は、原告の申立事項に対して、反論を行ったり、その反論を裏付ける証拠を提出します。ですから、申立事項をきちんと把握できなければ、被告はそれに応じた適切な防御活動を展開できなくなってしまいます。

このように被告の防御権を確保するためにも申立事項の範囲を確定することが必要です。

■ 一部請求

訴訟をするには、勝ち負けにかかわらず費用がかかります。敗訴すれば、１円も回収できない上に訴訟費用を負担しなければなりません。訴訟費用は請求額に比例して大きくなります。

処分権主義

原告が訴訟で何についての判断を求めるのかなどを自ら決定できることを処分権主義という。処分権主義の考え方が採用されているので、一部請求が許され、裁判所は原告が申立てをした範囲内で判決をすることになる。

一部請求

自分の債権額の一部のみを訴訟で請求するなどのことを一部請求という。原告は、何について訴訟で判断してもらうのか自由に決定できるので（処分権主義）、一部請求が認められる。

申立事項と一部請求

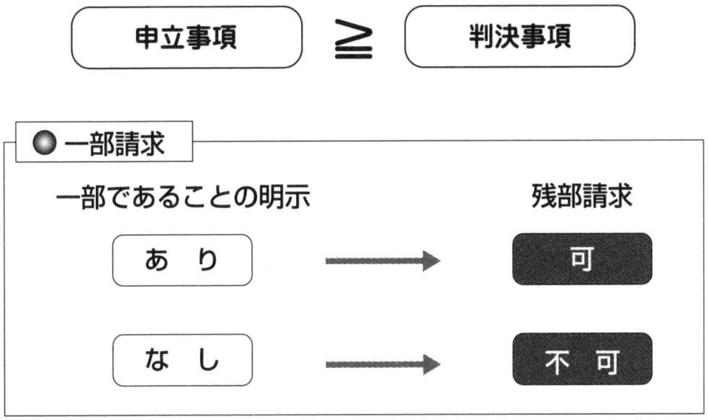

そこで、全損害1000万円のうち、さしあたり100万円の支払いを求めて訴えを提起し、訴訟の進行状況を見て残りの900万円の請求（残部請求）をしよう、といった方法がとられることがあります。このように、本来請求できる金額のうち、さしあたり一部だけを請求することを一部請求といいます。

ただし、一部請求を無制限に認めると不都合がでてきます。たとえば、前の例で最初の100万円の請求訴訟で原告の主張が認められた場合、被告は敗訴したとはいえ、それ以上の金額を請求されることはないと考えるのが普通でしょう。このような場合に900万円の残部請求を認めると、被告にとってあまりにも酷な状況となります。

そこで、判例は、原告が「これは一部請求である。これに勝てば残部請求をする（残りの部分を請求する）つもりだ」ということを、事前にはっきりと被告に示した場合にだけ、残部請求を認める方針をとっています。これにより、被告としても、後でさらに請求されることを覚悟した上で、訴訟に対処できることになります。

一部請求と二重起訴の禁止

一部であることを明示しない一部請求を内容とする訴えを提起した後に、残部請求を内容とする訴えを提起することは、同じ訴訟で二重に訴えを起こしたことになり（二重起訴の禁止に抵触する）、後で提起した訴えは却下されることになる。

一部認容判決

申立事項を判決事項が下回ることは何ら問題ない。
たとえば、100万円の支払いを求めているのに対して、50万円の支払いを命じる場合である。このような判決を一部認容判決という。

PART1
13

口頭弁論のしくみ

口頭弁論には基本原則がある

■ 口頭弁論の基本原則

口頭弁論とは、裁判の場において、原告と被告が口頭で訴えについての主張や反論を行うことです（口頭弁論のオンライン実施も可能となりました、26ページ）。民事訴訟法は、裁判所が判決を行う不可欠の条件として、口頭弁論を実施して審理を進めることを求めています。そして、民事訴訟には、以下のような口頭弁論の基本原則があります。

① 公開主義

公正な裁判が行われるようにするためには、不正な裁判が行われないように広く一般の人々に監視の機会を与える、つまり法廷は原則として公開される必要があります。

② 双方審尋主義

裁判では、当事者の一方だけでなく、双方に等しく自己の権利について主張し、あるいは相手に反論する機会を与えなければなりません。これを双方審尋主義といいます。

③ 口頭主義

裁判官が真実に近づくためには、当事者が裁判官の目前において口頭で活発に議論されたものを、判決の基礎とするのが望ましいとされています。このように、審理の際の当事者や裁判所の訴訟行為を口頭で行うことを口頭主義といいます。

④ 直接主義

当事者が口頭で述べる主張は、判決を行う裁判官が自らの耳で直接聞くべきである、という原則を直接主義といいます。直接主義により、裁判官が自らの経験に基づいて事実関係を把握

口頭弁論の実際

民事訴訟における通常の法廷のやりとりは、わずか数分で終わることもある。それは、準備書面等で主張や反論をやりとりしているためである。原告・被告の代理人である双方の弁護士によって、それぞれ準備書面等が交換され、次回の口頭弁論の期日が決められることになる。

口頭弁論の審理方式

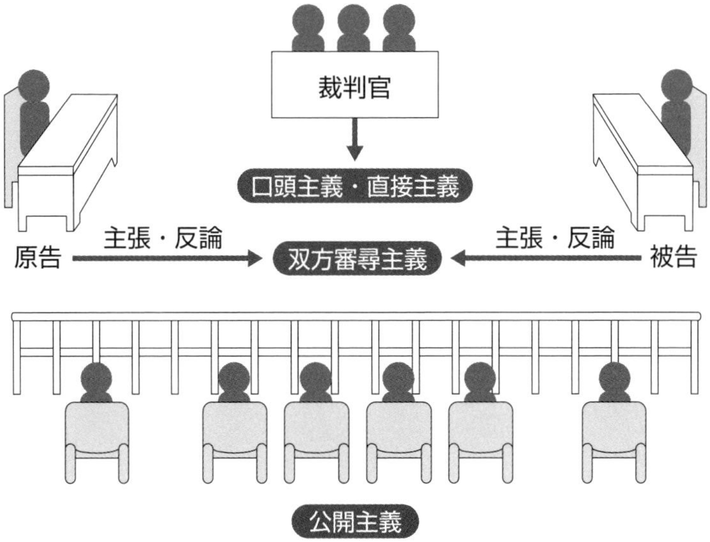

し、心証を形成することが可能となります。

これら４つの基本原則が裁判で具体化されることで、判決が公正で真実に近づいたものとなります。そして、当事者が裁判官の面前において口頭で主張を行う口頭弁論は、４つの基本原則を実現するために不可欠なものとされています。

■ 適時提出主義

適時提出主義とは、当事者は、それぞれの主張や反論を、訴訟の進行状況に応じて適切な時機に提出しなければならないという原則です。民事訴訟法では、この原則を受けて、当事者が「故意または重大な過失」により適切な時機になされなかった主張・反論は、「訴訟の完結を遅延させる」と裁判所が認めたときに、それらを却下できる旨を規定しています。

故意または重大な過失

「故意」は「わざと」ということ。「重大な過失」は「重大な不注意がある」ということ。

■ 口頭弁論の制限・分離・併合

訴訟の状況に応じて、訴えを最も効率よく処理できるよう、審理の形を改めたり、整理したりする権限が裁判所に認められています。まず、口頭弁論に複数の争点が現れた場合、そのうちの一つに審理を制限し、集中して審理を行うことを弁論の制限といいます。次に、請求が複数ある訴訟を審理する場合に、それらの請求を別々に分離して、それぞれ別個の手続で審理することを弁論の分離といいます。また、別々の裁判所で審理されている訴訟を、一つにまとめて1つの裁判所で審理することを弁論の併合といいます。

これらの権限は、すべて裁判所が裁量で行使できます。訴訟の状況に応じて、訴えを最も効率よく処理できるよう、審理の形を改める権限を裁判所に認めることにより、訴訟の迅速化・合理化が図られているわけです。

■ 裁判所と当事者の役割

民事訴訟では、当事者が主導して訴訟が開始され（処分権主義）、また、判決の資料となる事実や証拠も当事者の提出したものに限られる（弁論主義）など、一見すると、裁判所よりも当事者の役割がはるかに大きいように見えます。

しかし、いったん開始された訴訟をどのように進行していくかを決定する権限（訴訟指揮権）は、当事者ではなく裁判所に委ねられています。たとえば、口頭弁論を開く期日を決める権限や、口頭弁論の制限・併合・分離をする権限は、裁判所に与えられています。

このように、訴訟を進行する権限が裁判所に与えられているのは、利害の激しく対立する当事者に、訴訟の進行まで委ねてしまうと、訴訟手続きの全体が大きく停滞するおそれがあるためです。このように、裁判所が職権で訴訟の進行をコントロールするという考え方を職権進行主義といいます。

訴訟指揮権

訴訟指揮権とは、裁判所や裁判長が、訴訟手続において当事者間の調整を図り、審理を適切に進行させる権限である。民事訴訟法では、たとえば、以下のような権限が定められている。
（裁判長の権限）
- 口頭弁論の指揮
- 釈明権
- 期日の指定・変更

（裁判所の権限）
- 釈明処分
- 口頭弁論の制限・分離・併合
- 時機に後れた攻撃防御方法の却下

口頭弁論を効率的に行うための制度

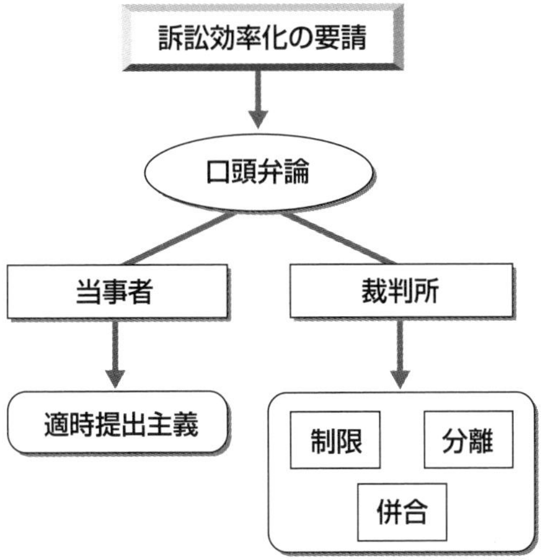

■ 責問権の喪失

　裁判所が訴訟を進行していく中で、民事訴訟法などの法令に違反した訴訟運営を行うことも起こります。その場合、当事者が裁判所に対して誤りを指摘し、是正を求めることが権利として認められています。この当事者の権利を責問権といいます。

　ただし、当事者に責問権を無制限に認めると不都合なことも生じます。たとえば、第1回口頭弁論期日で裁判所が民事訴訟法に違反する訴訟運営を行ったとします。当事者が、それをすぐに指摘できたはずなのに、わざと判決直前になって、その是正を求め、第1回口頭弁論期日をやり直せ、などと言い出したらどうでしょう。そのような当事者による不合理な責問権の行使を封じるために、遅滞した責問権は喪失することになっています。これを責問権の喪失といいます。

14 攻撃防御方法

原告・被告の主張や証拠の申出のこと

■ 攻撃防御方法の内容

原告の訴えに対して、被告が「はい、そのとおりです」と認めてしまえば、訴訟を続ける必要はなくなります。この場合には、それ以降の口頭弁論は行われません。この被告が原告の請求を認めた状態を請求の認諾といいます。

原告の主張を被告が認めない限り、原告は自分の主張が正しいことを事実によって証明する必要があります。たとえば、請求が「貸した金を返せ」という内容のものであれば、「被告にお金を貸したのは○年○月○日である」「被告は必ず１か月後には返すといっていた」など、被告が原告にお金を借りたことを示す事実を裁判の場で示さなければなりません。

他方、被告は、「お金は借りたものではなくもらったものだ」などと、原告の主張に対して反論していくことになります。

このような、原告・被告の主張や証拠の申出をあわせて、攻撃防御方法といいます。口頭弁論は、原告・被告の攻撃防御方法の提出の積み重ねによって進行していくのです。

■ 否認と自白

原告が主張した事実を被告が認めないことを、否認といいます。被告が否認した事実については、原告は証拠によって裏付ける必要があります。被告がその事実は知らないと陳述した場合も否認と同様に扱われます。

他方、原告が主張した事実を被告が認めることを裁判上の自白といいます。さらに、被告が原告の主張する事実を認めない

請求の認諾

請求の認諾があった場合、その旨が調書（認諾調書）に記載されることによって訴訟が終了する。認諾調書には確定判決と同じ効力が認められる。

裁判上の自白

被告が原告の主張する主要事実（権利の発生・変更・消滅に直接当てはまる具体的事実）を認めた場合には、裁判上の自白が成立する。この結果について、原告はその事実を証明する必要がなくなる。

擬制自白

被告が、原告の主張を認めなくても、争わないままでいれば擬制自白が成立する。擬制自白は、自白と同様に扱われるため、この場合も原告は、その事実を証明する必要がなくなる。

訴訟における原告と被告の攻撃・防御

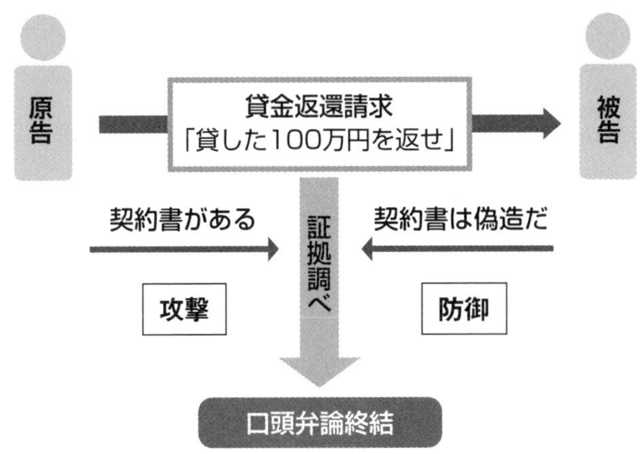

までも、とくに争わないで裁判が終わるまで沈黙していれば自白とみなされます。これを擬制自白といいます。

■ 否認と抗弁の違い

否認と同様に、原告の攻撃に対する被告の防御方法として抗弁があります。否認の場合は、単に原告の主張を否定すればすむのに対して、抗弁の場合は、そこで示した事実を証拠によって裏付けなければなりません。

たとえば、「お金を貸した」という主張に対して、「借りた覚えはない」といえば、それは否認です。この場合は、原告の方が、「お金を貸した」という事実を証拠によって裏付けなければなりません。これに対して、「借りはしたが、時効によって返す必要はなくなった」と反論した場合は抗弁です。この場合は、貸し借りがあったことは、お互いに認めたのですから、今度は被告の方で時効に関する事実を証拠によって裏付けなければなりません。

否認と抗弁

原告の主張を被告が争った場合には、否認か抗弁のいずれかが成立する。
相手方が証明責任を負う事実を否定した場合が否認であるのに対し、自分が証明責任を負う事実を積極的に主張して相手方の主張する法律効果を争うのが抗弁である。そのため、否認の場合、被告は否定するだけでよいのに対し、抗弁の場合、被告は自分が主張した事実を証明しなければならない。
また、被告の主張のうち、原告の主張と両立しないものが否認、原告の主張と両立するものが抗弁、というように否認と抗弁を区別することもできる。

PART1
15

争点整理手続き

民事訴訟法の
しくみ

充実した訴訟審理を行うためのもの

■ 準備手続の重要性

口頭弁論は訴訟手続きの中核をなすものです。限られた機会と時間で十分な成果を得るには事前の準備が不可欠です。充実した審理を迅速に行うには、訴訟で何が争われているのか（争点）が明らかにされる必要があり、また、争点に集中した効率的な証拠調べを実施できるようにしなければなりません。

しかし、以前の準備手続きに関しては、非常に貧弱な制度しか用意されていませんでした。そこで、平成８年（1996年）の民事訴訟法の改正で、口頭弁論を行うための準備手続きに大きなメスが入れられたのです。その結果、「争点及び証拠の整理手続き」という標題の下に、以下のような３つの準備手続きが整備されることになりました。

争点整理手続き

争点整理手続きが法定化される前は、争点整理と和解を適宜行う「弁論兼和解」という手続きが裁判実務で採用されていた。しかし、弁論兼和解には法律の根拠がないなどの問題点があったことから、平成8年（1996年）の民事訴訟法の改正で、争点整理手続きが法定化されるに至った。

■ 争点整理手続き

①　準備的口頭弁論

これは、本来の口頭弁論の前に行う争点および証拠の整理を目的とする口頭弁論のことです。その名が示すように、準備手続きではあるものの、口頭弁論の一種であるため、準備的口頭弁論は公開され、両当事者対席の下、口頭で行われるなど、口頭弁論に適用される諸原則が、準備的口頭弁論にも適用されます。

②　弁論準備手続き

法廷ではなく、裁判所の建物内の一室で、裁判官と両当事者が争点および証拠の整理を行う手続きで、争点整理手続の中核をなすものです。口頭弁論ではないので、口頭弁論の諸原則は

準備的口頭弁論と弁論準備手続き

争点整理手続きは、充実した審理を行うために、非常に重要なものである。準備的口頭弁論は、準備的とはいえ口頭弁論であることから、口頭弁論にあてはまる諸原則が適用される。これに対し、弁論準備手続きは、口頭弁論ではない。弁論準備手続きにおいては、法廷ではない裁判所の建物内の一室で、当事者と裁判官が争点や証拠の整理を行う。

争点整理手続きの特徴

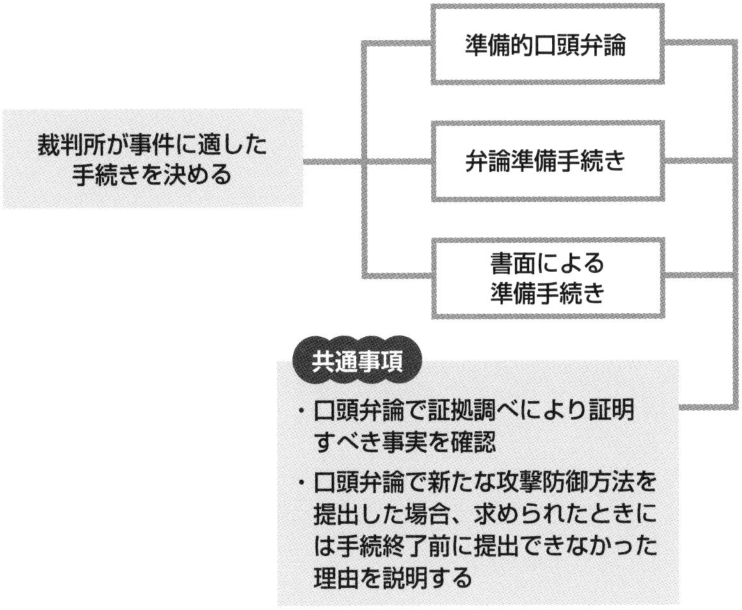

適用されません。

③　**書面による準備手続き**

当事者が裁判所に出頭せず、争点や証拠の整理を、準備書面などの書面の交換によって行う手続きです。準備書面とは、口頭弁論でどのような主張を行うかなどを記載して、裁判所に提出する書面です。民事訴訟法では、口頭弁論は書面で準備しなければならないと規定しています。この「書面」が準備書面です。必要があれば、裁判官は、補助的にWeb会議または電話会議を利用して当事者双方と協議することもできます。

弁論準備手続きのIT化

令和4年（2022年）成立の民事訴訟法改正で、弁論準備手続きについて、両当事者ともWeb会議または電話会議での出席が可能になった（26ページ）。なお、従来は当事者の一方が裁判所に出頭している場合に、多方の当事者がWeb会議または電話会議で出席することが可能であった。

当事者の欠席

一方が欠席した場合と双方が欠席した場合で扱いが違う

■ 当事者の欠席

訴えを起こす者（原告）、訴えを起こされる者（被告）が、普通の人間である以上、病気や事故などのため、訴訟に出られなくなることも当然起こり得ます（ただし、弁護士などの訴訟上の代理人が出席する場合には、訴訟の当事者本人が裁判に出席しなくても問題ありません）。このような当事者の欠席の場合、口頭弁論はどのように処理されるのでしょうか。

この点について、民事訴訟法は、当事者の一方が欠席した場合と双方が欠席した場合とで取扱いを異にするなど、きめ細かい規定を置いています。

■ 当事者の一方が欠席するとどうなる

当事者の一方が第１回口頭弁論期日に欠席した場合には、欠席した者が提出した訴状・答弁書その他の準備書面に記載した事項を、その欠席者が陳述したものとみなして（陳述擬制といいます）、出廷した当事者に弁論させることができます。

この場合、出廷した当事者が準備書面等で予告してあった事実に対する欠席者の認否は、欠席者の準備書面等をもとに決められます。欠席者が準備書面等において明らかに争っていない場合、欠席者はその事実を自白したものとみなされます。欠席者の準備書面等の記載によって争っているものと認められる場合には、状況によっては証拠調べも行うことができます。

裁判における「期日」

期日とは、裁判所、当事者その他の訴訟関係者が集まり、訴訟行為をするために設定される日時をいう。たとえば、口頭弁論期日は、法廷で裁判長が事件を呼び上げることで始まり、予定された訴訟行為が終了したとき、または裁判長による弁論の終結・延期・続行などの宣言によって終了する。

当事者の一方の欠席・双方の欠席

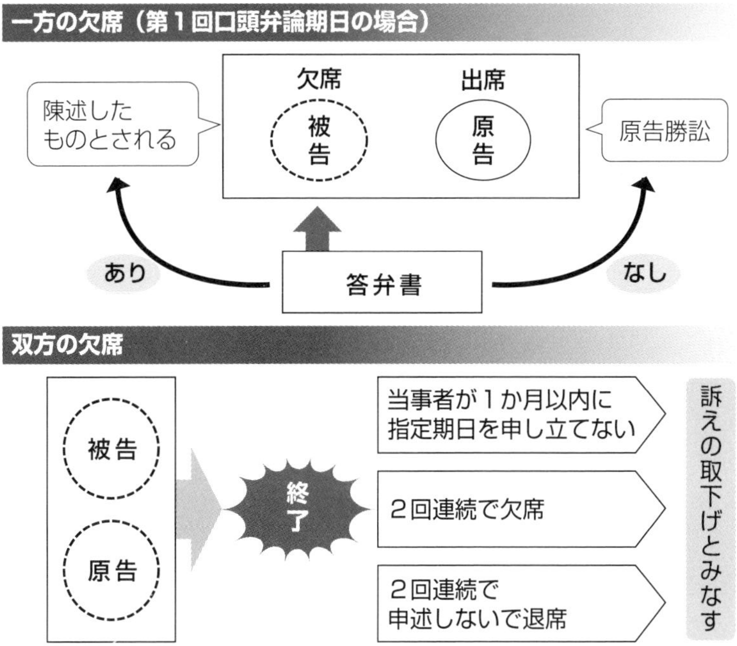

■ 当事者双方が欠席したらどうなる

当事者双方が欠席した場合には、１か月以内に期日指定申立てをしないと訴えを取り下げたものとみなされます。さらに、２回連続して期日に欠席し、または出席しても申述しないで退廷した場合も、訴えが取り下げられたものとみなされます。

このような規定が設けられているのは、訴訟の展開が自己に不利だと判断した当事者の中には、延々と欠席を繰り返すことによって訴訟を引き延ばそうとする者がいるためです。そのような者を相手方にして訴訟を続けても、時間と費用の浪費になるだけです。つまり「やる気がないのならやめてしまえ」ということなのです。

当事者欠席の場合の措置

第１回口頭弁論期日に当事者双方が欠席した場合には、陳述擬制は生じない。また、第二回以降の口頭弁論期日（続行期日という）に当事者の一方または双方が欠席した場合にも、陳述擬制は生じない。もっとも、第二回以降の口頭弁論期日に当事者の一方が欠席したに過ぎない場合には、出廷した当事者によって口頭弁論が行われる。

弁論主義と釈明権

行きすぎた釈明権の行使は弁論主義の原則に反するので認められない

■ 弁論主義の内容

民事訴訟では、事実の主張や証拠の収集は当事者において行われるべきであり、裁判所の判断で勝手に行うことはできません。このような原則を弁論主義といいます。

この弁論主義の内容として、通常、以下の3つがあります。この3つの内容を総称して弁論主義の3つのテーゼということがあります。

■ テーゼ1：主張責任の原則

裁判所は、当事者が主張した事実だけを判決の基礎とすることができるという原則を、主張責任の原則といいます。

事実というのは、証拠調べの場面においても、証人尋問や証拠として提出された文書の中などから、弁論で当事者が主張していなかった新しい事実が判明することがあります。

しかし、その事実を弁論で当事者が主張していなかったのですから、裁判所は、その事実を認定して判決の基礎とすることはできません。

■ テーゼ2：自白の拘束力

裁判所は、自白があったことによって、当事者間に争いのない事実は、そのまま判決の基礎として採用しなければならないという原則を、自白の拘束力といいます。

民事訴訟における自白とは、当事者の一方が主張した事実を相手方が認めること、もしくは当事者が主張した事実を相手方

主張責任と証明責任

主張責任と似たような言葉として、証明責任（立証責任、挙証責任とも呼ばれる）という概念がある。主張責任が「事実」を主張する段階で問題になる（事実を主張していないことによる不利益を負う）のに対し、証明責任は「証拠」を提出する段階で問題になる（証拠を提出していないことによる不利益を負う）概念である。

主張共通の原則

当事者のいずれかが主張した事実であれば、裁判所はその者に有利であるか不利であるかにかかわらず、裁判の基礎とすることができるという原則。

弁論主義の3つのテーゼ

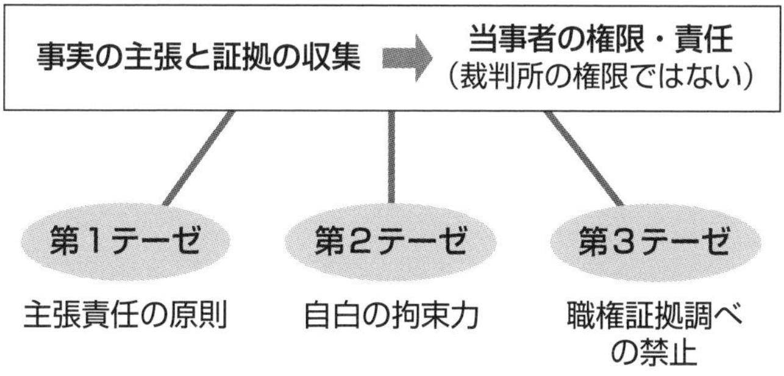

が争わないことをいいます（後者は擬制自白のことです）。自白の拘束力も、当事者が判決の基礎となるべき事実の内容を決定できる、という弁論主義の考え方を具体化したものです。

■ テーゼ3：職権証拠調べの禁止

当事者間に争いのある事実を裁判所が証拠によって認定する際には、当事者が申し出た証拠によらなければならないという原則を、職権証拠調べの禁止といいます。当事者が判決の基礎となる証拠の範囲を決定できるという形で、弁論主義を具体化したものといえます。

訴訟資料と証拠資料の峻別

当事者が弁論で主張した事実は訴訟資料とも呼ばれ、裁判所が証拠調べで得た証拠資料とは厳格に分けて考えなければならない。ある事実を判決の基礎とするには、訴訟資料と証拠資料の両方が必要となる。
たとえば、ある事実について証拠資料があるとしても、裁判所は、その事実を当事者が主張していなければ（訴訟資料がない）、判決の基礎とすることができない（主張責任の原則）。

■ 弁論主義における事実とは何か

訴訟上、当事者によって主張される事実には、①主要事実、②間接事実、③補助事実の３種類があります。ＡがＢに貸した100万円の返済を求める訴訟を具体例に、考えてみましょう。

①　主要事実

Ａは、まず「Ｂに100万円を貸した」という事実、つまりＡＢ間で100万円の金銭消費貸借契約（お金の貸し借り）が存在するという事実を証明しなければなりません。金銭消費貸借契約の成立には、ⓐ金銭の授受（貸主から借主に対して金銭を授受した）、ⓑ金銭の返還の約束（借主が貸主に対して金銭を返還する旨を約束した）、という２つの事実の証明が必要です。これらは、権利が発生していたかどうかという法律効果そのものに直接関わる事実です。これを主要事実といいます。

主要事実
法律効果（権利の発生・変更・消滅）を生じさせる要件（実体法上の構成要件）を判断するのに必要な事実が主要事実である。主要事実については、おおむね民法や会社法などの実体法の条文にあらわれている。
一般的なのは、「Aならば B である」という形であらわされていることの多い法律の「Aならば」に該当するか否かを判断するのに必要な事実が主要事実にあたる。

②　間接事実

たとえば、貸主Ａが「金銭消費貸借契約に基づいてＢに金銭を貸与した」と主張している日時以降に、借主Ｂの金遣いが急に荒くなったという事実があったらどうでしょうか。この事実は、「ＡがＢに対して金銭を授受したではないか」ということを推測させます。このように、金銭の授受といった主要事実を推測させる事実を間接事実といいます。

③　補助事実

補助事実とは、証拠の証拠能力や証拠力に関する事実のことです。たとえば、「金銭消費貸借契約書に偽造の形跡がある」という事実は、その契約書の証拠力を著しく低下させる事実となるため、補助事実にあたります。

証拠能力と証拠力
証拠能力とは、証拠となる資格があることを意味する。民事訴訟においては、原則として、あらゆるものが証拠となる資格を有する。
これに対し、証拠力とは、証拠が裁判所の判断に影響を与える力のことを意味する。証拠力が高い証拠であるほど、裁判所の判断に与える影響は大きい。

■ 弁論主義と間接事実・補助事実

判例および多くの学説は、弁論主義の適用があるのは主要事実に対してだけであって、間接事実や補助事実に対しては弁論主義の適用はなく、裁判官が自由心証に基づいて合理的に判断できるとしています。間接事実や補助事実にまで弁論主義を適用すると、間接事実や補助事実についても当事者の主張を要することになって審理が硬直化し、その結果、裁判官が主要事実の存否を判断することすら困難になるからです。

■ 釈明権の内容

釈明権とは、事件の内容をなす事実関係や法律関係を明らかにするために、当事者に対して、事実上や法律上の事項につい

弁論主義が適用される事実

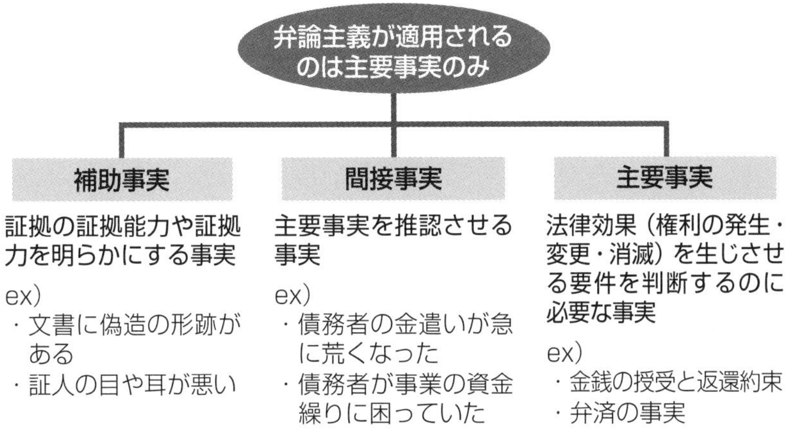

て質問したり、証拠を提出するよう促したりすることができる裁判所の権限のことです。

具体的には、裁判所が、当事者の主張した事実について、「もっとわかりやすく説明するように」「その事実を証明するのにこういう証拠はないのか」「この点についての事実はどうなっているのか」などと当事者自身に質問できるというものです。

釈明権の行使によって、裁判所は、適正かつ妥当な判決をするために、弾力的な審理を行うことができます。

もっとも、行きすぎた釈明権の行使は「当事者にまかせる」という弁論主義の原則をねじ曲げてしまうため、釈明権は慎重に行使されなければならないと考えられています。具体的には、当事者の主張の中で不明瞭な点を明らかにするためになされる釈明権の行使は許されます。しかし、当事者に対して積極的に新たな主張や立証を行うよう促すためになされる釈明権の行使は原則として許されません。

釈明義務違反

本文では「釈明権の行使の限界」について説明したが、これとは反対に釈明権の行使が義務付けられる場合もある。たとえば、金銭の支払いを求める訴訟において「売買契約」の成否について当事者の主張と反論がされたのに、裁判所が「請負契約」の成立を認めて金銭（報酬）の支払いを認める判決を言い渡したとする。
この場合、裁判所は、訴訟手続きにおいて請負契約の成立の可能性を指摘して主張と反論の機会を与えなければ、釈明義務違反となる可能性が高い。

PART1
18

民事訴訟法の
しくみ

証拠調べと証拠能力・証拠価値

証拠は裁判官が事実認定をする際に必要になる

■ 事実認定と証拠

裁判では、当事者が得たいと思っている判決の基礎となる事実が存在することを、裁判官に納得させる必要があります。このことは、裁判官の立場からいえば、「この事実は存在する」と納得できなければ、その事実に基づいた判決を言い渡すことができないことを意味します。この「事実が存在するか否か」を判断する裁判官の行為を事実認定といいます。

証拠の存在意義

証拠は、裁判官が事実認定をする際の材料となるものである。訴訟の当事者は、証拠を提出することにより、ある事実の存在や不存在を裁判所に示していくことになる。

裁判官が事実を認定する際に用いる資料（材料）のことを証拠といいます。たとえば、ＡがＢに対して100万円の貸金返済を求める訴え（給付の訴え。36ページ参照）を提起した場合、ＢがＡから借金をする際に作成した借用書や証人が証拠にあたります。裁判官としては、借用書や証人の証言といった証拠をもとに、「ＢがＡに対して100万円の借金を負っている」という事実を認定するわけです。

当事者は、自分の主張する事実を裁判官に認めてもらうために、さまざまな証拠を提出します。この提出された証拠を裁判所が法定の手続きによって調べることを証拠調べといいます。

■ 証拠能力がないと証拠調べができない

証拠方法

証拠調べの対象となる人や物（裁判官がその五官で取り調べることのできる有形物）を証拠方法という。証拠方法は、文書・検証物といった物証、当事者・証人・鑑定人といった人証に分けられる。

証拠能力とは、ある証拠が証拠となり得る一般的な資格のことをいいます。たとえば、ある訴訟において、Ａという証人やＢという文書などの証拠を、そもそも証拠調べの対象とすることができるのかどうかを判断する際に、「証拠能力があるのかないのか」が検討されるわけです。証拠能力がない人や物を証

証拠収集のポイント

民事訴訟ではありとあらゆる物が証拠になり得る

↓だが

以下の点に気をつけると効果的である

・できるだけ質のよい証拠を集める
・証人よりも文書の形になっている証拠がよい

（契約書、借用書などを探し出す
貸金の返済を求める場合は電話でなく内容証明郵便で催促）

拠調べの対象とすることはできません。

もっとも、民事訴訟では、原則としてあらゆる人や物に証拠能力が認められており、それらが証拠方法として証拠調べの対象となります。わずかに存在する例外として証拠能力が否定されるものとしては、忌避された鑑定人（原告や被告の申立てにより鑑定人となることを認めない決定がなされた者のこと）は鑑定能力を欠くことと、手形訴訟・小切手訴訟では書証以外は証拠能力がないとされることなどが挙げられます。

■ 証拠調べ後の証拠力（証拠価値）

証拠力（証拠価値）とは、証拠調べの結果得られた証拠資料（証拠方法の証拠調べした結果、そこから得られた具体的な情報のこと）が裁判所に影響を与える力（もっている価値）のことです。証拠能力が証拠調べの前に問題になるのに対し、証拠力は証拠調べの後に問題になります。証拠力をどのように評価するのかは、裁判官の自由な心証に委ねられています。

証拠資料／証拠原因

証拠資料とは、証拠方法を証拠調べした結果、そこから得られた具体的な情報のことを指す。文書や記載内容、証人の証言などがこれにあたる。証拠原因とは、証拠資料のうち、裁判所の事実認定に用いられたものを指す。証言ＡからＸという事実が認定されたような場合には、証言Ａは証拠原因として使われたことになる。

証明が必要な事実

有利な判決を得るには事実を証明しなければならない

■ 証明と疎明

当事者は、判決の基礎となる事実が存在することを、裁判官に納得させる必要があります。裁判官が「十中八九間違いないだろう」と納得した状態を証明といい、そのような状態に裁判官をおくことを証明するといいます。一方、裁判官が「まあ間違いないだろう」程度に思っている状態を疎明といい、そのような状態に裁判官をおくことを疎明するといいます。

訴訟ではさまざまな事実が提出されます。その中には、判決に大きな影響を与えるような重要な事実もあれば、単に手続上求められるような事実もあります。このように提出されるすべての事実について、一律に裁判官の確信を要求するのは合理的とはいえません。

そこで、判決に大きな影響を与えるような事実については、慎重を期して証明が必要であるのに対し、それ以外の事実については疎明で足りるとされています。

■ 証明が必要な事実

自己に有利な判決を得るためには、その基礎となる事実を証明しなければなりません。この「事実」には、主要事実、間接事実、補助事実の3種類があることはすでに説明しました。

このうち、証明の対象となるのは主要事実です。具体的には、当事者が主張した主要事実のうち、相手方が争った事実について証明する必要があります。

さらに、間接事実や補助事実も、それが主要事実を証明する

要証事実

要証事実（証明を必要とする事実）は、突き詰めて言えば、当事者間で争われている権利義務を定めた法律の要件に該当する事実である。法律の定めがあればその要件をすべて証明する必要があるわけではなく、当事者間でが主張されていない場合や争いとなっていない場合は、証明の対象にはならない。
間接事実も、主要事実を証明しようとする必要性から証明の対象となるものである。補助事実も、主要事実や間接事実など、要証事実を証明する証拠の証拠力を明確にする必要がある限度において証明の対象となる。

証明を必要としない事実

証明を必要としない事実

＊ 当事者の間で争いのない事実（裁判上の自白）

➡ 相手方の主張する自己に不利な事実を認める陳述については証明不要

＊ 顕著な事実（公知の事実および職務上顕著な事実）

➡ 有名な事件・事故・天災や自ら下した判決などについては証明不要

＊ 法律上の推定のある事実

➡ 法律上「A事実があればB事実があると推定する」と指定されている場合、B事実の存否については証明不要

ために利用される場合は、証明の対象となります。

■ 証明を要しない事実

たとえ判決の基礎となる事実であっても、その確実性が客観的に明らかであるために、証明は不要とされている事実があります。それは、顕著な事実と裁判上の自白の２つです。

顕著な事実とは、公知の事実と職務上顕著な事実（職務上知り得た事実）の総称です。公知の事実とは、広く世に知られている事実のことで、歴史的に有名な事件・事故・天災などが挙げられます。職務上顕著な事実とは、裁判官がその職務過程で知り得た事実のことで、他の事件で自分が下した判決や破産手続開始決定の公告などが挙げられます。

なお、「A事実があればB事実があると推定する」という規定については、A事実の証明は必要であるのに対し、A事実を証明すればB事実の証明が不要となります（法律上の推定）。

裁判上の自白

相手方の主張する自己に不利益な事実を認める陳述のこと。自白が成立すると、自白によって得られた事実は、証明が不要となり（民事訴訟法179条）、裁判所は、その事実をそのまま判決の基礎とすることになる。
また、不利益な事実を認める陳述の他、相手方の陳述に対する沈黙も、弁論の全趣旨によりその事実を争ったと認められない限り擬制自白が成立する。

裁判上の自白

自白が成立した事実は証明が不要

■ 自白の意義・効果

自白とは、当事者が口頭弁論または争点整理手続において、相手方が主張する自己に不利益な事実を認める陳述です。たとえば、ＡがＢに貸した100万円の返済を求める訴訟で、Ａの「Ｂに100万円を渡した」という主張に対して、Ｂが「そのとおりです」と陳述すれば、それは自白をしたことになります。

自白が成立すると、裁判所は、自白をした事実を判決の基礎としなければならなくなります。つまり、自白によって得られた事実は証明不要となるわけです。

自白は裁判所だけでなく当事者も拘束します。つまり、自白を行った当事者は、自白の内容と矛盾する事実を主張することができなくなります。相手方当事者は、自白を前提として自己の訴訟行為を行うわけですから、そのような矛盾した行為を認めることは、相手方の信頼を害することになるためです。

同様の見地から、自白の撤回についても、原則として認められていません（認められるケースについては、欄外参照）。

自白の撤回が認められる場合

相手方は、自白を前提として自己の訴訟行為を積み上げていくため、自白の自由な撤回を許すことは相手方の信頼を害するので、原則として自白の撤回は許されない。しかし、以下の①～③の場合は、例外的に自白の撤回が許される。

①刑事上罰すべき他人の行為（詐欺や強迫など）により自白がなされた場合
②相手方の同意がある場合
③自白が真実に反しかつ錯誤に基づく場合（自白が真実に反することの証明があれば、錯誤に基づき自白をしたことが推定される）

■ 自白の対象

主要事実が自白の対象となることは明らかですが、間接事実や補助事実などについても自白が成立するかどうかは議論があります。判例や多くの学説では、間接事実や補助事実については自白を認めていません。

自白の対象に関する議論において、大きな論点となっているのが「権利自白」についての問題です。権利自白とは、訴訟の

自白と権利自白

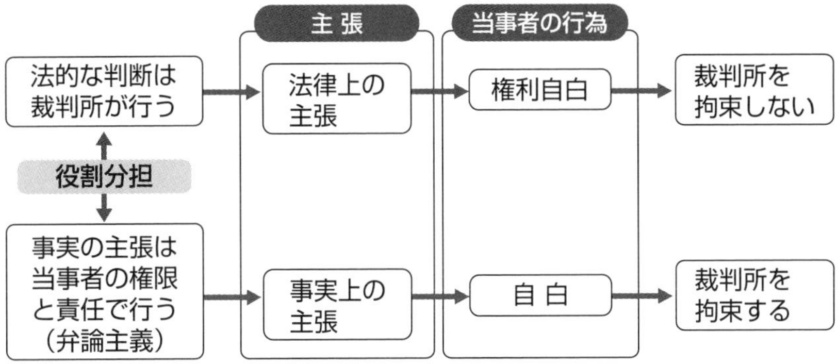

直接的な目的である権利や法律関係の前提となっている権利や法律関係について、相手方の主張を認めることです。

たとえば、ＡがＢに対して、所有権に基づくＸ土地の返還請求訴訟を提起した場合、訴訟の直接の目的となっている権利は「ＡのＢに対するＸ土地の返還請求権」です。この場合、Ｂが「Ｘ土地の所有権がＡにあることを認める」という陳述をしたとしたら、権利自白が成立することになります。

ＡがＸ土地の所有権をもっていることは、ＡのＢに対するＸ土地の返還請求権の前提であり、それをＢが認めることは、訴訟の直接の目的である権利の前提となっている権利について、相手方の主張を認めることになるからです。

通常の自白が、あくまで具体的事実を陳述するものであるのに対し、権利自白は、法的な意味合いを含んだ陳述となっています。法律の解釈と適用は裁判所の職責であるところ、権利自白に裁判所が拘束されるとすれば、その職責を侵害することになりかねません。そこで、権利自白については、通常の自白のような裁判所への拘束力を認めないとする見解が有力です。

擬制自白

当事者の一方が口頭弁論または争点整理手続において相手方の主張した事実を明らかに争わない場合、その当事者が争う意思がないものと理解されて、相手方の主張した事実を自白したものとみなされる。これを擬制自白といい、口頭弁論の最後の段階でその成否が判断される。

自由心証主義と証拠共通の原則

証拠共通の原則は自由心証主義から必然的に導き出される

自由心証主義

「こういう証拠があるなら、当事者の主張しているこの事実を認定してもよい」というように、訴訟に現れた証拠などをどのように判断するかは、すべて裁判官にまかせようというのが自由心証主義である。

自由心証主義の例外

証拠方法の無制限については、手続きの明確化や画一化、迅速な処理の要請から、訴訟代理権を与えるかどうかは書面に、口頭弁論の方式の遵守については弁論調書に、それぞれの取扱いが限定されている。つまり、これらの例外の場合には、法定の証拠しか用いることができなくなる。
また、証拠力の自由評価についても、文書の形式的証拠力についての推定規定や、証明妨害についての規定などによって制限を受ける場合がある。

■ 自由心証主義の内容

自由心証主義とは、判決の基礎となる事実の認定を、審理に現れたすべての証拠、状況などに基づいて、裁判官が自由に形成する心証に委ねる建前のことです。

自由心証主義は、①特定の事実を認定するための証拠方法が限定されず、あらゆる人や物が証拠方法になること（証拠方法の無制限）、②証拠をどの程度考慮して事実を認定するか（証拠の取捨選択）については、経験則に基づいた裁判官の自由な判断に委ねられること（証拠力の自由評価）を内容とします。

①　証拠方法の無制限

証拠方法の無制限とは、裁判官が事実認定を行うために用いる証拠方法には制限がなく、原則として、どんなものでも証拠能力がある（証拠に用いることができる）ということです。

②　証拠力の自由評価

証拠力の自由評価とは、「この証拠からは、この事実を認定してもよいだろう」という証拠のもっている証明力の評価については裁判官にすべてまかせるということです。若干の例外を除いて、認められています。

■ 証拠共通の原則

自由心証主義の下では、いったん裁判所に提出された証拠については、それを提出した者に有利な形で用いようと、不利な形で用いようと、すべて裁判官に委ねられます。これを証拠共通の原則といいます。証拠共通の原則により、証拠を提出した

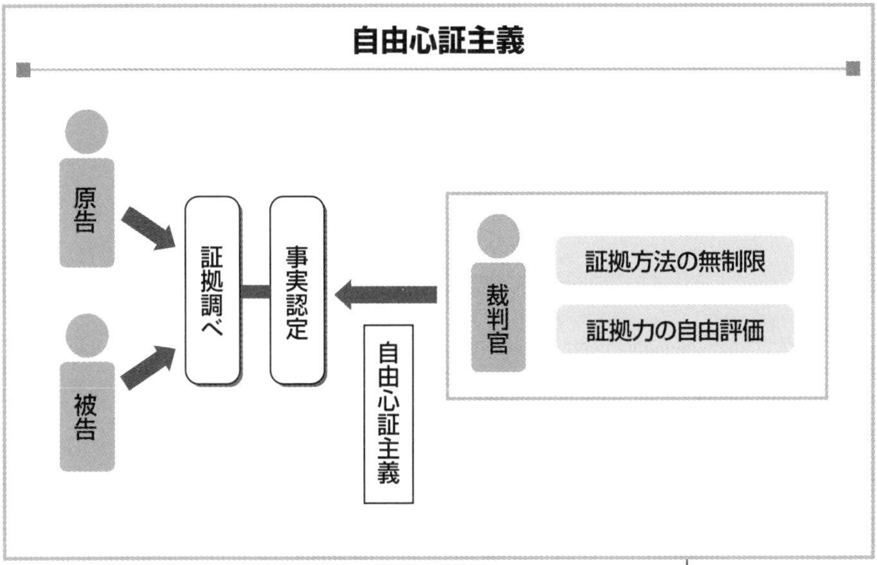

者に不利な事実認定がなされても、それはやむを得ないことになります。その意味で、証拠共通の原則は自由心証主義から必然的に導き出される原則なのです。したがって、裁判所に提出した証拠は、相手方の同意がなければ撤回できません。

■ 弁論の全趣旨

民事訴訟法では、裁判官が証拠調べの結果の他に、弁論の全趣旨も検討材料にいれて、事実認定を行うことができる旨を規定しています。

訴訟手続きでは、当事者が事実を主張し、証拠が提出されますが、裁判官の関心の対象となるのは、それらの事実や証拠にとどまりません。事実や証拠を提出する際の当事者もしくは代理人の態度、声色なども、裁判官の耳目をとらえるのです。

弁論の全趣旨とは、このように口頭弁論に現れた一切の状況を意味します。

弁論の全趣旨

たとえば、原告が提出した証拠に対して、被告が異様な動揺を示した場合、証拠の内容自体だけでは原告の主張する事実を認めることができなくても、被告の態度を考慮して、原告に有利な事実認定をすることもできる。

法定証拠主義

自由心証主義に対立する考え方。いかなる証拠に基づいていかなる事実を認定すべきかについて、あらかじめ法で定めておこうという考え方。

PART1
22

民事訴訟法のしくみ

証明責任

証明に失敗することで不利益を被っても仕方がないという考え方

■ 証明責任の内容

当事者間で争いのある事実は、証拠によってその事実の存在が証明されなければなりませんが、証拠調べによっても、問題となっている事実が本当にあるのかないのかということについて、裁判官が判断できないケースも考えられます。

自由心証主義が採用されているとはいえ、真偽不明のままとなっている事実をそのまま放置するわけにはいきません。とりわけ、その事実が重要な意味をもつ事実であれば、判決を行うためにもその事実の存否を明らかにする必要があります。このような場合に機能するのが、証明責任の考え方です。

証明責任とは、証拠調べをしても主要事実があるのかないのかわからないときに、当事者の一方に課される不利益のことをいいます。たとえば、ＡがＸ土地を占拠しているＢに対して、「Ｘ土地が自分のものである」ことを理由に明渡しを求める訴えを提起したものの、裁判官としては証拠を判断してもＸ土地が「Ａのものである」という確信も「Ａのものではない」という確信も得られなかったとします。この場合、証明責任について最も妥当な解決方法は、次のものではないでしょうか。

「そもそもＸ土地にはＢが住んでいたものだ。そこに、Ａがやってきて、自分の土地だから返せと言いだした。とすれば、Ａには、Ｘ土地が自分の所有物であることを証明する責任があるといえる。それができない以上、Ａが主張するような事実はなかった、つまりＸ土地はＡの所有物ではなかった、と認定されてもやむを得ない」

証明責任

ある事実が真偽不明となったときには、その事実はないものとして扱われる。その結果、証明責任を負っている者が、その事実が存在しないとされることで不利益を被る。
特定の事実が真偽不明であるとしても、裁判所は何らかの判決をしないといけないので、証明責任の考え方が用いられている。

法律上の推定

証明が困難なＡ事実を証明する代わりに、証明の容易なＢ事実を証明すれば、Ａ事実を要件事実とする法律効果が認められるものと推定して、立証責任を負う者の負担を軽減する法律上のテクニックのこと。たとえば、法文で「Ｂ事実があればＡ事実があると推定する」と規定しているものが当てはまる。

証明責任

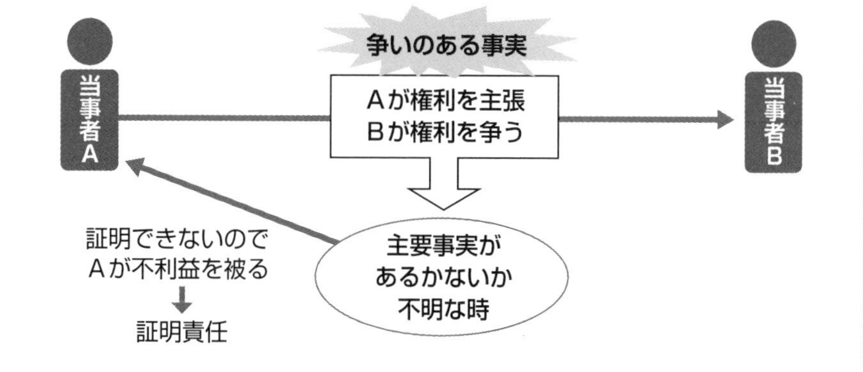

このように、証明活動を行う責任をもっている者が、その証明に失敗することによって不利益を被っても仕方がないというのが証明責任の考え方なのです。

■ 証明責任の分配とその基準

訴訟の当事者のどちらに証明責任があるのかについては、どのように判断されるのでしょうか。これが証明責任の分配の問題です。これについては、民法などの条文が規定する要件を基準に分配されると考えられています（法律要件分類説）。

つまり、民法などの条文が、①権利が発生する要件を定めている場合は、権利の発生を主張する者、②権利の発生を阻害する（妨げる）要件を定めている場合は、権利発生の阻害を主張する者、③権利が消滅する要件を定めている場合は、権利の消滅を主張する者が、それぞれ証明責任を負います。

この証明責任の分配の基準を理解するには、民法などの理解が不可欠になります。ですから、民法などの知識があまりない段階では、とりあえず証明責任というもののイメージをつかんでもらえれば十分でしょう。

法律要件分類説

本文記載の証明責任の分配の基準のうち、①は権利根拠規定、②は権利障害規定、③は権利消滅規定についての証明責任である。その他、④権利阻止規定（条文が権利行使を一時的に阻止する要件を定めていること）の場合は、権利阻止を主張する者が証明責任を負う。

疫学的証明

疫病の予防を目的とする疫学において、疾病の原因を推認するためにも用いられる方法を応用した訴訟上の証明をいう。
複数の類似の現象に共通した因子を抽出し、その中から合理的な説明が不可能なものを消去していくことによって、その現象の原因を推定する方法で、おもに公害訴訟などで利用されている。

PART1
23

証拠調べの種類と文書提出命令

証拠には人証と物証がある

■ 5種類の証拠調べ

証人

証人とは、過去に知った事実を訴訟において供述することを命じられた第三者である。意見や判断でなく、過去の事実を供述する点で、鑑定人と異なる。証人には、法廷に出頭したり、法廷で宣誓することなど、証人義務が課せられる。

証拠調べは、取り調べる対象に応じて５種類用意されています。人的証拠（人証）を取り調べる証人尋問・当事者尋問・鑑定と、物的証拠（物証）を取り調べる検証・書証です。

人証に対する証拠調べには以下の方法があります。

①　証人尋問

証人尋問とは、証人を証拠方法として、その者に口頭で質問し、証明の対象となる事実について、その者が経験した事実を供述させて、その証言を証拠資料とするための証拠調べです。

証人と当事者本人への尋問

証人と当事者の尋問を行うとするのが適当と認めるときは、当事者の意見を聞いた上で、第一に当事者本人を尋問することができるようになっている。

②　当事者尋問

当事者尋問とは、当事者を証拠方法として、その経験した事実について尋問し、争われている事実についての証拠資料を得ようとする証拠調べです。

③　鑑定

鑑定とは、裁判官の判断を補充するために、学識経験のある第三者（鑑定人）を証拠方法として、その専門知識や意見を報告させる証拠調べです（意見や報告が証拠資料となる）。

鑑定

鑑定そのものは当事者の申出によって行われる。
鑑定人は裁判所の指定によって学識経験者の中から選ばれる。

■ 物証に対する証拠調べ

検証とは、事物の形状・性質につき裁判官が直接にその五官により事実判断を行う証拠調べです。裁判官が、公害訴訟で騒音の状況を耳で確かめたり、工場の廃棄物の臭いを鼻で確かめたりすることなどが当てはまります。

書証とは、文書に記載された意味内容を証拠資料とする証拠

文書提出義務を負う者

①当事者が訴訟において引用した文書を自ら所持する場合
②証明する者が文書の所持者に対し引渡しや閲覧を求めることができる場合
③文書が証明する者のために作られたか、証明する者と所持者との間の法律関係について作られた場合

---

④上記①～③以外の場合で、次のいずれにもあたらない場合
　ⓐ文書の所持者や文書の所持者の親族などが刑事訴追や有罪判決を受けたり、名誉を害されたりするおそれがあるとき
　ⓑ提出すると公共の利益を害したり、職務の遂行に著しい障害が生じたりするような公務員の職務上の秘密に関する文書
　ⓒ医師や弁護士などが職務上知り得た事実で黙秘しなければならないものや、技術・職業の秘密に関する事項が記載されている文書
　ⓓ外部に公開されることが予定されていない、もっぱら文書の所持者の利用のための文書（自己利用文書）
　ⓔ刑事訴訟に関する書類や少年保護事件の記録、またはこれらの事件で押収されている文書

調べです。書証は文書の意味内容を対象としたものであり、文書を記した紙自体の質や形を調べる場合は検証となります。

■ 文書提出命令

書証では文書を証拠として提出しますが、裁判所に調べてもらいたい文書が自分の手もとになく、相手方や第三者がもっている場合も多いです。その場合に、裁判所から、その相手方や第三者に対して「文書を提出しなさい」との命令を出してもらう制度があります。これを文書提出命令といいます。

文書提出命令は、当事者の申立てに基づき、民事訴訟法に定められた文書提出義務を負う者に対して発せられます。具体的には、上図に該当する場合に、文書を提出する義務を負うことになります。

文書提出命令に従わない場合

提出されなかった文書に記載されていることについて、その提出を求めた当事者の主張したことが、裁判所によって事実と認定されるなどの不利益を受けることになる。

インカメラ手続き

インカメラ手続きとは、裁判所が、文書提出命令の申立てに係る文書が上図の④に該当するかどうかを判断するため必要があるときに、文書の所持者にその文書を提示させ、当事者や傍聴人にも公開しないで判断することである。

訴えの取下げ、請求の放棄・認諾、和解

判決によらずに当事者の意思で訴訟を終わらせる

■ 当事者対立構造の消滅

原告の訴え提起によって開始された民事訴訟の手続きは、原則として裁判所の判決により終了します。しかし、民事訴訟のすべてが判決によって終わるわけではありません。

たとえば、A会社がB会社に対して損害賠償請求訴訟を起こしている最中に、両社が合併してしまった場合には、民事訴訟の前提というべき二当事者の対立する形が消滅するので、訴訟は判決に至ることなく終了してしまいます。

このように、民事訴訟の手続きは、判決以外にもさまざまな形によって終了します。その中で最も重要なのが、当事者の意思によって終了する場合です。当事者の意思によって訴訟が終了する場合としては、①訴えの取下げ、②請求の放棄・認諾、③和解があります。これらは、当事者のイニシアチブによって訴訟を終わらせることができる点で共通しています。処分権主義の具体的なあらわれといえるでしょう。

処分権主義

当事者が、訴訟の開始、審判対象の特定、訴訟の終結などを自らの意思で決定できることを処分権主義という。処分権主義が採用されていることから、債権の一部についてのみ支払いを請求する訴訟（一部請求訴訟）が許され、裁判所は、原告が申立てをした範囲内で判決をすることになる。

①　訴えの取下げ

訴えの取下げとは、「訴えを取り下げます。これ以上の審理と判決はしてもらわなくてけっこうです」という旨の裁判所に対する原告の意思表示です。訴えの取下げがあった場合は、はじめから訴えがなかったことになるため、後述するように判決があった後に訴えを取り下げた場合を除き、原告は同じ紛争について再度訴えを提起することもできます。

②　請求の放棄・認諾

請求の放棄とは、原告が、裁判所に対して「自分の請求には理

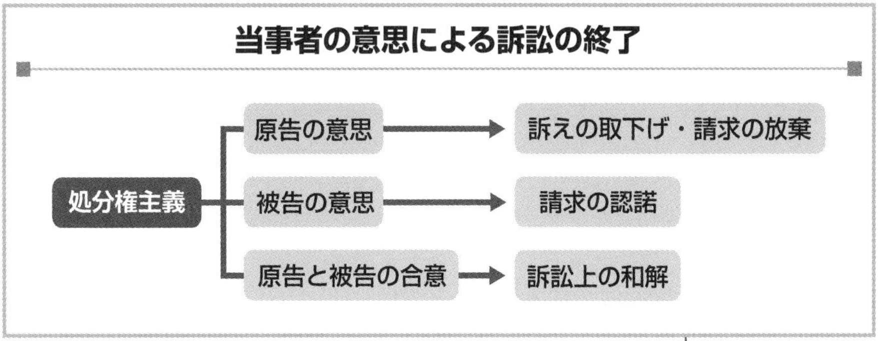

由がない」と認める旨の意思を表示することです。つまり、原告自らが請求棄却であることを認めて、訴訟を終了させる行為です。

一方、請求の認諾とは、被告が、裁判所に対して「原告の請求には理由がある」と認める旨の意思を表示することです。つまり、被告自らが請求認容であることを認めて、訴訟を終了させる行為です。

請求の放棄・認諾や和解の効果

請求の放棄・認諾や和解は、それが調書（放棄調書・認諾調書・和解調書）に記載されることによって、確定判決と同一の効力をもつ。したがって、当事者は、原則として、請求の放棄・認諾や和解をしたものと同じ紛争につき、再度訴えを提起できなくなる。

③　**訴訟上の和解**

訴訟上の和解は、原告と被告が、訴訟の途中に、裁判所で「訴訟を終わらせよう」と、一定の解決方法を両者で定めて合意し、裁判所にその意思を表示することをいいます。

■ 訴えの取下げについて再訴禁止効が認められる場合

いったん取り下げた訴えを、再び訴えることができなくなる場合があります。たとえば、Aが提起した訴えにつき、第一審で請求棄却の判決が下された後、Aは控訴したが、控訴審で被告と裁判外で和解が成立したので、訴えを取り下げたとします。この場合、Aは、同じ紛争について再度訴えを提起することができません（民事訴訟法262条２項）。すでに第一審で、その紛争について請求棄却の判決が下されているからです。このように、訴えの取下げをした場合において、同一の紛争について再度訴えを提起できなくなる効果を再訴禁止効といいます。

再訴禁止効の目的

いったん下された判決をムダにさせないようにするためであり、トラブルを蒸し返すのを防止することを目的とする。

終局判決による訴訟の終了・判決の効力

判決にはさまざまな種類がある

■ 判決の意義

訴訟終了の基本型は、やはり何といっても判決ということになります。判決とは、当事者の申立てのうち重要な事項に対する裁判所の最終的な判断のことです。まさに判決こそが、当事者および裁判所の民事訴訟における最終到達目標だといえます。一口に判決といっても、それが下される局面や、その内容によってさまざまに分類することができます。

① 終局判決と中間判決

ある審級での審理を完結するかどうかによる区別です。終局判決は、事件の全部または一部をその審級につき完結させる判決のことです。中間判決は、民事訴訟法が定める一定の対象について、訴訟の進行過程で判決を行うものです。訴訟が複雑な場合に、それを整理して終局判決につなげるための判決です。

② 全部判決と一部判決

終局判決のうち、同一訴訟手続きによって審判される事件の全部を同時に完結させる判決を全部判決といいます。これに対し、1つの訴訟手続きで審理されている事件の一部に対してだけなされる終局判決が一部判決です。

③ 訴訟判決と本案判決

終局判決は内容面から、請求の当否を判断する本案判決と、訴訟要件があるかないかを判断する訴訟判決に分類されます。本案判決には、原告の請求を裁判所が認める認容判決と、原告の請求を裁判所が認めない棄却判決との2種類があります。

判決が成立するまで

判決の成立過程は、裁判所が、まずどのような内容の判決をするかを確定し、次に、確定した内容を表示する判決書（判決原本）を作成した上で、これに基づいて言渡しを行う。言渡しによって判決はその効力を生じ、判決の正本が当事者に送達されることになる。

訴訟要件

本案に関する判決（36ページ参照）を出すための要件。具体的には、裁判所が管轄違いでないこと、当事者適格があること、二重起訴の禁止に反しないことなどがある。訴訟要件を欠くと、訴え自体不適法として却下される。本案を審理した結果、理由なしとして退ける棄却判決とは区別される。

既判力・執行力・形成力

既判力	以後「その事件については判断済み」とされる効力。当事者は、その事件を蒸し返すような訴訟はできなくなり、また裁判所も、同じ当事者間で同一の事件が再び別の訴訟で争われた場合には、前の判決と矛盾する判決ができなくなる。
執行力	強制執行ができるようになる効力。判決によって、支払うことを命じられた金銭や、引き渡すことを命じられた物を、国の機関が強制的に被告から取り上げて、原告に渡す手続きが強制執行である。執行力は給付判決が確定したときに生じる。
形成力	形成の訴えにおいて形成判決が出た場合に生じる。形成判決で宣言された法律関係の変動を引き起こす効力のこと。

④　給付判決、確認判決、形成判決

訴えには、給付の訴え、確認の訴え、形成の訴えがあります。このような訴えの類型との関連で、判決の内容を、給付判決、確認判決、形成判決の３種類に区別できます。

給付判決は、「原告が訴えで請求したものを給付せよ」という命令をおもな内容としています。確認判決は、原告が確認を求めた権利や法律関係の積極的または消極的な確認を内容とするものです。形成判決は、判決の確定と共に法律関係を直接変動させる効力をもっています。

終局判決には、自己拘束力と呼ばれる効力が生じます。自己拘束力とは、「ひとたび言い渡された判決は、言い渡した裁判所によって変更したり撤回することができなくなる」という効力です。いったん成立した判決については、軽々しく変更・撤回すべきでないのです。終局判決といっても、確定したもの（確定判決）とそうでないものがあり、その効力には違いがあります。確定判決には既判力や執行力といった効力があります。また、形成判決には形成力が認められます（上図参照）。

形成力の例

たとえば、離婚を請求する離婚訴訟で、離婚を認める形成判決が言い渡され、これが確定した場合には、婚姻関係の解消という法律関係の変動が引き起こされる。

控訴・上告

上訴には控訴・上告・抗告の３種類がある

■ 上訴の内容

上訴とは、裁判が確定していない間に、上級裁判所へ原裁判の取消しまたは変更を求める不服申立てのことです。具体的には、「この判決は間違っている」と考えるときに、上級裁判所に対し、もう一度審判し直してほしいと訴えるのが上訴です。

上訴の制度が置かれた目的は、何よりも誤った裁判を是正するという点にあります。裁判官は法律の専門家であり、その判断は正しいと考えるのが普通でしょう。しかし、裁判官の判断がすべて正しいとは限りません。そこで、当事者が裁判に不服を抱いた場合に、それを救済する手段として上訴という制度が設けられたのです。

上訴は、大きく分けて、控訴・上告・抗告の３種類があります。これ以外に、特別な上訴の制度（特別上訴）として、特別上告・特別抗告があります。

特別上訴とは

同じ上訴でも控訴や上告、抗告とは区別して考える必要がある。特別上訴は、特別上告と特別抗告の２つに分けられる。
① 特別上告
高等裁判所が上告審として行った終局判決に対し、憲法解釈の誤りがある場合や、憲法に違反する場合について認められる。
② 特別抗告
不服申立てのできない決定・命令に対し、憲法違反を理由として最高裁判所に対して行う抗告のこと。

■ 上訴提起の要件と効果

上訴を提起するには、法定の方式に従って行うことや、法定の期間が過ぎる前に行うことなど、さまざまな要件が設けられています。その中でも重要なのは、上訴人が原裁判に対して不服の利益を有していなければならないとの要件です。これを上訴の利益といいます。どのような場合に上訴の利益があるとみなされるのかですが、判例は、原裁判が当事者の申立てよりも質的・量的に少ない場合に、上訴の利益があるとしています。

上訴が認められると、まず、裁判の確定が遮断されます。つ

上訴の利益

たとえば、全部認容判決が出た場合の原告や、全部棄却判決が出た場合の被告には、上訴の利益がないことになる。これらの場合、原判決が当事者の申立てと質的・量的に同じだからである。

上訴の流れ

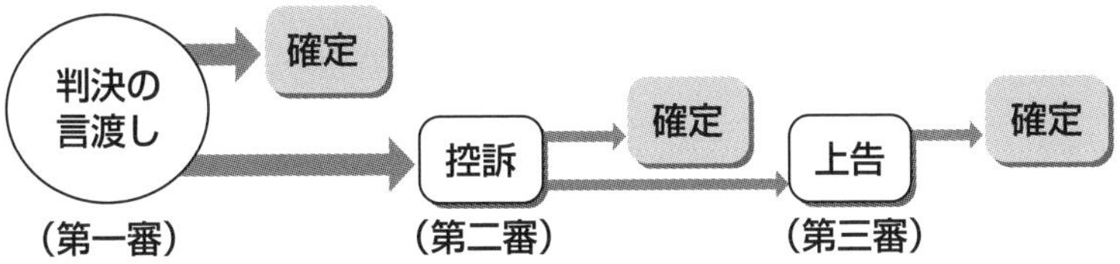

まり、訴訟は終わらず継続されることが決まります。これを確定遮断の効力といいます。続いて、審判の場が上訴を受けた裁判所へと移ります。上訴を受けた裁判所が高等裁判所であれば高等裁判所へ、最高裁判所であれば最高裁判所へと、争いの場が移るわけです。これを移審の効力といいます。

■ 控訴審（第二審）の審理

控訴は、簡易裁判所または地方裁判所がした第一審の終局判決に対して、直近の上級裁判所に対して行う不服申立てのことです。民事訴訟の場合は、簡易裁判所の第一審判決に対する地方裁判所への上訴、地方裁判所の第一審判決に対する高等裁判所への上訴が控訴となるわけです。原則として、第一審の終局判決日から２週間以内に上級裁判所に申し立てなければなりません。控訴審では、第一審で提出された事実や証拠に、新たに控訴審で提出される事実、証拠を加えて、審理が行われます。口頭弁論は第一審と同様の形で展開されます。そして、控訴審も第一審と同様に、原則として判決により終了します。

なお、控訴審では、口頭弁論終結までに、被控訴人（控訴された者）が控訴人（控訴した者）の申し立てた審判の対象を広げて、自己に有利な判決を求めることもできます。このような被控訴人の申立てを附帯控訴といいます。

三審制

上訴制度は審級制度を前提としている。審級制度とは、審判を第一審、第二審（控訴審）、第三審（上告審）と重ねることにより、誤りのない正しい裁判をすることを目的とした制度である。とくに審判の機会を第三審まで設けることを三審制といい、わが国の訴訟法はこれを採用している。現行の民事訴訟法では、第一審、第二審は事実審、第三審は法律審として定められている。

事実審と法律審

事実審とは、事実認定や証拠などもっぱら事実関係について審理する裁判所のことである。それに対し法律審とは、法令の解釈適用上の誤りなどもっぱら法律問題について審理する裁判所のことである。最高裁判所は、法律審の役割だけを負うことが法律によって規定されている。

■ 上告の提起と上告理由

上告

控訴審の判決に対して法律の解釈や適用に対して不服がある場合などには、上告裁判所に上訴をすることができる。これを上告という。事実認定についての判断に不服があるとしても、上告をすることはできない。

控訴審の判決に対して、憲法違反や民事訴訟法に定められた重大な訴訟手続きの違反事由のあることを理由に、その破棄を上告裁判所に求める不服申立てが上告の提起です。控訴審が地方裁判所であれば高等裁判所に、高等裁判所であれば最高裁判所に、上告を提起することができます。控訴が原審の事実認定に不満がある場合でもできるのに対し、上告の提起は憲法違反や重大な訴訟手続きの違反事由を理由としてしか行うことができません。これらの理由を上告理由といいます。

なお、控訴審の判決について、上告理由はないものの、判例違反その他の法令の解釈に関する重要な事項を含む（法令違反がある場合など）には、それを理由に上告裁判所に対し、上告を受理するように申立てをすることができます。これを上告受理申立てといいます。

■ 上告審（第三審）の審理と判決

上告受理申立て

上告受理申立てが認められると、上告を提起したとみなされるので、この場合の上告審の審理は、上告の提起をした場合と同様となる。しかし、上告受理申立てが認められなかったとしても、それに対しての不服申立てはできず、この場合は控訴審の判決が確定する。なお、上告理由と法令違反があるような場合に、上告理由について上告の提起を行い、法令違反について上告受理申立てを行うことができる。つまり、上告の提起と上告受理申立ての双方を行うことが認められている。

上告裁判所では、まず上告人が提訴した上告状、上告理由書などの書類に基づいた書面審理が行われます。その結果、上告が不適法で、かつ不適法な部分が当事者によって補正されない場合には、決定により上告は却下されます。

上告が適法であった場合には、上告理由の存否を判断することになります。上告状、上告理由書などから、上告に理由がないと認められた時は、口頭弁論を開かずに判決によって上告が棄却されます。書面審理だけでは、上告理由の存否が明らかでない場合には、口頭弁論を開いて審理・判決することになります。口頭弁論の結果、上告の理由がないことがわかれば、上告棄却の判決が行われます。

これに対し、上告に理由がある場合には、原判決は取り消されます。これを破棄といいます。破棄の結果、事件は原裁判所に差し戻されるか、もしくは、それと同等の他の裁判所に移さ

上告の基本的な流れ

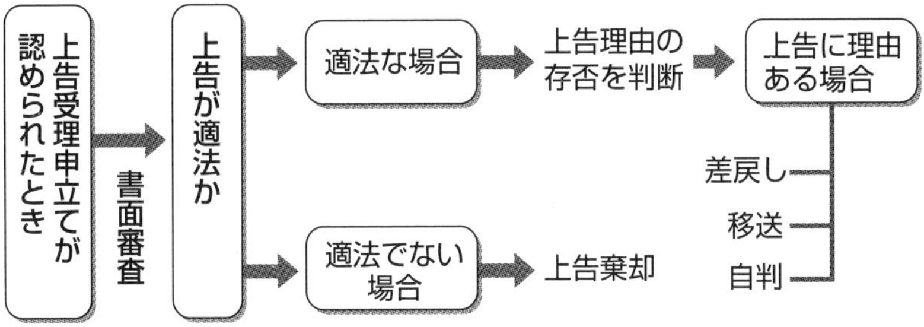

れることになります。これは、原裁判所に事実認定をやり直させるためで、差戻し（移送）といいます。

差戻しを受けた裁判所は、改めて口頭弁論を開いて審理をやり直さなければなりません。その際には、上告裁判所が破棄を理由とした事実上および法律上の判断に拘束されます。

なお、上告に理由があり原判決を取り消した場合に、上告裁判所は差戻しをせず、自ら判決を行うこともできます。これを破棄自判といいます。原判決の確定した事実だけで裁判を行うことができる場合などに、破棄自判することができます。

■ 決定・命令に対する不服申立て

判決に対する不服申立てとして控訴・上告があるように、決定・命令に対しての不服申立てが抗告です。抗告には、大きく分けて、通常抗告と即時抗告の２種類があります。

通常抗告は抗告のうち、抗告を提起すべき期間が限定されていないもののことです。これに対し、即時抗告は、裁判が告知された日から１週間以内に抗告を提起することが求められています。どのような場合が即時抗告になるかについては、法律が個別に規定しています。

再抗告

抗告審の終局決定に対する法律審への再度の抗告のこと。再抗告を行えるのは、抗告審の決定に憲法違反や明らかな法令違反があることを理由とする場合に限られる。
なお、最高裁判所への抗告が特別抗告または許可抗告のみ認められることから、抗告審が高等裁判所である場合は再抗告ができない。

許可抗告

最高裁判所に対して抗告ができるものとして、憲法違反を理由とする特別抗告と、法令解釈に関する重要な事項を含むとして高等裁判所が許可する許可抗告の２つが認められている。許可抗告の制度は、決定・命令における法令解釈の統一を目的とするものである。

複数請求訴訟

当初から複数の場合と途中から複数になる場合がある

■ 複数請求訴訟の種類

複数請求訴訟には、訴えの当初から複数の請求がある場合と、訴訟の途中から請求が複数になる場合とがあります。前者を請求の原始的複数といい、後者を請求の後発的複数といいます。

このうち請求の後発的複数は、原告が訴訟の途中で請求を追加したり、被告が原告を逆に訴えたりすることで生じるもので、その発生原因によって、①訴えの変更、②反訴、③中間確認の訴えに分けることができます。複数請求訴訟により、共通する事柄について審理を一体的に行うことで、内容の矛盾した判決を防ぐことができます。

■ 請求の原始的複数の要件

原告が複数の訴訟上の請求を併合して訴えを提起するためには、通常、以下の３つの要件が充たされる必要があると考えられています。

①　複数の請求は、すべて同種の訴訟手続きで審理されるものであること

②　各請求について受訴裁判所（訴えの提起を受けて審理する裁判所）が管轄権を有すること

③　法律上個別に複数請求訴訟が禁じられていないこと

■ 請求の原始的複数の種類

まず請求の原始的複数から見ていくことにしましょう。請求の原始的複数は、①単純併合、②選択的併合、③予備的併合の

複数請求を行うケース

原告が被告に対して、１個の手続きで複数の訴訟上の請求を行うものを複数請求訴訟という。たとえば、アパートの貸主が、家賃が滞っていることを理由として賃貸借契約を解除したときに、家屋の明渡請求と共に、家賃の支払請求を行う場合である。

複数請求訴訟の種類

訴訟上の請求が複数になる形態としては、単純併合、選択的併合、予備的併合、訴えの変更、反訴、中間確認の訴えがある。これらの制度は、複数の請求について同一の審理の中で判断することが望ましい場合に用いられる。

複数請求訴訟の種類

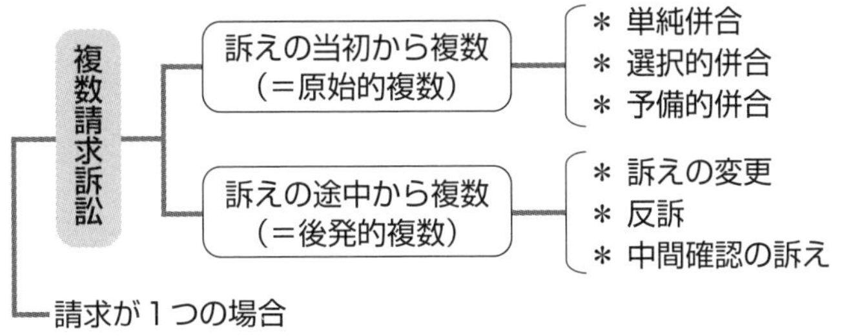

３種類に分類されます。

単純併合は、複数請求訴訟の原則型であり、複数の請求のすべてについて無条件に判決を求める併合形態です。たとえば、同一当事者に対して、それぞれ別の理由で生じた売買代金の支払と貸金の返還を請求するような場合です。

選択的併合は、複数の請求が同一の目的をもっているために、そのうちどれか１つが認容されればよい、という意図で行われる併合形態です。たとえば、貸していた家の明渡しを求める場合には、「賃貸借契約を解除したから貸していた家を返せ」という形で請求することもできますし、「その家は私の所有物だから返せ」という形で請求することもできます。貸主としては、家を明け渡してもらえさえすればよいわけですから、どちらの請求が認められようがかまわないわけです。

予備的併合は、複数の請求に順位をつけて、「できればこちらの請求を認容してもらいたい」と原告が考えて第一順位をつけた請求（先順位請求）が認容されなかった場合に、初めて「それがダメならこちらを認容してもらいたい」と第二順位をつけた請求（後順位請求）の審理を求める併合形態です。

たとえば、売主が買主に対して、「売買代金を払ってくれ（先順位請求）、それがムリなら、せめて引き渡した家を返して

代償請求

「XはYに対して、A会社の株式5000株を引き渡せ」「もしXが株式の引渡しをしないときは金1000万円を支払え」というような代償請求は予備的併合ではない。これは、現在の給付請求（株式）に将来の給付請求（金銭）をあらかじめ併合したもので、単純併合にあたる。

法律が併合を許している場合

同種の訴訟手続きによる請求でなくても、法律がとくに併合請求を許している場合がある。たとえば、婚姻の取消しまたは離婚の請求に、親権者の指定・子の監護・財産分与の請求の併合を許す場合などがある。
婚姻の取消し・離婚は家庭裁判所の人事訴訟手続きによるべき事項であるが、親権者の指定などは家庭裁判所の審判手続きによるべき事項であり、両者は異なる訴訟手続きによるが、関連するので併合が認められている。

くれ（後順位請求）」として訴訟を起こすような場合です。

■ 訴えの変更が認められる理由

訴えの変更とは、原告が、訴訟手続きの途中で、当初の請求を変更することです。もっとも、訴えの変更は原告の自由には行えません。訴えの変更を原告が自由に行って、訴訟対象がめまぐるしく変われば、被告はどんな反論をすればよいのかわからなくなります。また、訴えの変更によって訴訟が著しく遅延するおそれもあります。そこで、民事訴訟法は、請求の併合の一般的要件の他、訴えの変更には以下の要件を課しました。

① 請求の基礎が同一であること

この要件は、新しい請求の訴訟資料や証拠資料が旧請求のそれと全く異なると、被告が防御活動をすることが困難になるので、被告を保護するために要求されるものです。この点から、被告の同意がある場合、被告が異議なく応訴した場合、被告が陳述した事実を新請求の原因とする場合、のいずれかに当てはまるときには、請求の基礎の同一性がなくても訴えの変更が許されると考えられています。

② 著しく訴訟手続きを遅滞させないこと

新しい請求の審理のために長時間を要し、初めから訴訟を審理するのと変わらないような訴えの変更を制限して、訴訟手続きの効率を高めるための要件です。

以上の要件が充たされる限り、事実審の口頭弁論終結前であれば、訴えの変更を行うことができます。事実審の口頭弁論終結前とは、通常、控訴審の口頭弁論終結前を意味します。

訴えの変更が認められると、旧請求（訴えの変更前の請求）の訴訟資料や証拠資料のすべてを、新請求（訴えの変更後の請求）に流用することができます。

訴え変更が行われる場合

たとえば、当初の請求のままだと訴訟を続ける意味がなくなってしまった場合に、訴えの変更が行われる。

訴えの変更の態様

土地所有権確認請求に、さらに所有権に基づく土地引渡請求を加える場合のように、旧請求を維持しつつ、新請求を加える場合を追加的変更という。旧請求と新請求との関連性によって、単純併合・選択的併合・予備的併合のいずれかになる。また、旧請求と交換して新請求を提起する場合を交換的変更という。

訴えの変更の例

たとえば、当初はＡ建物の所有権確認を請求していたのに、途中でＡ建物の賃借権の確認請求に変えるような場合である。また、当初は500万円の貸金返還を請求していたのに、途中で返還を請求する金額を250万円に減らす場合も含まれる。

事実審

事実認定や証拠などもっぱら事実関係について審理する裁判所のこと。民事訴訟では一審と控訴審が事実審となる。

反訴

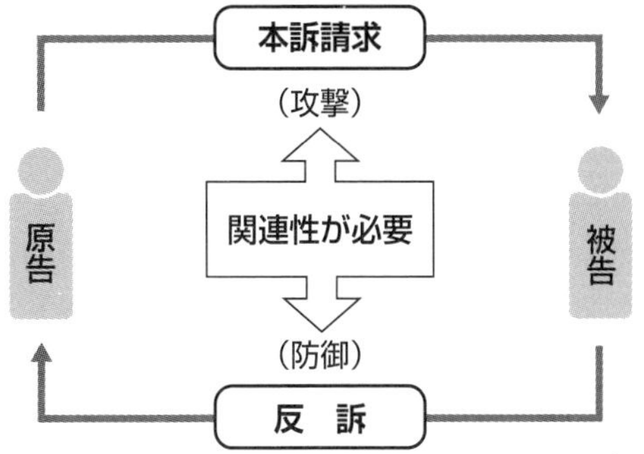

■ 反訴と中間確認の訴え

反訴とは、訴訟係属中に被告が、その訴訟手続きを利用して原告に対して提起する訴えのことです。

たとえば、XがYに対してAという訴えを提起したのに対して、YがBという訴えを起こして逆襲するのが反訴です。

これまで見てきたように、原告には、請求の併合や訴えの変更など、相互に関連しあった複数の請求を一度に処理することが認められています。ですから、被告にも、同様の制度を認めるのが公平の見地から望ましいといえるのです。

中間確認の訴えとは、判決を求めようとしている請求の前提となる権利・法律関係について、その訴訟の中で裁判所に確認してもらうことを求める訴えです。

中間確認の訴えが認められるためには、①本来の請求に関する訴訟が事実審に係属し、口頭弁論終結前であること、②本来の請求の当否の判断について先決関係にある権利または法律関係の存否について争いがあること、の２つの要件が必要です。

中間確認の訴えの例

たとえば、AがBに対して、所有権に基づくZ土地明渡請求訴訟を起こした場合に、Z土地明渡請求訴訟と同じ訴訟手続きの中で、Z土地の所有権確認も求めるのが中間確認の訴えである。これは、BがZ土地明渡請求訴訟に敗訴したときに、Bは「Z土地の所有権がAにないことの確認を求める」という形で、Z土地をめぐる紛争を蒸し返すことを防止するものである。

PART1 28

民事訴訟法のしくみ

多数当事者訴訟

どんな場合に認められるのか（要件）をしっかりおさえておく

■ 多数当事者訴訟にもいろいろある

現代社会では、１つの社会的紛争に多数の人々が巻き込まれることがよくあります。原告が１人、被告が１人という形とは異なり、原告・被告のいずれか、あるいはその双方が複数いるような訴訟形態を多数当事者訴訟といいます。民事訴訟法では、多数当事者訴訟について、①共同訴訟、②補助参加、③独立当事者参加、④訴訟承継という４つの制度を用意しています。

多数当事者訴訟が認められる趣旨は、紛争の実態に合わせ、複数の関係人が訴訟に参加する機会を与えることにあります。

共同訴訟によるメリット

複数の当事者が巻き込まれた紛争を１回の訴訟で審理・判決することができ、当事者と裁判所の時間・労力・費用の節減を図ると共に、判決の矛盾を回避できる。

共同訴訟の要件

①権利義務が共通であること
②権利義務が同一の事実上および法律上の原因に基づくこと
③権利義務が同種で、事実上および法律上同種の原因に基づくこと
①〜③のうち１つでも条件が充たされれば、当事者が共同で訴訟を行う意義があるといえ、しかも訴訟を統一的に処理することができる。

■ ２つの共同訴訟

１個の訴訟手続きにおいて、複数の原告または被告が関わる訴訟形態を共同訴訟といいます。共同訴訟の要件は図（次ページ）のとおりです。訴訟自体が煩雑にならないよう、図に示された３つのうちいずれかの要件が充たされることが必要とされています。共同訴訟は、その要件の違いから、通常共同訴訟と必要的共同訴訟に分けられます。

①　通常共同訴訟のケース

Ｄ・ＥがＦに対して訴訟を提起した理由が、両者がＦによって同時に傷害を負わされ、その治療費等を請求するためのものだったとしましょう。この場合の判決は、「ＦはＤに対して500万円の治療費を払え」「ＦはＥに対して300万円の治療費を払え」というように、バラバラでもかまいません。これは、Ｆから負わされた傷害の程度が、Ｄ、Ｅそれぞれで当然違うことが

共同訴訟の要件

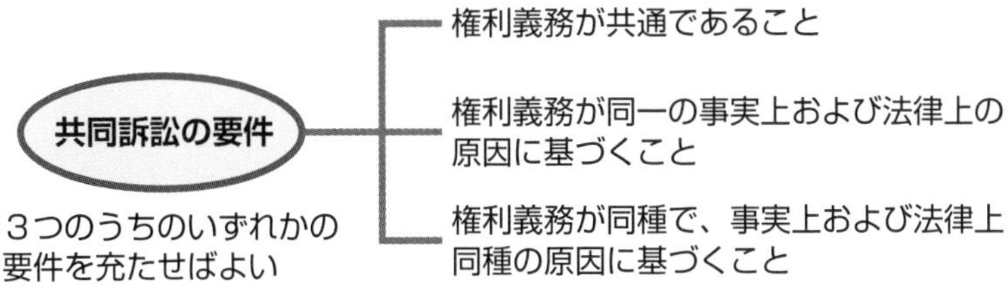

あり得るからです。このように、判決を合一的に行う必要がないものを通常共同訴訟といいます。

②　必要的共同訴訟のケース

Ｇ・ＨがＩに対して訴訟を提起した理由が、３人で共有していたＸ土地の共有物分割請求に基づくようなケースを考えてみましょう。この場合には、「ＧのＩに対する共有物分割請求を認める」「ＨのＩに対する共有物分割請求を認めない」という内容がバラバラの判決を下すことはできません。なぜなら、この２つの判決にそのまま従えば、Ｘ土地を分割することが「許される＝許されない」という矛盾した状態になってしまうからです。そこで、このような場合には、Ｇ・Ｈ両者の請求を認めて分割を肯定するか、否定するしかありません。このように、判決を合一的に行う必要があるものは必要的共同訴訟と呼ばれています。

■ 訴訟参加

訴訟の途中から、新たな当事者が参加して当事者が複数になる場合があります。これを訴訟参加といいます。

訴訟参加には、当事者として参加する独立当事者参加と、当事者に準ずる形で参加する補助参加があります。

必要的共同訴訟の２つの類型

原告あるいは被告が全員そろわなければ、訴えたり、訴えられたりしない必要的共同訴訟を、固有必要的共同訴訟という。また、本来は共同訴訟の形態をとる必然性はなかったのに、複数の原告あるいは被告が共同して訴えたり、訴えられたことによって共同訴訟となった結果、内容がバラバラの判決を下すことができなくなった必要的共同訴訟を、類似必要的共同訴訟という。

独立当事者参加

関連する紛争を一挙にかつ矛盾なく、１個の判決で解決できる点がメリットである。他人間の訴訟に第三者が当事者として参加することで独立当事者参加がなされる。
訴訟の結果により自分の権利が侵害される第三者や、訴訟で争いとなっている権利が自分の権利であることを主張する第三者が、他人の訴訟に独立当事者参加をすることができる。

①　独立当事者参加訴訟の要件

独立当事者参加とは、ＡとＢが原告・被告となって争っている訴訟がある場合に、それまでその訴訟に関与していなかったＣが、Ａ・Ｂの双方、あるいはＡ・Ｂのいずれか一方を相手方として、その訴訟に参加することをいいます。

独立当事者参加が他人間の訴訟に参加するものであるため、他人間に訴訟が係属中であることが要件となります。これに加えて、独立当事者参加をするだけの理由、つまり参加の理由が存在することも要件として必要とされます。

②　補助参加とは

補助参加とは、他人間の訴訟の結果に関して利害関係をもつ第三者が、当事者の一方を勝訴させることによって、間接的に自己の利益を守るためにその訴訟に参加することです。

補助参加をする者（参加人）は、あくまで原告・被告のいずれかを助けるための第三者として訴訟に参加します。ＡとＢが原告・被告となって訴訟を行っている場合に、その訴訟の結果によっては何らかの不利益をＣが被るとしても、両者の争いをＣがただ傍観するしかないというのはいかにも不合理です。

そこで、当事者という形ではなくても、一定の要件を充たせば参加人として訴訟に参加できるように、補助参加の制度が設けられました。そして、補助参加が許されるのは、ⓐ他人間に訴訟が係属中であって、ⓑ参加人が訴訟の結果につき法律上の利害関係を有すること（補助参加の利益）が必要です。

独立当事者参加訴訟の当事者間の関係

二当事者間でなした訴訟上の行為は、残った１人に不利益を生じさせる場合には、効力をもたない。不利益を生じさせないのであれば、残りの１人にも効力が及ぶことになる。さらに、当事者の１人について訴訟を中断あるいは中止する事情が発生すれば、全部の訴訟が停止されることになる。判決については、三者間の各請求について相互に矛盾のないものとなることが要求される。

補助参加の利益

単なる感情的な理由や、事実上の利害関係では足りないと考えられている。

■ 当事者の変更

訴訟の途中で、当事者が、それまで訴訟を行っていた者（旧当事者）から、訴訟の外部にいた第三者（新当事者）へと変わることがあります。このような場合を、一般に当事者の変更といいます。当事者の変更を行う方法として、民事訴訟法は、訴訟承継という制度を用意しています。訴訟承継は、当然承継と

補助参加

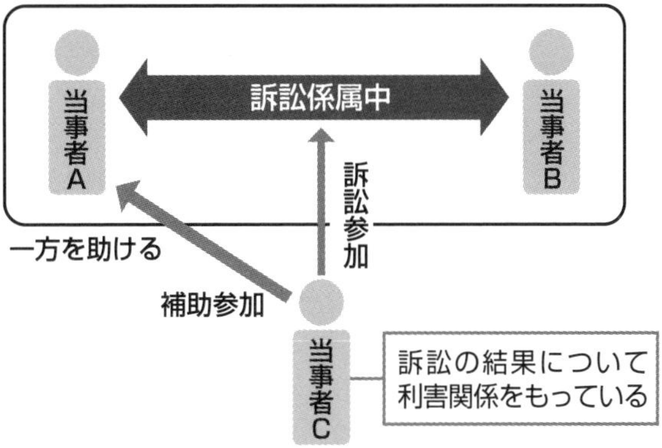

参加・引受承継とに分かれます。

① **当然承継**

訴訟の途中で一方の当事者が死亡した場合、訴訟を続けるなら亡くなった当事者の一切の権利を相続という形で承継する者が必要です。承継人が引き継ぐ権利の中には、訴訟で争われていた権利も含まれますので、その承継人を新たに訴訟の当事者の地位につかせる必要が生じます。このように、それまでの当事者の権利を包括的に引き継いだ者を、新たな当事者 として当然に訴訟につかせることを当然承継といいます。

② **参加・引受承継**

参加・引受承継とは、紛争主体としての地位を承継した第三者の参加申立て、または第三者に対する引受申立てにより、当事者が変更する場合をいいます。たとえば、家屋明渡訴訟の係属中、家屋が第三者に譲渡（特定承継）された場合などに行われます。

補助参加人に対する判決の効力

補助参加人は当事者ではないため、判決の直接の名宛人となるわけではない。しかし、当事者そのものではないとはいっても、訴訟に参加して積極的な役割を演じた者である以上、参加した訴訟で下された判決から一定の効力が及ぼされるのが妥当である。
そこで民事訴訟法は、補助参加に係る訴訟の裁判（判決）は、補助参加人に対してもその効力を及ぼすことを規定している。ただ、補助参加人は当事者ではないため、その効力は通常の判決のもつ効力とは異なるので注意が必要である（参加的効力）。

Column

なぜ再審制度が設けられたのか

再審とは、確定判決（争うことができないもととして確定した判決）に対して、訴訟手続きに重大な誤りがあったこと（重大な手続き上の瑕疵）や、判決に影響を及ぼすような重要な事項について判断が抜け落ちていたこと（重要事項の判断遺脱）などを理由に、確定判決の取消しと、事件について再度審理することを、判決を行った裁判所に対して求める非常の不服申立て手続きです。

本来、確定判決の取消しを求めることは、法的安定性を害するため原則として許されていません。しかし、判決に重大な欠陥があったような場合に一切救済を認めないのはどうでしょうか。この場合に「判決が確定した以上、もう取り消すことはできない」として、誤りのある判決をそのままにしておいたのでは、訴訟制度への不信をもたらすことになってしまいます。

そこで、例外的に法律が定める再審事由に該当する場合に限り、確定判決の取消しと事件の再審理を認める再審制度が設けられているのです。

再審の訴訟手続きには、その性質に反しない限り、各審級における訴訟手続きに関する規定が適用されます。

再審の申立てがあった場合、裁判所は、再審事由が認められると判断したときは、再審開始を決定します。再審開始の決定が確定すれば、裁判所は不服申立ての限度で、本案の審理および裁判を行います。

裁判所は、本案の審理の結果、原判決と同一の結論になった場合は、再審の請求を棄却することになります。これとは反対に、原判決を不当と認めたときは、原判決を取り消して、新たに判決を行うことになります。

PART 2

日常トラブルを解決するさまざまな訴訟

PART2
1

日常トラブルを
解決する
さまざまな訴訟

少額訴訟のしくみ

利用回数や不服申立てが制限されている

■ 原則１回の期日で判決まで行く

民事訴訟の手続きは、一般に時間と費用がかかるといわれています。そのため、知人間の貸し借りなど少額の債権を、裁判所を利用して回収することは躊躇せざるを得ないとも思われます。しかし、このような場合に活用できるのが少額訴訟です。少額訴訟で扱われるのは、60万円以下の金銭の支払請求権に限られています。たとえば、動産の引渡しを請求する訴えなどの場合には、少額訴訟の手続きは利用できません。

また、通常訴訟（通常の民事訴訟）の場合、審理手続きは複数回の口頭弁論の積み重ねの下に行われ、判決が下されるまでに多くの日数がかかります。これに対して少額訴訟では、原則として１回の口頭弁論期日で双方の言い分を聞き、証拠調べを行い、直ちに判決が下されます。この点は、迅速な解決を望む場合には歓迎すべきことですが、他方で、事前準備を十分に行わなければ敗訴するおそれが高いともいえます。

もっとも、特別な事情がある場合は、１回の審理で終わることなく口頭弁論期日が続行となる場合があります。たとえば、重要な証人が病気などで出頭できなくなった場合や、和解の試みなどにより審理の時間が足りなくなった場合です。

通常訴訟では、提出が認められている証拠についてとくに制限はありませんが、少額訴訟では、証拠調べは即時に（すぐに）取り調べることができるものに限られます。少額訴訟が原則１回の口頭弁論期日で審理を終わらせることを前提としているからです。少額訴訟で提出できる証拠としては、出頭してい

少額訴訟の活用

少額訴訟は煩雑な訴訟手続きを簡略化・迅速化させた当事者本人にも利用しやすい訴訟ということができる。裁判官は審理中に釈明権を行使し、当事者に対して質問を行ったり立証を積極的に促すことがある。これによって、法的素養のない当事者（原告・被告双方）の立証や主張が不十分に終わることを防ぐことができる。
話し合いだけでは解決できないトラブルに見舞われた場合には、難しそうだからといって尻込みせずに積極的に少額訴訟を利用するとよい。

一期日審理の例外

少額訴訟は一期日審理が原則だが、「特別の事情」がある場合には、口頭弁論期日が続行されることもある（民事訴訟法370条）。

少額訴訟の対象

対象となるおもな金銭債権

- 売掛金
- 少額の貸付金
- ホテルなどの宿泊代金
- 飲食料金
- サービスメンテナンス料金
- 軽い物損事故などの賠償金
- 賃金
- 慰謝料
- 敷金・保証金
- 請負代金

少額訴訟のポイント

1. **60万円以下の金銭債権であること**
   申立時に訴額60万円で6000円の収入印紙が必要
2. **利用回数が制限されている**
   同じ簡易裁判所への申立ては年間10回までに制限される
3. **審理は原則として1回**
   証拠調べは即時に取り調べることができるものに限られ、審理は第1回口頭弁論期日で終了
4. **不服申立ても制限される**
   控訴・上告は用意されていない。異議申立てだけ

る当事者本人、当事者が連れてきた証人、当事者が持参した書証や検証物などを挙げることができます。

不服申立てについても少額訴訟は大きく異なります。通常訴訟では、判決に不服がある者は、上級裁判所に上訴（控訴・上告）することができます。しかし、少額訴訟は一審限りで、判決に対する控訴は認められていません。その代わり、不服がある場合には、判決をした簡易裁判所に異議申立てができるしくみになっています。異議申立てが認められると、通常訴訟と同等の手続きにより審理されます。

通常訴訟への移行

被告は、第１回口頭弁論期日で弁論をする前もしくは第１回口頭弁論期日の終了前であれば、少額訴訟に同意せず、通常訴訟への移行を申述することができる。この申述により通常訴訟へと移行するので、少額訴訟の手続きが行われなくなる。

異議申立ての手続き

異議申立ては原告・被告どちらでも行うことができる。異議申立てには期限があり、判決書または判決書に代わる調書の送達を受けた日から2週間以内に行わなければならない。異議申立てが受理された後で行われる再審理は、少額訴訟に対する異議であっても即日判決ではなく、通常訴訟と同等の手続きで進められる。
ただし、異議申立てによる再審理で出された判決に対しては、原則としてそれ以上に異議申立てや控訴をすることができないので、注意する必要がある。

Web会議や電話会議による証人尋問

訴訟手続きでは、事実関係を明らかにするために証拠調べが行われる。証拠には、借用書や売買契約書などの物的証拠（物証）の他、証人による証言などの人的証拠（人証）があるが、証人の証言は、原則として証人が裁判所に出廷して行う。
ただし、裁判所が相当と認めるときは、裁判所や当事者双方と証人とが音声の送受信により同時に通話できる方法（Web会議もしくは電話会議）によって証人尋問ができる。

なお、少額訴訟の判決について異議申立てがなされた場合、その後の審理は、判決を出した簡易裁判所で行われます。

■ 利用回数の制限について

少額訴訟は、特定の者による大量の利用を阻止するため、利用回数が制限されています。具体的には、同一の原告が同一の簡易裁判所に行える少額訴訟の申立回数は、年間10回までに限定されています。年間とは、その年の１月１日から12月31日までのことです。被告が裁判に欠席して、いわゆる欠席判決が得られることが強く予想されるケースであれば、通常訴訟を利用しても不便はないでしょう。こうして、少額訴訟の利用回数を減らさず、それを利用するチャンスを温存しておくのも１つの方法です。

なお、利用回数の制限を実効的なものとするため、少額訴訟を提起するときに、その簡易裁判所でその年に少額訴訟を何回提起したかを申告することになります。虚偽の申告をした場合には、10万円以下の過料に処せられます。

■ 支払猶予や分割払いなどの判決

少額訴訟で原告の請求を認容する判決をする場合、裁判所が被告に対して支払猶予や分割払いを認めることがあります。具体的には、裁判所は、被告の資力やその他の事情を考慮してとくに必要があると認めるときに、判決言渡しの日から３年を超えない範囲内において、支払を猶予する定めや分割払いとする定めをすることができます。

■ 訴える相手の所在が明らかでなければならない

通常訴訟では、被告の所在が不明のときは、公示送達という制度により、被告への訴状の送達があったとみなすことができます。これに対し、少額訴訟においては、公示送達の制度を利

少額訴訟手続きの流れ

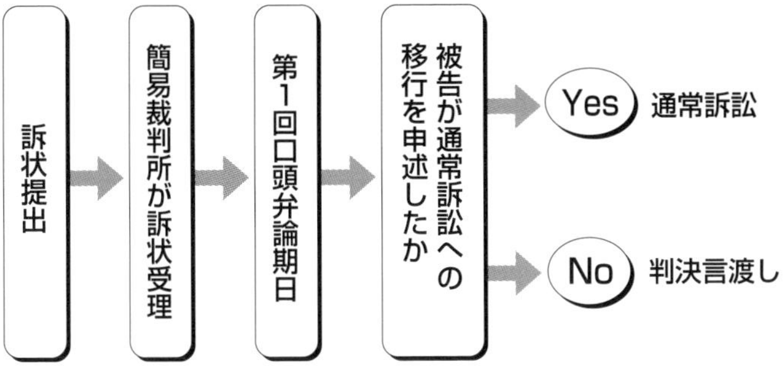

用することができません。簡易で迅速な紛争の解決をめざした少額訴訟では、時間と手間のかかる公示送達の制度は採用されていないのです。つまり、被告としたい者の所在がわからなければ、少額訴訟を利用することができません。そのため、少額訴訟を提起する場合には、被告に直接訴状を送達することができるように、その所在を調べておく必要があります。

公示送達
当事者の所在が不明な場合などにおいて、申出があればいつでも訴状等を送達する旨を裁判所の掲示板に掲示してから一定期間の経過により、その当事者に送達したものとみなす制度。

■ 反訴が禁止されている

通常訴訟では、反訴という制度が認められています。反訴とは、原告が訴えを起こした場合に、被告が、その訴訟手続きを利用し、原告の請求に関連する請求について、原告に対して訴えを起こすことです。しかし、少額訴訟では、この反訴の制度は認められていません。簡易で迅速な紛争の解決をめざす少額訴訟において、反訴を認めていたのでは、即時の解決を図ることができなくなるからです。

少額訴訟の審理

被告は通常訴訟への移行を申述することもできる

■ 訴状が受理された後は口頭弁論

原告が訴状を提出すると、口頭弁論期日が決められます。口頭弁論期日の決め方にはいろいろな方法がありますが、本書では、裁判所書記官が訴状を受理した後、裁判所で口頭弁論期日を決め、原告に口頭弁論期日呼出状を送る方式を前提に話を進めます。なお、口頭弁論期日が決まると、被告には訴状と共に口頭弁論期日呼出状と答弁書催告状が送られます。

少額訴訟では、当事者が第１回口頭弁論期日までに、すべての攻撃防御方法（60ページ）を提出しなければなりませんから、迅速に事実関係を整理し、証拠を収集する必要があります。この準備段階で、個々の事実について、裁判所書記官から説明を求められることの他、立証が促されることもあります。また、第１回口頭弁論期日の直前には、裁判所書記官が当事者に面会して、書証などの確認が行われることもあります。

こうして準備が整えられ、第１回口頭弁論期日が開かれたときに、裁判官は、次の事項を当事者に対して説明します。

① 証拠調べは、即時に（すぐに）取り調べることができる証拠に限り可能であること

② 被告は、少額訴訟を通常訴訟（通常の民事訴訟）の手続きに移行させることができるが、被告が第１回口頭弁論期日において弁論をし、または当該期日が終了した後は、通常訴訟への移行ができなくなること

③ 少額訴訟の終局判決に対しては、判決書または判決書に代わる調書の送達を受けた日から２週間以内に、その判決をし

窓口に訴状を出す

通常の場合、少額訴訟の訴状は窓口で説明を受けながら作成するので、素人でも間違いなく提出できる。いったん提出した時点で裁判所側が審査し、問題がなければ受理される。訴状の審査ポイントは、①事件がその裁判所の管轄であるか、②訴状の必要的記載事項がすべて書かれているか、③事件が少額訴訟を提起できる種類のものであるか、④必要額の収入印紙が貼付されているかなどである。

口頭弁論期日が決まるまで

訴状が被告に送達されるのは、訴状の受理後約２週間で、その際に「口頭弁論期日呼出状」が同封される。呼出状には口頭弁論の日時・場所などが記されている。

柔軟な請求認容判決

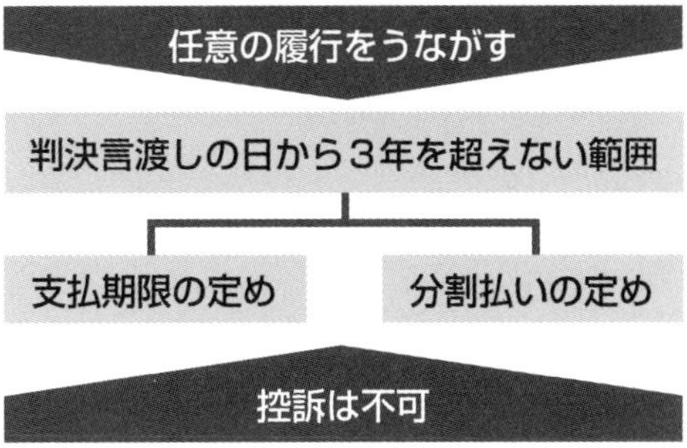

た簡易裁判所に異議を申し立てることができること

少額訴訟の手続きは、原告が一方的に選択するので、被告の防御の利益が害されるおそれがあります。そこで、被告の利益を保護するため、被告には第１回口頭弁論期日に通常訴訟の手続きに移行するように申述する権利が与えられています。ただし、被告が第１回口頭弁論期日に弁論をするか、または当該期日が終了した場合には、通常訴訟の手続きに移行させる旨の申述ができなくなります。

①～③の説明がなされた後は、通常訴訟と同様の手続きがとられ、当事者双方の主張を裁判官が聞き、争いがある事実について証拠調べが行われることになります。

そして、第１回口頭弁論が終わると、原則として直ちに判決が言い渡されます。その際、裁判所は、原告の請求を認容する判決を言い渡す場合には、被告の資力などを考慮して、３年以内の支払猶予（支払期限の定め）もしくは分割払いが定めることもあります。

言い渡された判決は、裁判所書記官によって口頭弁論期日調書に記載されます。判決に不服がある場合、当事者は、異議申立てを行うことはできますが、控訴はできません。

一期日審理の原則

１回の期日で終らせるためには、事前に入念な証人・物証の確保が必要

■ １回の期日で審理が終了して判決を下すのが原則

少額訴訟は１回の期日（口頭弁論期日）で審理が終わるのが原則ですが、これは一期日審理の原則と呼ばれています。少額訴訟は迅速な紛争の解決を主目的に置いています。１回の期日で審理を終わらせるためには、入念な準備を整える必要があります。そこで、しっかりとした準備をしておくために役に立つのが手続教示です。手続教示とは、少額訴訟の審理に関する必要な手続きおよび準備に関しての説明のことです。

手続教示
簡易裁判所では担当書記官が手続教示を行っているので、訴状を提出する時などに遠慮なく問い合わせてみるとよい。

■ 証拠書類はいつ提出するのか

通常訴訟（通常の民事訴訟）であれば、複数回の期日を経ることによって裁判官の心証が少しずつ積み重ねられていきますが、少額訴訟は「一期日審理」が原則ですから、審理当日にいかに証拠がそろっているかが、自らに有利な判決を得るための重要な決め手となります。少額訴訟の証拠調べは、すぐに取り調べることができる証拠に限られているからです。

証拠書類の提出
証拠のうち証拠書類の提出は、通常訴訟と同じで審理当日（口頭弁論期日）に行うが、訴状には証拠書類のコピーを添付することが必要である。

■ 証人尋問の手続き

少額訴訟でも証人尋問を行うことは可能ですが、証人尋問を行いたい場合には、裁判所に前もって申出をしておく必要があります。通常訴訟では、尋問の順番について「交互尋問制」というシステムがとられています。しかし、少額訴訟では、尋問の順番を裁判官の判断で変更することができます。

交互尋問制
通常訴訟では、①申請した当事者（主尋問）、②相手方当事者（反対尋問）、③裁判官（補充尋問）の順番で尋問を行うことになっている。

他に通常訴訟と少額訴訟で異なる点としては、尋問事項書の

1回の期日で審理を終わらせるための工夫

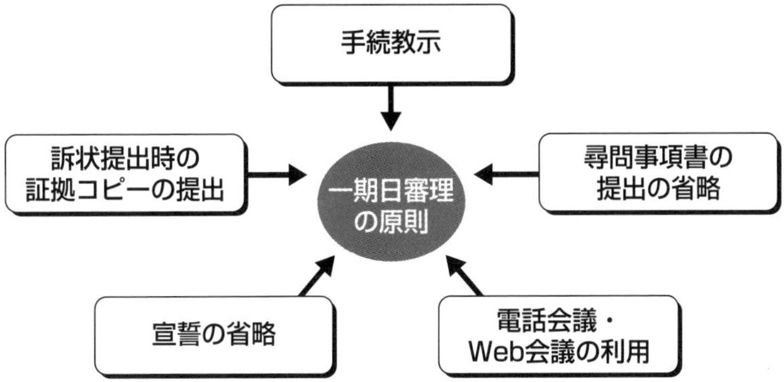

提出の省略が挙げられます。これらはすべて審理を迅速に終了させるための配慮です。したがって、専門家の厳密な鑑定が必要な物的証拠がある場合や、直接現場に行って検証を行わなければならない場合、証人が多数存在して審理が長引くことが最初からわかっている場合は、少額訴訟ではなく通常訴訟を提起するのが妥当といえます。

少額訴訟では実際の契約の場に同席した人などの証言が重要な証拠となりますが、1回の期日で審理が終わるのが原則ですから、勝訴するには当日の証人の確保が非常に大切です。証人が仕事や病気、遠隔地に住んでいるなどの理由で出廷できないなどの理由で、期日に証人が出廷できない場合には、電話会議またはWeb会議（テレビ会議）を利用します。

証人尋問は、証人の言葉ばかりではなく、その態度などから信憑性を判断するものですが、どうしても証人の出廷が期日当日に不可能な場合には、期日を延期せず、電話会議またはWeb会議を利用することになるでしょう。これは少額訴訟の迅速性を保持するための特別な配慮といってよいでしょう。

偽証を防止するための宣誓

少額訴訟では「証人の尋問は、宣誓をさせないですることができる」（民事訴訟法372条1項）との規定があるので、証人の宣誓は省かれることが多い。

電話会議・Web会議の利用

通常訴訟では、証人尋問はWeb会議による実施のみ可能とされているが（26ページ）、少額訴訟では、電話会議・Web会議の双方の利用が可能とされている。電話会議・Web会議の利用に際しては、あらかじめ裁判所に利用を申し出ておく必要がある。

訴状提出から出頭まで

審理はラウンドテーブル型の法廷で行われる

■ 通常訴訟とは法廷のしくみが異なる

少額訴訟は通常訴訟の煩雑な手続きを簡略化し、誰でも簡単に利用できるようにという考慮の元に作られた制度です。このため、審理も心理的圧迫感の少ないラウンドテーブルの法廷で開かれるようになっています。通常訴訟では裁判官が一段高いところに座り、原告と被告がその左右に向かい合って座る厳粛な法廷で審理が開かれますが、少額訴訟では裁判官も当事者も高低なく座って審理が進められていきます。少額訴訟を起こす人は一般人が多いため、ラウンドテーブル型の法廷で審理を行うことによって、心理的に不必要なプレッシャーを受けずに陳述などを行うことができます。

事件番号を忘れずに

訴状が受理された時点で事件番号を記載した紙を交付されることがあるが、この事件番号は問い合わせや手続きの際に必要なものなので、紙を紛失しないように注意しなければならない。念のため、手元に事件番号を控えておくとよい。

■ 出廷当日の対応

裁判所には、口頭弁論期日呼出状に記載された日時に出廷します。少額訴訟は原則１回の期日（口頭弁論期日）で審理が終わりますので、証人がいる場合は当日の出席をしっかりと確認しておきます。当日は遅刻したりしないように、時間的余裕をもって裁判所に到着したいものです。

期日の当日は証拠書類や録音機など、証拠となるものはすべて忘れずに持参しなければなりません。訴状を提出する際に証拠書類のコピーも一緒に裁判所に出しているはずですが、必ずオリジナルのもの（原本）を持参するようにします。

そして、指定された番号の法廷に出廷し、裁判所書記官に呼出状を提示するなどして、当事者本人の確認を受けます。

どんな人が審理に立ち会うのか

威圧感のある法廷ではなく、同じ高さの目線でラウンドテーブルに座って行われるのが少額訴訟だが、審理に立ち会う人は通常訴訟とほぼ同じである。出廷するのは、①当事者双方（訴訟を提起した原告と訴訟を起こされた被告）、②裁判官、③書記官、④司法委員、⑤傍聴人など。

少額訴訟が行われる法廷

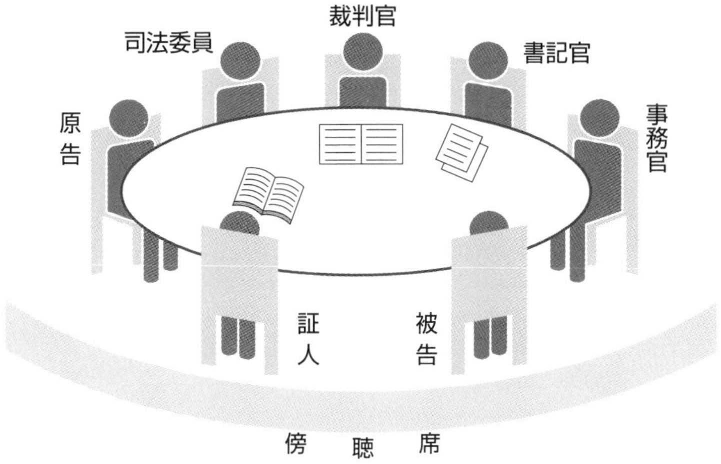

■ 口頭弁論が開かれるまでの手続き

大まかな流れは通常訴訟と同じですが、いくつかの点が簡略化されているのが少額訴訟の特徴です。審理はまず、当事者本人の確認を行うことから始まります。本人確認が終われば、法廷で裁判官の入廷（到着）を待ちます。

裁判官が入廷したところで起立・お辞儀をして迎え、続いて裁判官による手続きの説明が行われます。ここでは、通常訴訟では認められていない少額訴訟特有の手続きなどについての説明が行われます。それから、通常訴訟への移行を希望するか否かの確認が被告に対して行われます。これは、簡略化されていない通常訴訟で紛争を解決する意思が被告にある場合に、被告が通常訴訟を利用する権利を守るための手続きです。

そして、被告側に通常訴訟への移行の希望がないことが確認されれば、その時点で少額訴訟の審理が開始されます。

当日の様子

開廷時間に遅刻すると、無断欠席とみなされ、敗訴してしまう可能性があるので注意したい。当事者が間違いなく本人であるかの確認は裁判所書記官が行う。この際に証拠品や書類などを持ってきているかどうかの確認も行われる。

通常訴訟への移行の希望の有無

少額訴訟は複雑な取調べや本格的な証拠や証人が多数存在するような事件を裁くには不向きである。被告側に通常訴訟への移行の希望がないことが確認されれば、その時点でようやく審理が開始される。

口頭弁論を欠席した場合の取扱い

原告の欠席が請求棄却につながるおそれもある

■ 当事者が口頭弁論を欠席するとどうなる

少額訴訟の場合も、通常訴訟（通常の民事訴訟）と同様に、口頭弁論期日に当事者が欠席するという事態が生じることがあり得ます。一口に当事者の欠席といっても、誰が欠席するかによって状況は異なってきます。

①　原告が欠席した場合

原告Ａが被告Ｂに借用書をとって50万円を貸し、３年間に渡って再三返済を要求したが、Ｂは一向に返済に応じようとしないという事例で見てみましょう。Ａが欠席したために証拠が提出されず、しかも被告Ｂが50万円を借りた事実を一切認めない場合には、裁判官は請求棄却判決、つまり原告の主張する請求を認めない旨の判決を下さなければならなくなります。

一方、Ａが欠席してもＢが出席して50万円を借りたという事実を認め、「１か月後に返済する」と弁論するケースも考えられます。この場合には、裁判官が原告勝訴の判決を下すことがあります。

②　被告が欠席した場合

被告が欠席した場合は、被告が答弁書を提出しているか否かで状況が変わってきます。訴訟を迅速に解決するために、通常訴訟では、第１回口頭弁論期日において「陳述擬制」という制度が定められており、この制度の適用によって、Ｂが欠席しても答弁書を提出していれば、出席して答弁書の内容を法廷で弁論したのと同じ扱いになります。前述した例で、もしＢが「50万円を借りていない」と答弁書で主張していれば、ＡはＢに貸した事実を証明しなければなりません。

陳述擬制

当事者の一方が、第１回口頭弁論期日に欠席した場合に、すでに提出してある訴状や答弁書、その他の準備書面に記載されている事項が陳述されたものとみなされる制度（民事訴訟法158条）。

当事者が口頭弁論を欠席した場合

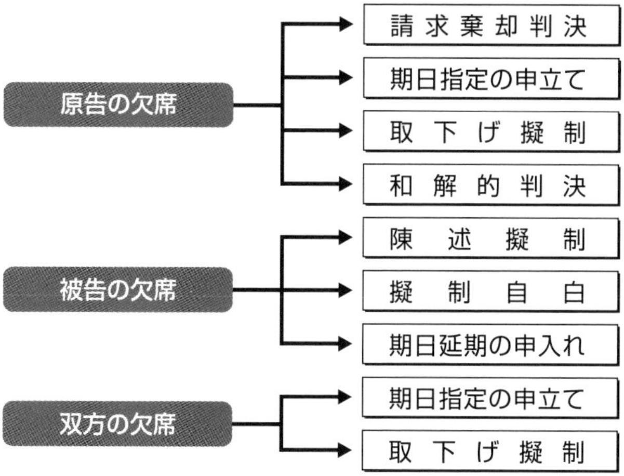

逆に、第１回口頭弁論期日に欠席したＢが答弁書を提出していない場合は、ＢがＡの請求をまったく争う気がないわけですから、擬制自白が成立するものとして、裁判所によって請求認容判決、つまり原告の主張する請求を認める判決が下される可能性が高くなります。

■ 少額訴訟と陳述擬制

通常訴訟の場合、陳述擬制は当事者の一方が第１回口頭弁論期日に欠席した場合にのみ認められる制度でした。しかし、少額訴訟などの簡易裁判所で行われる訴訟手続きについては、当事者の一方の続行期日における欠席についても陳述擬制の制度が適用されます（民事訴訟法277条）。

また、少額訴訟の場合、原則１回の期日で審理を終わらせることを前提としていますが、当事者が欠席したケースでは、口頭弁論が続行されることもあります。

擬制自白

民事訴訟法上、相手方の主張する事実を明らかに争わない場合、その事実を自白したものとみなされる（民事訴訟法159条）。これを擬制自白という。事実審の口頭弁論終結時においてその成否が判断される。

期日延期の申入れ

被告の欠席について事故、重病、身内の葬儀といった理由がある場合に限り、期日延期の申入れを被告が行えば、口頭弁論期日を後日に延ばすことが認められる場合がある。

即日判決

即日判決制度を採用することで紛争を迅速に解決する

■ 効果は通常の裁判と同じ

即日判決とは、原告・被告双方が裁判所に出向く口頭弁論期日のその日に判決を言い渡すことをいいます。通常訴訟（通常の民事訴訟）の場合、何度かの口頭弁論期日を設けて主張の陳述や証拠調べなどが行われ、その後に判決が言い渡されますので、どうしても終結までに時間がかかります。このことを考えると、即日判決は相当の時間短縮が図れることになります。

即日判決とはいえ、裁判所が出す判決であることに変わりはありませんから、その効果は通常訴訟の判決と同じです。相手方が確定した判決に従わない場合は、強制執行によって判決内容を実現させることもできます。

口頭弁論期日に判決が言い渡される少額訴訟ですが、だからといって十分な審理もなく、無理に判決内容を決めることはできません。民事訴訟法370条では、「特別の事情がある場合」にはその日に判決を言い渡さないことを認めています。

■ 調書判決という形態もある

少額訴訟においては判決書を作成しなくても判決の言い渡しができるとされています。

裁判官からの判決言い渡しは口頭で行われますが、その内容は「調書」という文書にされ、当事者双方に送達されます。このような形態を調書判決といいます。

即日判決の問題点

早く判決が出る分、審理にかけられる時間が短いという特徴もある。このため、勝訴判決を得るためには、口頭弁論期日までにできるだけ自分の主張を裏付ける確実な証拠や証人を準備しなければならないということになる。

特別の事情

次のような事が考えられるが、とくに具体的な条件などが決まっているわけではなく、そのつど裁判官が判断する。
①１回の口頭弁論期日では十分な審理ができない分量の主張が陳述されたり証拠が提出された場合
②当事者や重要証人が事故等でやむを得ず出頭できなかった場合
③心証を左右する新たな証拠の申出がなされた場合

特別な事情のある場合

改めて別の期日が設定されるか、通常訴訟の手続きに移行することになるが、現実には相当の「特別の事情」がなければ別の日程をとるようなことはない。

少額訴訟の判決の特徴

■ 和解的判決は少額訴訟の特徴とも言える判決

民事訴訟法375条では、少額訴訟の場合、被告の資力などを考慮し、支払期日の猶予もしくは分割払いを認める判決を下すことができるとしています。もっとも、支払期日の猶予や分割払いの期間は判決言渡日から３年を超えない範囲内であり、分割払いを一度でも怠った場合は残金の一括支払を請求できる（期限の利益の喪失という）という特約が設けられます。

しかし、その期間内であれば強制執行を受ける心配がないわけですから、被告にとってもかなり安心できる判決といえます。このような判決を和解的判決と呼ぶこともあります。

■ 仮執行宣言がつけられている

少額訴訟において、原告の請求を認める内容の判決が出される場合には、裁判所の職権で仮執行宣言をつけることが義務付けられています（民事訴訟法376条）。通常、仮執行宣言を受けるためには原告が裁判所に申し立てる必要がありますが、少額訴訟の場合、とくに迅速な解決が求められるため、即日判決の時点で仮執行宣言がつけられることになっています。

判決書の省略

通常訴訟では、判決書には主文、事実、理由など判決の過程で明らかになったことや、判決に至る経緯といったことが書かれているが、判決書の内容は複雑になるため、その作成には日数がかかる。この手続きを行うのでは即日判決の利益が損なわれるため、判決書を作成しなくても判決の言渡しができるとされている。

仮執行宣言

本来なら強制執行は判決が確定するまで行うことができないが、それでは被告が控訴したり、異議を申し立てている間に被告の財産がなくなるなどして、原告が不利益を被ることにもなりかねない。仮執行宣言とは、このような状態を解消するため、判決が確定していなくても強制執行できるという許可を与えることをいう。

PART2
7

訴状と答弁書の書き方

訴状の中核は請求の趣旨と紛争の要点

■ 訴状を提出する

通常訴訟（通常の民事訴訟）と同様、訴状は同じものを３通作成する必要があります。裁判所に提出する正本、被告に送られる副本（コピー）、自分の下に置いておく控えです。訴状を提出する際には、郵券（郵便切手）を納める必要があります。郵便切手は、訴状の副本と呼出状を被告に送るためなどに使われます。訴状を提出し終えると、裁判所が扱う個々の事件を識別するための番号が決められます。これを事件番号といいます。

請求内容は「請求の趣旨」欄に記載します。請求の趣旨と関連して「請求の原因」（訴状中の「紛争の要点」の部分）を記載します。請求の原因とは、請求の趣旨がどのような法律関係に基づくのかを特定するための記載です。少額訴訟の場合、通常訴訟における訴状のように、法的に構成される必要はありません。わかりやすく書くことを心がけておけばよいでしょう。

■ 訴えられた側の答弁書の記載方法

簡易裁判所には、被告の答弁書についても、訴状と同様に簡略化された定型用紙が用意されています。法的知識を十分もたない人でも利用できるように配慮がなされているのです。答弁書は、原告の主張に対して、どのような反論がなされているのかということの趣旨が理解できればよく、詳細な記載までは必要ないとされています。なお、少額訴訟でなく通常の手続き（通常訴訟）による審理および裁判を求める場合は、答弁書の冒頭にあるチェック欄にチェックマークを入れます。

訴状や答弁書のオンライン提出

令和4年（2022年）成立の民事訴訟法改正で、訴状や答弁書のオンライン提出が可能になった（25ページ参照）。

事件番号

裁判所によって個々の事件を識別するためにつけられるもの。後で、訴訟に関して、裁判所に問い合わせをする場合に必要となるため、事件番号は、必ず確認して、訴状の控えに書きとめておくとよい。

訂正用の印鑑

裁判所の窓口は受理を拒むことができない決まりになっているが、訴状に不備がある場合には訂正を求められることがあるので、訂正用に印鑑だけは持参した方がよい。

訴状の書き方

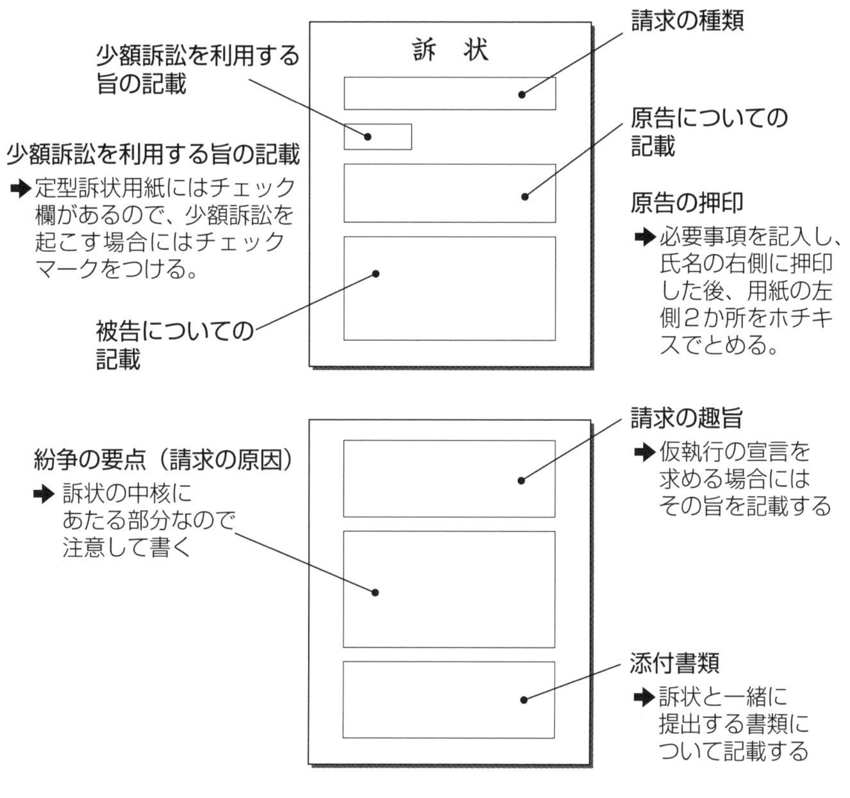

答弁書を提出することによって、訴えられた側は反撃を開始します。答弁書は、催告状に記載された答弁書提出期限までに裁判所に提出します。

少額訴訟の場合、答弁書には、①事件番号、②原告の氏名、③被告の住所・氏名・電話番号、④被告の押印、⑤答弁書の作成年月日、⑥裁判所名（部・係も書く）、⑦答弁書の表示、⑧請求の趣旨に対する答弁（答弁の趣旨）、⑨請求の原因に対する答弁（答弁の理由）、⑩添付書類、についての事項を書きます。

手形訴訟・小切手訴訟

証拠調べの対象は原則として手形などの書証に限られる

■ 簡易性・迅速性を重視した手続き

通常訴訟（通常の民事訴訟）では、原告が訴えを提起してから判決が下されるまでに早くても数か月、遅ければ数年かかります。しかし、それでは手形や小切手のように決済の簡易性かつ迅速性が強く要求される場合は不適当です。そこで、手形訴訟・小切手訴訟という特別の訴訟手続きが用意されています。

まず、口頭弁論期日が原則１回で終了します。次に、証拠調べの対象が書証（手形や小切手、契約書、領収書などの書面の内容が証拠になるもの）に限られます。また、本人尋問は許されますが、証人尋問などは許されず、反訴も認められません。

このように証拠調べの範囲が限定されている、反訴が許されないといった制限があるため、訴訟手続きは短期間で終了します。さらに、手形訴訟・小切手訴訟では原告勝訴の判決が下されると原則として無担保の仮執行宣言がつきます。仮執行宣言がつくと、判決確定前でも強制執行をすることができます。

被告が判決に付された仮執行宣言による強制執行の停止を求めるためには、その理由を疎明しなければならなくなり、しかも請求金額とほぼ同額の保証金を裁判所に提供しなければなりません。したがって、実際には、被告が強制執行の停止を求めることは非常に困難です。

このように、手形訴訟・小切手訴訟において原告勝訴の判決が下されると、たとえ被告が異議を申し立てて判決の確定を阻止しても、原告はすぐに強制執行の申立てができるのです。

反訴

係属している訴訟の被告が、その訴訟手続を利用して原告に対して提起する訴えのこと。

疎明

裁判官が確信をもって納得していないまでも、一応確からしいと納得していること。判決に大きな影響を与えるような事実以外の事実については疎明で足りる。

手形訴訟・小切手訴訟の手続きの流れ

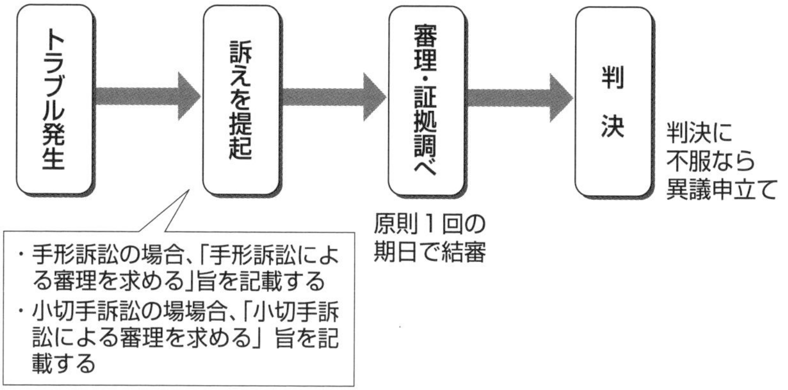

■ 手形訴訟・小切手訴訟の手続きの流れ

手形訴訟・小切手訴訟も、原告が訴状を裁判所に提出することから開始します。管轄裁判所については、通常訴訟と同様に考えてかまいません。

訴状には、手形訴訟・小切手訴訟による審理・裁判を求める旨の申述を記載し、手形・小切手の写しを提出しなければなりません。裁判所は、訴状を受理すると口頭弁論期日を定め、当事者を呼び出します。口頭弁論で行われることは、通常訴訟と同様ですが、前述のように、証拠調べの対象は原則として手形などの書証に限られます。

弁論終結後に下される判決に対しては、２週間以内に異議申立てをすることができ、異議申立てがあれば、改めて通常訴訟の手続きがとられます。これに対応して、原告も手形訴訟・小切手訴訟の途中で、通常訴訟への移行を申し立てることができます。なお、異議申立ての後、通常訴訟の手続きがとられた場合は、その判決に対して控訴を行うことも可能になります。

管轄裁判所

訴額が140万円を超える場合であれば地方裁判所、140万円以下であれば原則として、簡易裁判所へ訴えを提起する。また、被告の住所や本店所在地を管轄する裁判所の他、手形や小切手の支払地を管轄する裁判所に訴えることもできる。

支払督促

金額に関係なく利用することができる

■ 簡易裁判所の裁判所書記官に申し立てる

支払督促は、簡易裁判所の裁判所書記官を通じて、債務者である相手方に対して、金銭や有価証券などの給付をするように求める手続きです。

相手方との間で債権が存在することについて争いがない場合に支払督促の効果があります。ただし、相手方が支払督促に対して異議申立てを行うと、支払督促の内容そのものの争いとなるため、通常の民事訴訟手続へと移行します。したがって、相手方の対応次第で通常の民事訴訟手続へと移行してもかまわない場合に、支払督促を利用するのが一般的です。

支払督促の申立てを行う場合、債権の金額について制限はありません。また、140万円を区切りとした簡易裁判所と地方裁判所の管轄の違いもなく、必ず簡易裁判所の裁判所書記官に申し立てることになります。

支払督促の申立てを受けた裁判所の裁判所書記官は、申立ての内容について審査を行いません。申立ての内容が正しいかどうかを判断せずに手続きを進めるわけです。裁判所書記官は、申立てについて形式的な要件を充足しているかどうかを審査します。たとえば、同じ内容の申立てを二重に行うこと（二重申立て）は無意味であるため、形式的に判断された上で却下されます。審査は、申立て時に提出された書面を形式的に確認する方法で行われます。要件を充足していない場合、支払督促の申立ては却下されます。

支払督促の対象となる債権は、金銭や有価証券などの一定数

却下
申立ての内容を判断することなく申立てを退けること。

支払督促手続きの流れ

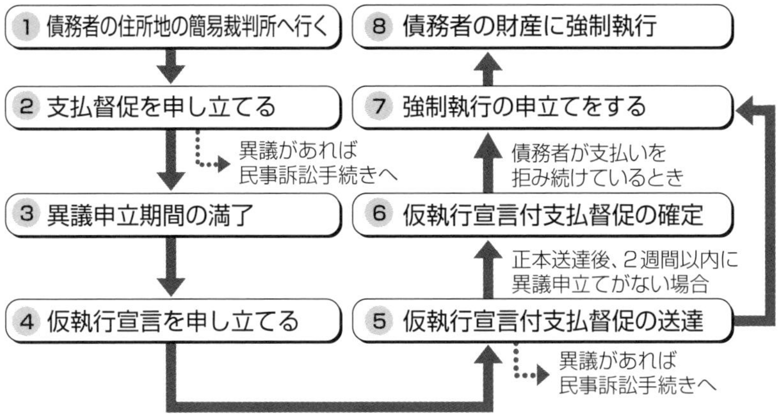

量の給付請求権ですが、その支払期限が到来していることが条件になります。支払期限が到来していなければ、原則として支払督促はできませんが、約束手形の支払督促でその振出人が破産した場合や、債務者が持っている期限の利益を喪失した場合など、一定の場合には支払期限の到来前の支払督促が認められることがあります。

期限の利益
支払期限が来るまで債務者に支払猶予が与えられるという利益のこと。

■ 支払督促の申立てを行う簡易裁判所はどこか

支払督促の申立ては、相手方が個人の場合には、相手方の住所地を管轄する簡易裁判所の裁判所書記官に対して行い、相手方が法人の場合には、事務所や営業所の所在地を管轄する簡易裁判所の裁判所書記官に対して行います。

管轄があっているかどうかの判断は、申立書に記載される債務者の住所地や法人の事務所・営業所の所在地から判断されます。記載された住所地や所在地が申立てを受けた裁判所の管轄ではない場合、支払督促の申立ては却下されます。相手方の住所地や所在地が申立書の記載内容とは異なっており、申立てを受けた裁判所の管轄ではなかった場合も、支払督促の申立てが却下されます。また、支払督促の請求に理由がないことが明らかな場合も、支払督促の申立てが却下されます。

■ 申立書の提出や費用

申立書や添付書類に不備があると補正処分を受けたり申立てが却下されたりするので、申立書や添付書類には正確な内容を記載しなければなりません。そして、債権者が支払督促を申し立てると裁判所書記官がその内容を審査し、形式的な要件に問題がないと判断すると債務者に支払督促（正本）が送達されます。送達方法は特別送達という発送方式がとられています。

また、支払督促を申し立てるには、申立手続費用が必要ですが、かかった費用は、最終的には相手方である債務者に負担させることができます。費用の内訳は、①申立手数料、②支払督促正本送達費用、③支払督促発付通知費用、④申立書作成および提出費用、⑤資格証明手数料に分けられます。なお、弁護士や司法書士に委任した場合にかかる費用については、申立手続費用に含めることはできません。

資格証明手数料
資格証明書の取得に要した費用のこと。

■ 仮執行宣言がつけられると効力が異なる

債権者の「金50万円を支払え」という内容の支払督促の申立てに対して、債務者が素直に50万円を支払えば事件は終了します。しかし、債務者が支払おうとせず放置している場合、債権者が債務者の財産に強制執行をするには、支払督促とは別に仮執行宣言の申立てをしなければなりません。

民事訴訟法では、支払督促に不服がある債務者は、支払督促を受け取った日から２週間以内に異議申立てができるとしています。債務者が異議申立てを行うと、通常訴訟（通常の民事訴訟手続）に移行します。その通常訴訟で債権者が勝訴判決を得

申立書と添付書類

申立書	① **申立書** 「表題部」「当事者目録」「請求の趣旨及び原因」によって構成されている。記載事項は、申立年月日、債権者の氏名・住所、債務者の氏名・住所、請求の趣旨、請求の原因など。
	② **目録などの数** 「当事者目録」「請求の趣旨及び原因」。申立人の分を含めて原則として、それぞれ3通提出する。
おもな添付書類	① **申立手数料（印紙）** 収入印紙を申立書に添付して納める。
	② **支払督促正本送達用の切手を貼った封筒** 裁判所から債務者に支払督促正本を送達（郵送）する際にかかる費用。特別送達といって、通常の郵送方法より高額。債務者1人につき、1000円程度。
	③ **支払督促発付通知用の切手を貼った封筒** 裁判所から債務者に支払督促正本の送達と同時もしくはその後に債権者に対して発付される通知に用いる。通知は普通郵便。
	④ **資格証明書** 法人の登記事項証明書や法定代理人が申し立てる場合の戸籍謄抄本などのこと（500円前後で取得できることが多い）。

て確定すれば、執行文の付与を受けて債務者の財産に強制執行をすることができます。

強制執行は、通常訴訟の場合だけでなく、仮執行宣言の付いた支払督促の場合も行うことができます。これらの支払督促に関する一連の手続きによって、債権者は、支払督促を申し立てた後、２か月程度で強制執行手続きによって金銭の回収を図ることが可能になります。なお、債権者が仮執行宣言の申立てができる時から30日以内にその申立てをしないと、支払督促が失効するので注意してください。

仮執行宣言の申立ては、支払督促の申立てをした裁判所に書面を提出する必要があります。内容としては、仮執行宣言を求める旨や手数料などを記載します。申立てが認められると、仮執行宣言付支払督促の正本が債権者と債務者の双方に送達されます。送達後２週間以内に債務者の督促異議があったときは通常訴訟に移行します。

督促異議

債務者には、仮執行宣言前の支払督促に対する督促異議の機会と、仮執行宣言後の支払督促に対する督促異議の機会がある。いずれの場合も、督促異議があったときは、通常訴訟に移行し、債務の存否について法廷で決着を図ることになる。

労働審判

原則3回以内の審理でトラブルを解決することができる

■ 訴訟よりもスピーディに解決できる

労働者と使用者との間の紛争の解決手段は、大きく分けて2つです。その1つは、都道府県労働局などの行政機関によるあっせんで、1つが、裁判所による労働審判や民事訴訟などです。労働審判は、労働審判法という法律に基づき、裁判官（労働審判官）1名と専門的知識をもつ労働審判員2名で組織する労働審判委員会が調停を試み、解決に至らない場合は実情に即した解決を図るために審判を行う制度です。労使間の紛争を迅速・適正に解決を図ろうとするのを趣旨としています。

労働審判の対象は個別労働関係紛争、つまり労働契約の存否その他の労働関係に関する事項について個々の労働者と事業主との間に生じた民事に関する紛争です（労働審判法では「個別労働関係民事紛争」といいます）。ただ、個別労働関係紛争であっても、労働審判に適しないケースがあります。労働審判は原則として3回以内の審理で終了します。そのため、3回以内の審理でトラブルが解決しそうにないケースの場合には、労働審判ではなく別の手続きを利用した方がよいでしょう。たとえば、賃金差別のトラブル、過労死による損害賠償請求、整理解雇のトラブルなどは、審理が長期化する傾向があるため、最初から通常の民事訴訟を検討した方がよいかもしれません。

■ 労働審判の手続き

労働審判の申立ては、相手方の事務所の所在地などを管轄する地方裁判所に対して書面によって行います。申立手数料は通

労働審判にする意味

訴訟となると、弁護士への依頼費用や時間もかかる。労働審判では、原則として3回以内で審理が終了するとされているため、迅速に解決を図ることが可能になる。審理は約1か月おきに行われるので、3回の審理で3～4か月あれば、通常は結論がでる。

個別労働関係紛争

労働審判法の対象となる個別労働関係紛争には、解雇、賃金カット、残業代未払、整理解雇代未払などがある。セクハラ被害については、加害者個人を相手方とした申立てはできないが、使用者にも責任があるとして、使用者を相手方として労働審判を申し立てることはできる。

労働審判の対象にならないもの

労働組合を通じて労働者全体として争うもの（労働組合と使用者との争い）は対象外である。使用者・労働者間の借金トラブルや労働者同士の紛争も対象外である。公務員の身分に関する争いも対象外になる。ただ、公務員もセクハラ被害については対象になる。

労働審判手続きにおける調停と審判

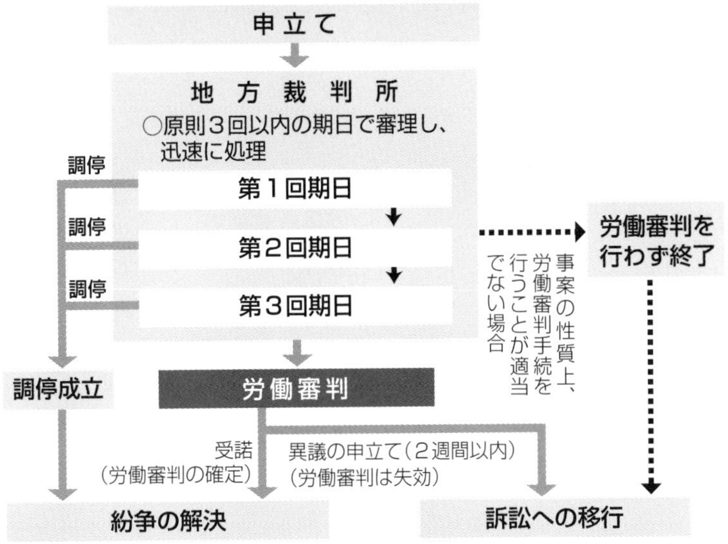

常の民事訴訟の半額です。たとえば、80万円の未払い賃金の支払いを求める場合には4000円の手数料が必要です。

その後、当事者の意見陳述の聴取や争点・証拠の整理は素早く行われ、原則3回以内の期日で審理が終了します。手続きは非公開で行われ、労働審判委員会が相当と認めた者だけが傍聴を許されます。原則として調停による解決をめざしますが、調停に至らないときは、一定の法的拘束力をもつ審判がなされます。

もっとも、審判に不服のある者は、2週間以内に異議申立てをすることができ、その場合は、民事訴訟の手続きに移行することになります。また、労働審判委員会は、事案の性質上、審判を行うことが紛争の迅速・適正な解決につながらないと考えるときは、審判手続きを終了させることができ、民事訴訟の手続きに移行することになります。

整理解雇
経営不振による合理化など、経営上の理由に伴う人員整理のこと。

代理人を立てる場合
手続きの適正を確保するため、弁護士を代理人としなければならない。

消費者団体訴訟

消費者被害の発生・拡大を防止するために制度化された

■ どんな制度なのか

消費者団体訴訟制度とは、適格消費者団体が、消費者への不当行為に対する差止請求権を、消費者に代わり事業者に対して行使することを認める制度です。さらに、特定適格消費者団体には、消費者に生じた被害の回復を求める被害回復請求権を、消費者に代わり事業者などに対して行使することも認められます。消費者団体訴訟制度は消費者契約法をめぐるトラブルだけでなく、特定商取引法や景品表示法、食品表示法をめぐるトラブルも対象に含まれます。したがって、適格消費者団体等は、消費者契約法だけでなく、特定商取引法や景品表示法、食品表示法上の不当行為についても差止請求等を行うことができます。

■ 適格消費者団体・特定適格消費者団体とは

消費者問題に取り組む団体は全国に数多くありますが、事業者に対して差止請求を行うことができる適格消費者団体は、令和４年12月末時点で23団体あります。適格消費者団体だけに差止請求権を認めているのは、差止請求が、本来は自由に行えるはずの事業活動を制限する性質があるからです。

つまり、真に消費者の権利を保護する目的で差止請求をしている団体であるかどうかを国が確認した上で、その団体だけに差止請求権を与えているのです。

さらに、適格消費者団体の中から、一定の要件を満たす団体として内閣総理大臣の認定を受けた団体のことを特定適格消費者団体といい、令和４年12月末時点で４団体あります。特定適

なぜ消費者団体訴訟制度が導入されたのか

消費者契約による被害は、事業者が不特定多数の消費者を対象として事業を展開しているため、同様の被害が多数発生するという性質を持っており、被害発生後に個々の消費者を救済するだけでは十分な対応をとることが難しい状況にあった。
そこで、消費者被害の発生または拡大を防止するため、そしてすでに発生した被害の回復を事業者に行わせるための手段として、消費者団体訴訟制度が導入された。

適格消費者団体の認定

適格消費者団体として認定されるためには、①差止請求関係業務を適正に遂行するための組織体制や業務規程が適切に整備されていること、②差止請求関係業務を適正に遂行する上で十分な経理的基礎があること、③差止請求関係業務以外の業務を行う場合に、その業務を行うことによって差止請求関係業務の適正な遂行に支障を及ぼすおそれがないこと、といった要件を満たした上で、内閣総理大臣の認定を受けなければならない（消費者契約法13条）。

消費者団体訴訟のしくみ

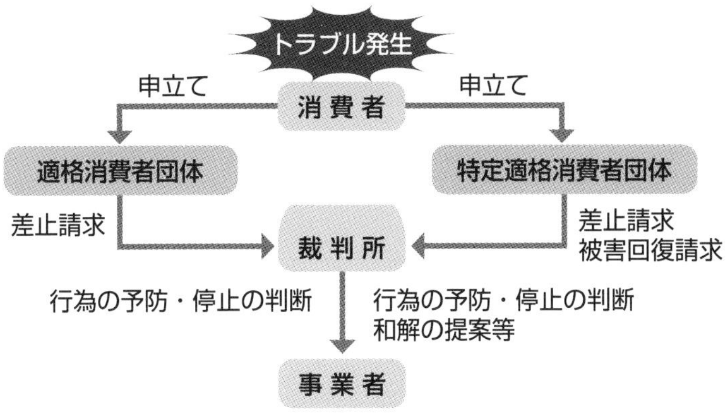

格消費者団体は、差止請求権と共に、被害回復請求権も行使することができます。

■ 差止請求の対象と差止請求を行う場合の手続

差止請求の対象となる不当行為は、事業者が真実でないことを述べて勧誘した場合や、消費者にとって不利益になる事実を伝えずに勧誘した場合などです。また、契約書に事業者の損害賠償責任を全額免除する条項や、消費者を一方的に害する条項など、消費者契約法に反する条項が置かれている場合も、差止請求の対象になります。

これらの不当行為が明らかとなった場合、適格消費者団体は、事業者に対し、ⓐ不当勧誘行為をやめるように求める（停止・予防）、ⓑ不当条項を規定した契約を締結しないように求める（停止・予防）、ⓒ事業者が作成した従業員向けの勧誘マニュアルなどの廃棄を求める（停止・予防に必要な措置）、といった内容の差止請求をすることができます。

ただし、当該適格消費者団体や第三者の不正な利益を図るこ

差止請求の判決の効力

差止請求に係る訴訟の判決の効力は、当事者である適格消費者団体と事業者の間にしか及ばない。しかし、適格消費者団体が勝訴すれば、事業者は差止めを命じられた不当勧誘行為や契約締結を停止しなければならず、実質的に消費者全体に対し判決の効力が及ぶのと同じ結果が得られる。

差止請求ができない場合

本文に記載された場合の他、適格消費者団体を当事者とする差止請求に係る訴訟などにつき、すでに確定判決など（訴え却下の確定判決などを除き、確定判決およびこれと同一の効力を有するもの）が存在する場合において、請求の内容および相手方が同一である場合も差止請求ができない（消費者契約法12条の2）。

とや、当該請求に係る相手方（事業者）に損害を加えること、つまり請求者に不正目的がある場合には差止請求が認められません。また、他の適格消費者団体と連携協力を図るなどして、差止請求権を適切に行使しなければなりません。さらに、適格消費者団体の従業員などは、差止請求関係業務を行うにあたって知ることができた消費者の秘密（個人情報など）を漏えいしてはいけません。

請求権者や要件

差止請求権が適正に行使されるようにするため、請求権者（原告となるべき者）は適格消費者団体に限定されている。また、相手方（被告となるべき者）が消費者契約法や景品表示法などに違反する行為を行っているか、または行うおそれがあることが必要である。その上で、訴えの提起前に、相手方に対し、本文に記載した「①書面による事前の請求」をしなければならない。

消費者団体訴訟制度を活用して裁判所に差止請求を提起したい場合、基本的には一般の民事訴訟と同様、民事訴訟法の規定に従って訴訟手続きを進めることになりますが、以下のような特別な取扱いも用意されています。

①　書面による事前の請求

適格消費者団体が、裁判所に対して差止請求に係る訴えを提起する場合、相手方（事業者）に対して、あらかじめ書面によって差止請求をすることが必要です。そして、書面の到達後１週間が経過して初めて、差止請求に係る訴えを提起することが認められます（消費者契約法41条）。これは紛争の早期解決を目的とした訴えの提起前の手続きです。

②　不当な行為が行われた地で訴えることができる

民事訴訟のルールでは、訴訟を担当する裁判所、つまり原告が訴えを提起する裁判所は、被告となる事業者の本店（本社）所在地を管轄する裁判所などです。被告はある日突然訴えられる可能性があるにもかかわらず、住居から遠いところの裁判所まで行かなければならないとすると、被告にとって多大な負担となるからです。

管轄

裁判所がその事件を担当すること。

しかし、消費者団体訴訟制度による差止請求に係る訴訟の場合には、事業者の行為（不当行為）があった地を管轄する裁判所に提起してもよいことになっています（消費者契約法43条）。差止請求に係る訴訟の被告となる事業者の中には、本店所在地をあちこちに移して、訴訟から逃れようとしていることがある

訴え提起前の書面による事前請求

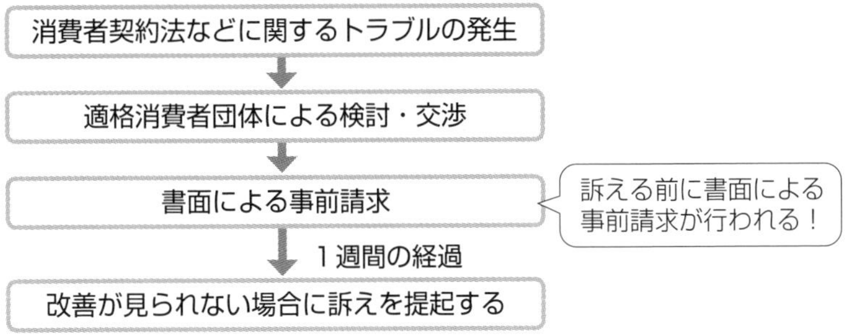

ため、不当行為が行われた場所でも訴えを提起できるようにしたのです。

■ 消費者団体訴訟の問題点の改善

消費者団体訴訟においては被害回復請求が認められています（請求権者は特定適格消費者団体に限ります）。悪質な事業者の活動に対する被害には、不当請求によって支払った金銭だけでなく、それに伴う精神的苦痛も生じ得るため、令和４年（2022年）に消費者裁判手続特例法が改正され、令和５年（2023年）中に被害回復請求の対象となる損害に財産的損害に併せて慰謝料（精神的損害）が追加されることになりました。

また、従来は被害回復請求の相手方は事業者のみでしたが、悪質商法に関与した一定の個人（悪質商法関係者）も相手方に追加されました。さらに、消費者団体訴訟を行う特定適格消費者団体が、訴訟手続きの初期段階から、事業者などとの間で解決金支払の合意を含めた和解交渉を行えるようになりました。これにより今までより早期に紛争解決へと至ることが期待されています。

消費者裁判手続特例法

消費者の財産的被害（令和５年中に精神的損害が追加される）の救済を図る制度として、消費者裁判手続特例法（正式名称は「消費者の財産的被害等の集団的な回復のための民事の裁判手続の特例に関する法律」である）に基づく手続きがある。具体的には、一定の金銭の支払を求める請求権につき、①共通義務確認の訴えの提起（第１段階の手続き、事業者の支払義務の有無を確定）、②簡易確定手続き（第２段階の手続き、①で勝訴した場合に消費者の債権を確定させ支払をする）という２段階の構造で消費者被害の回復を図っている。

発信者情報開示命令申立て

令和４年10月に施行された新たな裁判手続き

■ プロバイダ責任制限法の改正と新たな裁判手続き

スマートフォンやSNSなどの普及により、インターネット上の誹謗中傷や著作権侵害などによるトラブルが身近な問題となっています。インターネット上の誹謗中傷や著作権侵害などの被害者の救済を求める世論の高まりも相まって、令和３年にプロバイダ責任制限法改正が成立し、令和４年10月より施行されました。この改正で、従来より簡略化された裁判手続きでプロバイダに対し発信者情報開示請求ができるようになり、被害者救済の促進や誹謗中傷や著作権侵害などの抑止につながることが期待されます。

プロバイダ責任制限法改正の特色は、以下のとおりです。

①　発信者情報開示請求が１つの裁判手続き（非訟手続）で行えるようになった

ⓐコンテンツプロバイダに対する発信者情報開示命令の申立て、ⓑコンテンツプロバイダに対するアクセスプロバイダの名称などの提供命令の申立て、ⓒアクセスプロバイダに対する発信者情報開示命令の申立て、ⓓ消去禁止命令の申立て、のすべてを１つの裁判所で行うことができるようになりました。

②　「新たな裁判手続き」による発信者情報の開示の要件

新たな裁判手続きを利用して発信者情報の開示を受けるには、ⓐ有害な書き込みにより被害者の権利が侵害されたことが明らかであること、ⓑ損害賠償請求権の行使のために情報の開示が必要であること、の双方の理由を備えることが必要です。

ただし、ログイン時の情報（特定発信者情報）の開示を受け

コンテンツプロバイダ
検索サイト・SNS・ブログなどを運営する事業者のこと。

アクセスプロバイダ
携帯電話会社や通信会社などのインターネット接続サービスを提供する事業者のこと。

新たな裁判手続きは非訟手続き
非訟手続きとは、通常の訴訟より簡易な方法で進められる非公開の裁判手続きのこと。申立てから決定までが迅速にされるのが特徴である。決定に対する不服申立ても通常の訴訟より制限されており、「従来の制度」（２段階の裁判手続き）より迅速に発信者情報が開示される。なお、従来の制度も引き続き利用できる。

発信者情報
有害な投稿をした者（発信者）を特定するために必要な情報のこと。具体的には、発信者の氏名・住所・電話番号・メールアドレスなどのこと。

従来の制度（現在も利用可）と新たな裁判手続き

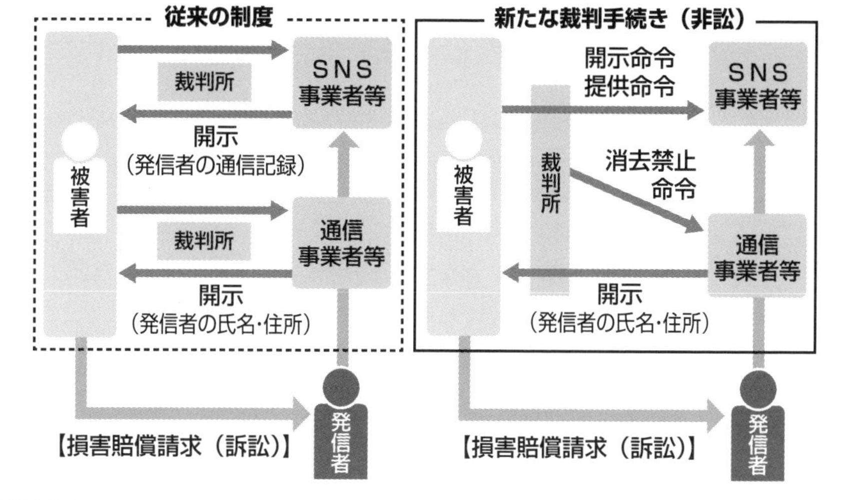

るには、ⓐⓑの理由に加えて、ⓒログイン時の情報の開示を受けなければ発信者を特定できないこと、ⓓコンテンツプロバイダがログイン時の情報以外の発信者情報を保有していないと認められること、のいずれか1つの理由も備えていることが求められています。

■ ログイン型投稿についても開示請求できるようになった

ログイン型投稿とは、利用者がSNSやブログなどを利用するためにアカウントを作成し、そのアカウントでログインした上で文章・写真・動画などを投稿（書き込み）する形のものです。法改正により、コンテンツプロバイダが保有するログイン時の情報それ自体の他、ログインした際に利用されたアクセスプロバイダの名称なども開示請求の対象であることが明記されました。これによりログイン型投稿の場合も、上記の要件を満たしたときに発信者情報の開示請求が認められるようになりました。

新たな裁判手続きの管轄裁判所

原則として相手方（プロバイダ）の事務所·営業所（相手方が個人の場合は住所）の所在地を管轄する地裁の管轄に属するが、所在地不明で管轄裁判所が定まらないときは、発信者情報開示命令事件手続規則により「東京都千代田区」を管轄する東京地裁の管轄に属する。また、相手方の事務所·営業所（個人の場合は住所）の所在地が東日本地域（東京、名古屋、仙台、札幌の各高等裁判所の管轄区域内）の場合は東京地裁、西日本地域（大阪、広島、福岡、高松の各高等裁判所の管轄区域内）の場合は大阪地裁の管轄にも属する。

家事事件

家事事件手続法が家事調停や家事審判について規定している

■ 家庭裁判所が担当する

夫婦関係・親子関係・扶養・相続などの家庭内（親族間）の紛争に関する事件を家事事件といいます。家庭内の紛争は夫婦間・相続人間などの感情もからみ、一般の民事に関する紛争より厄介なことになり得ます。そこで、家事事件については、人間関係の特殊性を理解した上で、一般の民事事件とは異なる処理が求められます。これに応じているのが家庭裁判所であり、家庭裁判所は家事調停と家事審判を行います。そして、家事事件の手続きについて定める法律が家事事件手続法です。

■ 家事事件の分類

家事事件は、以下の４つのグループに分かれています。

①　第１のグループ（別表第１事件）

家事事件手続法の別表第１に列挙されている事件です。別表第１事件が扱うのは、本来紛争性がなく、家庭裁判所が当事者の意思に拘束されず、公の立場から判断すべきとされる事項です。したがって、別表第１事件については家事審判のみが行われ、家事調停は行われません。

②　第２のグループ（別表第２事件）

家事事件手続法の別表第２に列挙されている事件です。別表第２事件が扱うのは、本来紛争性があり、最終的には家庭裁判所の判断で解決されるべきであるが、当事者間の合意に基づく解決が望ましい事項です。したがって、別表第２事件については家事審判だけでなく、家事調停（別表第２調停）も行われま

家庭裁判所が扱う事件

家庭裁判所は、夫婦間の争い、家族間（親族間）の争い、相続関係の争いなどに関する家事事件と、少年（20歳未満の者）の犯罪行為などに関する少年事件を扱う裁判所である。家庭裁判所では非公開の手続きによって家事事件や少年事件を処理している。

家事調停

家庭裁判所が当事者から事情を尋ねたり意見を聴いたりして、当事者が納得の上で問題を解決できるように助言やあっせんを図る手続きのこと。当事者が納得しないときは調停不成立となる。

家事審判

家庭裁判所が行う終局的な判断のこと。当事者の意思に拘束されることなく家庭裁判所が一定の判断を示すのが特徴である。

調停前置主義

家事事件における調停前置主義は、家事調停を経た後でなければ訴訟の提起ができないことを指す。

別表第1、第2事件の概要

●別表第1（24項目134種類）

後見開始・保佐開始・補助開始など、親権喪失など、推定相続人の廃除など、相続の承認及び放棄（相続放棄や限定承認の申述の受理など）、財産分離など、相続人の不存在（特別縁故者に対する相続財産の分与など）、遺言書の検認など、遺留分の放棄の許可など、中小企業における経営の承継の円滑化に関する法律（遺留分の算定に係る合意についての許可）など

●別表第2（9項目17種類）

祭具等の所有権の承継者の指定、遺産分割及びその禁止など

す。また、訴訟の対象にならないため、調停前置主義は採用されていませんが、家事調停から行われることが多いです。

③　第3のグループ（人事に関する事件）

人事訴訟法（136ページ）という法律に定められている人事に関する事件（離婚や離縁に関する事件は除外）です。協議離婚の無効確認、親子関係の不存在確認、嫡出否認、認知など、当事者の処分を許さない戸籍に関わる事件が該当します。第3のグループに関する家事調停は特殊調停と呼ばれており、調停前置主義が採用されています。

④　第4のグループ

第1～第3のグループに含まれない事件と、人事に関する事件のうち離婚と離縁に関する事件です。第4のグループに関する家事調停は一般調停と呼ばれており、調停前置主義が採用されています。

■ 手続きは非公開で行われる

家事事件は、家庭内の出来事や個人のプライバシーについて、

詳細に踏み込んだ審理を行う必要があります。したがって、家事事件の手続きは原則として非公開で行われます。家事事件の記録の閲覧についても、個人のプライバシーが侵害されないように制限がなされています。

家事事件の場合、当事者が感情的に対立するケースが多いのも特徴であるため、家庭裁判所が事件解決のために積極的に動く必要があります。このような観点から、裁判所は、当事者の主張に拘束されず、かつ当事者の提出する証拠に限定されず、事実関係の調査を行うことができます。

通常の民事訴訟の場合、裁判所は、当事者の主張が妥当かどうかのみを判断し、当事者の提出する証拠のみを基にして事実認定を行うのが原則です。しかし、家事事件の場合は、裁判所が積極的に家事事件に関する調査を行うことができます。

また、家事事件は迅速に解決する必要性がとくに高いため、当事者が遠隔地に在住する場合などは、テレビ会議システムを利用した手続きの活用が認められています。

電話会議システム

当事者の双方が裁判所に出頭せずに電話によって審理を行うこと。

■ 家事事件の手続きの流れ

家事事件の種類によって手続きも異なります。まず、第1のグループ（別表第1事件）については、家事審判により手続きが終了する事件であるため、家事調停はできません。

これに対し、第2のグループ（別表第2事件）については、家事審判と家事調停のどちらからでも手続きを始めることができます。家事審判から手続きが始まった場合は、手続きの途中でも調停に移行することができます。反対に、家事調停から手続きが始まったが、調停不成立に終わった場合は、自動的に審判手続きに移行します。

調停に代わる審判

第2グループにおいて調停不成立になった際、正式な審判手続に移行しなくても、家庭裁判所は調停に代わる審判ができる。調停に代わる審判に当事者が異議を述べなければ、それが確定して事件が終了する。しかし、調停に代わる審判に対して当事者が異議を述べた場合は、正式な審判手続きに移行する。

また、第3のグループについては、訴訟提起前に家事調停を行う必要があります（調停前置主義）。調停手続きの中で当事者が事実関係を争わない場合には、家庭裁判所が必要な事実の

家事調停・裁判手続きの流れ

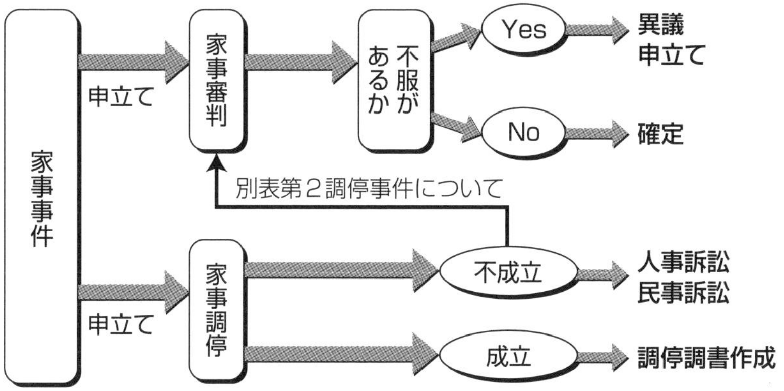

調査を行い、合意が正当と認めるときは、職権で合意に相当する審判が行われ、これに当事者が異議を述べなければ事件は終了します。

しかし、合意に相当する審判に対して当事者が異議を述べた場合には、その審判の効力が失われるため、当事者は人事訴訟を提起して争うことになります。なお、人事訴訟を提起して争うことになる点は、調停不成立の場合も同様です。

最後に、第4のグループについては、訴訟提起前に家事調停を行う必要があります（調停前置主義）。調停不成立になった際、家庭裁判所は調停に代わる審判を行うことができます。調停に代わる審判を行わなかった場合や、当事者が調停に代わる審判に対して異議を申し立てた場合、当事者は訴訟を提起することができます。

合意に相当する審判をする理由

第3のグループは当事者の処分を許さない事項であり、調停成立をもって終結させることができないため、調停成立に代えて合意に相当する審判を行うという形を採用している。

人事訴訟

以下の①～③の訴えその他の身分関係の形成または存否の確認を目的とする訴えのこと（人事訴訟法2条）。
①婚姻関係の訴え（婚姻の無効・取消しの訴え、離婚の訴え、協議離婚の無効・取消しの訴えなど）
②親子関係の訴え（嫡出否認の訴え、認知の訴え、実親子関係の存否の確認の訴えなど）
③養子関係の訴え（養子縁組の無効·取消しの訴え、離縁の訴えなど）

家事調停と家事審判の対象事件

別表第１事件は家事調停の対象にならない

■ 家事調停ではどんな事件を対象にするのか

家事調停の対象となる事件は、人事に関する事件と、別表第１事件を除いた家庭に関するすべての事件です。家事調停を行う裁判所は、原則として相手方の住所地を基準にして決められます（土地管轄）。また、当事者間の合意によって家事調停を行う裁判所を定めることもできます（合意管轄）。

家事調停の進行

家事調停を行うのは家庭裁判所である。家庭裁判所は、裁判官（家事調停官）と調停委員で構成する調停委員会で調停を行う。具体的には、調停案を作成し、当事者間の合意に向けた調整を行う。ただし、家庭裁判所が相当と認めたときは、裁判官のみで調停を行うことができるが、当事者から申立てがあった場合は、調停委員会で調停を行う必要がある。

家事調停には、①別表第２調停（家事事件手続法別表第２に掲げる事項に関する事件についての調停）、②特殊調停（離婚・離縁を除いた人事に関する事件についての調停）、③一般調停、の３種類があります。

別表第２事件は、遺産分割などの当事者が自らの判断で処分ができる権利に関する公益性の低い事件で、家事調停で解決ができるものです。したがって、別表第２事件について、当事者は調停（別表第２調停）を申し立てることも審判を申し立てることもできます。ただし、当事者が審判を申し立てた場合でも、裁判官が当事者間で話し合いをした方がよいと判断したときは、審判手続きを停止して調停へと移行します。

特殊調停の対象となる事件には、嫡出否認や認知などがあります。当事者間で合意が成立すれば合意に相当する審判が行われます。また、一般調停の対象となる事件には、離婚や離縁の他、夫婦関係の円満調整などがあります。当事者間で合意が成立すれば調停成立となります。

夫婦関係の円満調停

夫婦関係の円満調整の目的、つまり離婚に至る可能性がある夫婦の関係を修復する目的で行われる家事調停のことを「夫婦関係調整調停（円満）」という。夫婦関係が良好ではないが、子どもが小さいなどの事情がある場合に行われることが多い。

裁判所の調停室の様子

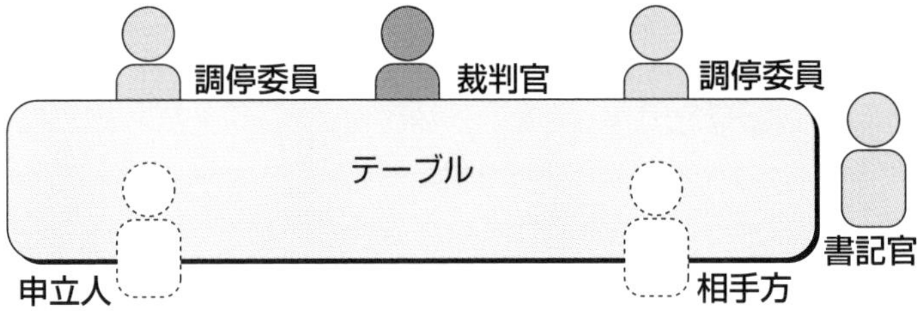

※申立人と相手方は原則として同席しない。したがって、調停委員などが申立人（相手方）と話し合いをしている間、相手方（申立人）は席を外すのを原則とする。また、裁判官は調停期日に同席しないことが多い。

■ 調停前置主義とは

家事事件のうち特殊調停と一般調停の対象となる事件について訴訟を提起しようとする場合には、まず調停を申し立てる必要があります。これを調停前置主義といいます。家庭に関わる事件をいきなり公開の法廷で審理することは、家庭の平和を維持する観点からは望ましくありません。そこで、訴訟の前に調停によって紛争解決の道を探ることになっています。調停前置主義の対象となる事件について、調停を経由することなくいきなり訴訟が提起された場合、裁判所は職権で調停を開始します。

■ 家事審判ではどのような事件を取り扱うのか

家事審判の対象となる事件は、別表第１事件（家事事件手続法の別表第１に掲げる事項に関する事件）、別表第２事件、離婚・離縁を除いた人事に関する事件です。

とりわけ別表第１事件は、後見・保佐・補助や親権喪失など、当事者が自らの判断で処分ができない権利が関わる公益性の高い事件であるため、家事調停の対象とならず、もっぱら家事審判によって解決されます。

家事審判の審理

家庭裁判所は、審判の期日に事件の関係人を呼び出し、呼び出した者から直接に事情を聴取する。
家庭裁判所は自ら事件の調査を行い、自由に審判の資料を収集することができる。

人事訴訟

家事調停・家事審判では解決に至らないときに人事訴訟を起こす

■ 人事訴訟とはどのような訴訟でどんなものがあるのか

離婚や認知などの争いにおいて、調停・審判の手続きを尽くした上で、それでも解決がつかない場合に提起する訴訟を人事訴訟といいます。調停前置主義がとられていることが人事訴訟の大きな特徴のひとつです。人事訴訟に含まれるのは、以下の①～③の訴えに関する訴訟です（人事訴訟法２条）。

調停前置主義

訴訟を起こす前に、まず調停の手続きを経なければならないという原則のこと。

人事訴訟

①～③に当てはまらなくても「身分関係の形成又は存否の確認を目的とする訴え」に関する訴訟であれば人事訴訟に含まれる。

①　婚姻関係

婚姻の無効・取消しの訴え、離婚の訴え、協議上の離婚の無効・取消しの訴え、婚姻関係の存否の確認の訴え

②　親子関係

嫡出否認の訴え、認知の訴え、認知の無効・取消しの訴え、父を定めることを目的とする訴え、実親子関係の存否の確認の訴え

③　養子関係

養子縁組の無効・取消しの訴え、離縁の訴え、協議上の離縁の無効・取消しの訴え、養親子関係の存否の確認の訴え

①～③の中で代表的なものが離婚訴訟です。離婚訴訟では、未成年の子どもがいる場合に離婚後の親権者を指定することの他、財産分与を行うことや、子どもの養育費を支払うことなどを同時に申し立てることができます。

■ 人事訴訟の手続きはどのように進められるのか

家事調停が不成立に終わった後、原則として、当事者（離婚訴訟であれば夫または妻）の住所地を管轄する家庭裁判所に人

人事訴訟とは

人事訴訟 → 人事（婚姻や親子関係）に関する訴訟

- **婚姻関係**　（例）婚姻の無効・取消しの訴え、離婚の訴え
- **親子関係**　（例）嫡出否認の訴え、認知の訴え
- **養子関係**　（例）養子縁組の無効・取消しの訴え、離縁の訴え

☆民事訴訟の特別手続のひとつ … 真実の発見、法律関係の確定を重視
☆特別規定の存在 … 職権証拠調べ、判決の効果が及ぶ範囲が広い

事訴訟を提起します。ただし、提起先の家庭裁判所と家事調停をした家庭裁判所が異なる場合には、家事調停をした家庭裁判所で人事訴訟を取り扱うこともあります。

提起後の審理手続きについては、人事訴訟も民事訴訟の一類型ですから、基本的には民事訴訟と同様に進められますが、事件によって参与員や家庭裁判所調査官が介在してくることが、通常の民事訴訟と異なる大きな特徴のひとつです。

参与員は社会人としての健全な良識のある者から選ばれる者で、法律の専門家であることを要しません。参与員は人事訴訟の証拠調べなどの審理や和解の試みなどに立ち会い、自ら率直に意見を述べたりして紛争解決のために働きます。参与員の制度は、家庭に関する事件である人事訴訟に対し、一般人の良識を反映させ、より実態に即した解決を図ろうとするものです。

一方、家庭裁判所調査官は家庭裁判所の職員であり、医学・心理学・社会学などの専門知識を活用して、事件に関する調査を行います。たとえば、子どもの親権者の指定に関する事件では、実際に子どもに直接面接して調査を行います。

判決に従わない場合の取扱い

判決で支払いを命じられた者がこれに従わない場合には、地方裁判所に申し立てて強制執行の手続きをとることができる。

Column

民事調停

話し合いで紛争を解決したい場合に活用することができる方法が、民事調停です。調停は、公平・中立な第三者である調停委員が紛争の当事者双方の言い分を聞き、お互いに譲歩するように説得し調整しながら、合意の成立をめざす手続きです。民事調停は、民事訴訟に比べて柔軟な解決を図ることができるというメリットがあるため、売買や賃貸借に関する紛争や債務整理など、身近な民事上の紛争を解決するために利用されています。

調停は、原則として相手方の住所または営業所・事務所の所在とを管轄する簡易裁判所に申し立てます。申立て後、調停期日が指定され、当事者の双方に呼出状が送達されます。調停が行われ、調停が成立すると、調停調書が作成されます。この調書は、和解調書と同じく債務名義となるため、当事者の一方が調停で成立した合意条項を履行しない場合には、直ちに強制執行をすることができます。また、話合いの見込みがない場合、裁判所が「調停に代わる決定」をすることもあります。これは、裁判所が適切だと思われる解決案を示すもので、当事者が納得すれば調停成立と同じ効果があります。当事者のどちらかが２週間以内に異議を申し立てれば、この決定は効力を失い、訴訟を提起することができます。話し合いを重ねても当事者が合意しない場合や、当事者が呼出しを受けても出頭しない場合には、調停は不成立（不調）となります。

民事調停の流れ

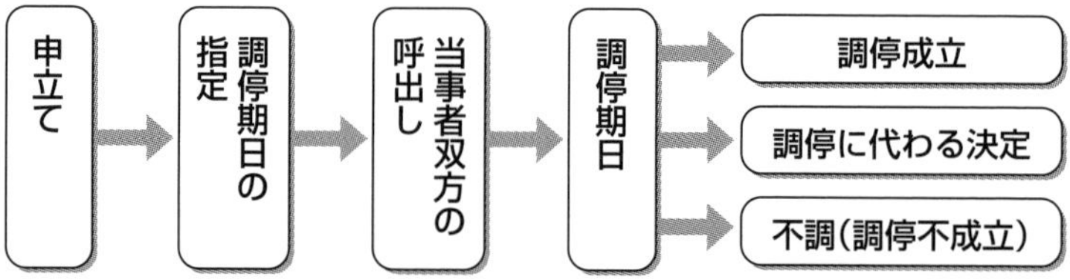

PART 3

民事執行・民事保全の手続き

PART3
1

民事執行・民事保全の手続き

強制執行

国家権力により裁判の結果を実現する手続きのこと

■ 強制執行には債務名義が必要である

たとえば、土地を売買したのに買主が代金を支払わない場合を考えてみましょう。売主は最終的には裁判所に訴えて代金を回収しようとします。売主の勝訴判決が確定すると、通常は敗訴した買主はこれに従って支払いますが、裁判で負けても支払わない人がいます。その場合、国家権力による強制力を使って裁判の結果を実現することになります。これが強制執行です。強制執行はその根拠となる書面として「債務名義」が必要です。債務名義には、裁判所での手続きを経たもの（判決・支払督促など）と、裁判所での手続きを経ていないもの（執行証書・仲裁判断）があります。

強制執行の分類

強制執行は以下の２つに分類される。
① 金銭債権の執行
不動産を強制的に競売にかける場合や、有価証券や株式などの財産を強制的に換金する場合など。
② 非金銭債権の執行
不動産の引渡し･明渡し、動産の引渡しなど。たとえば、債権者が不動産の引渡しを求めている場合は、執行官が債務者の不動産に対する占有を解き、これを債権者に引き渡すという流れで強制執行が行われる。債権者が動産の引渡しを求めている場合は、執行官がその動産を債務者から取り上げて、これを債権者に引き渡すという流れで強制執行が行われる。

■ 強制執行について規定する法律

法治国家の要請として、債権回収の手段も秩序あるものでなければなりません。そのため、債権債務関係という実体について民法や商法などの法律が規定しているように、強制執行の手続きについても法律があります。現在、強制執行の手続きについては民事執行法という法律が規定を設けています。

一方、判決が確定するまでの間に、債務者が財産を売却したり隠したりするおそれがありますので、あらかじめ債務者の権利を仮に保全することが必要です。そのための手続きが仮差押え・仮処分です。これらの手続きは、民事執行法とは別に民事保全法という法律が規定を設けています。もっとも、仮差押え・仮処分も広い意味では強制執行に入るので、民事保全法も

おもな債務名義

債務名義になるもの	備　　考
判決	確定したもの（確定判決）でなければならない
仮執行宣言付きの判決	確定していないが一応執行してよいもの
支払督促＋仮執行宣言	仮執行宣言を申し立てる
執行証書	一定の金銭の支払いのみ強制執行が可能
仲裁判断＋執行決定	執行決定を求めれば執行できる
和解調書	「○○円払う」といった内容について執行可能
認諾調書	請求の認諾についての調書
調停調書	「○○円払う」といった内容について執行可能

強制執行について規定している法律といえるでしょう。

■ 強制執行の種類にはどんなものがあるのか

以上のように、強制執行は民事執行法と民事保全法で規定されていますが、具体的にどのような種類があるのでしょうか。

① 金銭の支払いを目的とする強制執行

強制執行の目的の多くは、金銭の支払いを目的とするものです。たとえば、土地の売買契約において売主が土地を引き渡したのに、買主が売買代金を支払わないケースの強制執行です。

金銭の支払いを目的とする強制執行には、担保権（抵当権など）の設定を受けずに債務者の財産を現金に変えて弁済を受ける場合と、設定されている担保権を実行する場合とがあります。強制執行は前者を強制的に行うことを指し、後者は担保権の実行としての不動産競売を指します（146ページ）。両者をあわせて民事執行と呼ぶこともあります。

そして、強制執行はその対象に応じて、ⓐ不動産に対する強制執行、ⓑ動産に対する強制執行、ⓒ債権に対する強制執行、ⓓその他の財産権に対する強制執行に分類されます。

債務名義

強制執行を許可する文書。債務者が債務を履行しない場合には、その文書の内容に即して、債権者は国家権力の助力を得て債権を実現することができる。

強制執行を妨害する罪

強制執行を免れるために財産を隠匿または損壊する行為は刑法で罰せられる（強制執行妨害罪）。債権者の利益を守るためだけではなく、強制執行という国家の行為を保護する必要があるため、刑罰によって強制執行の妨害を禁止している（刑法96条の2）。

② 金銭の支払いを目的としない強制執行

強制執行は金銭の支払いを目的としない場合もあります。たとえば、土地を借りている賃借人が、期限が切れたのに土地を明け渡さない場合に、建物を収去して土地を明け渡してもらうための強制執行や、売買契約を締結して代金を支払ったのに売主が目的物を引き渡さない場合に、目的物の引渡しを実現するための強制執行などがあります。

③ 仮差押え・仮処分の執行

強制執行は、一般的には債務名義を実現するための手続きですが、債権者の権利を確保するための仮の命令を裁判所にしてもらうための、仮差押え・仮処分の執行もあります。

■ 誰が強制執行の手続きを行うのか

現在の日本の法制度上、権利を定めるための判決を担当する裁判機関と、権利の実現のために執行手続きを担当する執行機関とが区別されています。強制執行は、執行当事者本人の手によって行われるのではなく、執行裁判所や執行官といった執行機関によって行われます。

① 執行当事者

ある請求権につき利害関係をもっているため、強制執行の手続きを求め、あるいは強制執行を受けるなどして、当事者として手続きに関与する主体のことを執行当事者といいます。執行当事者は「申立てをする」「配当要求をする」など、自分の意思で手続きに関与することが認められています。

② 執行機関

強制執行は執行機関によって行われます。債務名義を得られれば、どんな方法で誰が強制執行を行ってもよいというわけではありません。一般人が勝手気ままに強制執行を行うことは許されていません。執行機関には、執行裁判所と執行官があります。執行裁判所と執行官には、それぞれ職域分担があり、強制

執行の方法

金銭債権の執行の場合、裁判所（執行裁判所）が債務者の財産を強制的にお金に換え、その代金で債権を充足することになる。強制執行は、通常、債権者の申立て、債務者の財産の差押え、財産の強制的換価、弁済金の受領ないし換価金の債権者への配当という流れをたどる。
一方、非金銭債権の執行の場合は、執行官が目的物に対する債務者の占有を強制的に解いて、債権者にその占有を取得させる方法によって行われる。

執行当事者

簡単に言うと、執行手続きを求める者と受ける者のこと。債権者・債務者とも呼ばれる。

強制執行の手続き

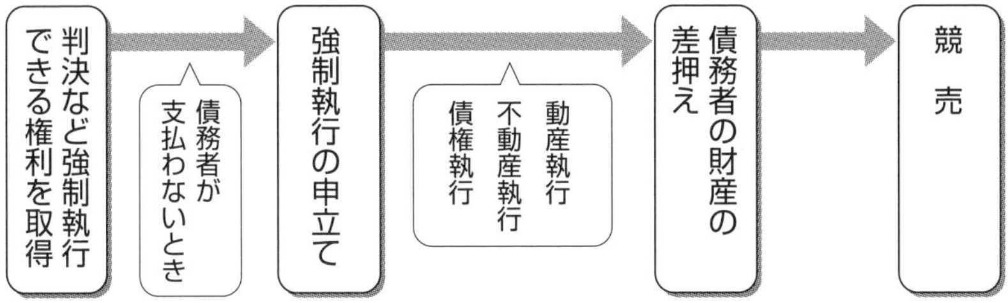

執行の対象となる財産によって区別されています。

まず、執行裁判所の職務上の管轄（職分）は、不動産、船舶、航空機、自動車・建設機器、債権です。一方、執行官の職務上の管轄は、動産です。大まかにいえば、不動産・債権の場合は執行裁判所、動産の場合は執行官ということになります。

■ 債務者の財産に関する情報を開示させる制度もある

たとえば、金融機関が融資を行う場合は、借主などの不動産に抵当権を設定します。しかし、抵当権などの担保権がない場合は、おもに給料・預貯金・不動産を差し押さえることによって債権回収を図りますが、債務者の勤務先・預貯金口座・不動産の所在地を知らないと債権回収が困難となります。

そこで、強制執行の実効性を確保する見地から、債務者に対し、その財産に関する情報（債務者の勤務先、預貯金口座、不動産に関する情報など）を開示させる制度が財産開示手続きです。ただ、開示すべき情報は財産開示期日を基準とするため、直前に債務者が財産を売却すると、その財産は開示の対象となりません。また、債務者が財産開示手続きに応じないと刑事罰の対象になります。

財産開示手続きの実効性向上

令和２年４月施行の民事執行法改正で、財産開示手続きの申立権者を拡大すると共に、財産開示手続きに応じない債務者への制裁を強化した（過料から刑事罰に変更）。
また、第三者からの情報取得手続きが新設され、おもに債務者の預貯金・不動産・給与に関する情報を、債務者以外の人から取得できるようになった。ただし、この制度を利用するには、先に財産開示手続きを行っていなければならない。

強制執行をするための書類

強制執行をするための証明書が必要

■ 強制執行に必要な書類は３つある

強制執行が執行機関によって開始されるには、原則として、①債務名義、②執行文、③送達証明書の３つが必要です。

①　債務名義

債務名義とは、わかりやすくいえば、強制執行を許可する文書ということになります。当事者間で債権債務という法律関係の有無について紛争があり、一定の手続きに従ってその紛争に終止符が打たれ、債権債務関係が明確になった場合、その結果は文書という形で残されます。それでも、債務者が債務を履行しないときは、その文書の内容に即して、債権者が裁判所の助力を得て債権の内容を実現できるのです。

債務名義には、実現されるべき給付請求権（債権者が債務者に対して金銭の支払いや物の引渡しなどを請求できる権利のこと）の内容や当事者などが表示されます。

債務名義になる文書について規定する民事執行法22条を見てみましょう。そこには、確定判決、仮執行宣言付判決、仮執行宣言付支払督促、執行証書（期限内に弁済しなければ強制執行に服することを債務者が認めるとの文言が入った公正証書のこと）、確定した執行決定のある仲裁判断、確定判決と同一の効力をもつものなどが規定されています。これら債務名義になる文書の多くは、その取得にあたり裁判所が関与しますが、執行証書は公証人が作成します。また、「確定判決と同一の効力をもつもの」には、裁判所の和解調書などが含まれます。

執行文

債務名義の執行力が現存することを公に証明するもの。
執行文の付与は執行力を証明することなので、証明することができる資料を保有している機関が行う。確定判決や和解調書といった裁判所が関与する債務名義については、その事件の記録が存在している裁判所の書記官が行う。執行証書については、その原本を保管している公証人が行う。

公証人

裁判官、検察官、法務局長など法律実務に長く携わった者の中から、法務大臣が任命する公務員。

強制執行に必要なもの

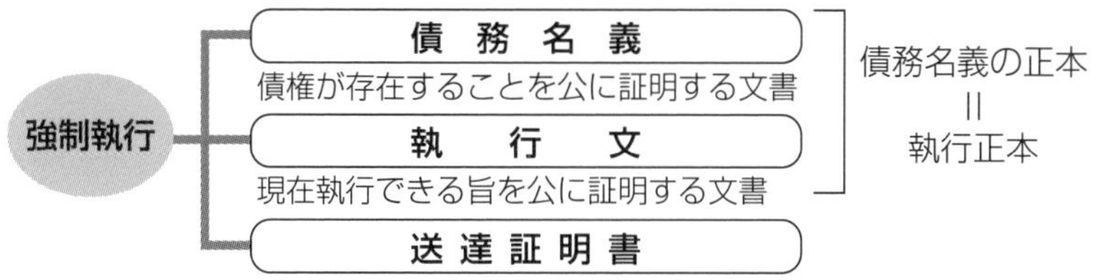

② 執行文

執行文とは、債務名義の執行力が現存することを公に証明するもので、債務名義の正本の末尾に付記されます。その時点で執行できることを公に証明するものといえます。

債務名義だけで強制執行ができるわけではありません。判決の確定は判決正本だけではわからない場合が多いですし、債務名義に記載された債権を行使するために期限の到来または一定の条件が必要な場合もあります。債務名義に記載された債権や債務が、契約・相続・合併などによって、債務名義に記載された者以外の第三者に承継される場合もあります。

このような事項には、あらかじめ裁判所書記官や公証人に判断させ、執行機関を執行手続きに専念させることで、効率的に強制執行を行うために、執行文の付与が定められています。

③ 送達証明書

強制執行手続きは、債権者の申立てに基づいて行われます。執行機関が手続きを開始するためには、債務者に債務名義を送達しなければなりません。債務者に反論の機会を与えるためです。強制執行の申立てには、原則として、あらかじめ債務名義を送達したことの証明が必要です。送達を証明する書類のことを、送達証明書といいます。

送達証明書が要求される理由

債務者にどのような債務名義で執行手続きが開始されるのかを知らせ、債務者に強制執行に対する防御の機会を与える必要があるからである。つまり、債権者・債務者双方の言い分を聞いて手続きを行うのが適切だと法律は考えている。なお、送達証明書は、裁判所書記官や公証人に申請して発行してもらう。

不動産競売手続きの全体像

申立ての後は裁判所が手続きを進めていく

不動産競売手続きの順序

不動産競売手続きの概略は以下のとおりです。なお、民事執行法では、強制執行としての不動産の競売を「強制競売」といい、担保権の実行としての不動産の競売を「担保不動産競売」といいます。

① 申立てから始まる

強制競売の手続きは、債権者が不動産の所在地を管轄する裁判所に対して、競売の申立てをすることから始まります。競売の申立ては、申立書を提出して行います。裁判所は申立書を審査して、問題がなければ競売開始決定をします。開始決定の正本は債務者に送達され、債務者は手続きが始まったことを知ることができます。

② 現状を凍結する

競売開始決定がなされると、対象となっている不動産の差押えが行われます。不動産をめぐる法律関係が変動すると手続きが円滑に進められず、債務者が債権者の先手を打って不動産を売却して現金化してしまうおそれがあります。そこで、差押えを行って、その不動産に関する処分を一切禁止することになります。具体的には、裁判所書記官から法務局（登記所）に対して、差押登記が嘱託（依頼）されます。

③ 調査をする

裁判所は、競売をするのに必要な情報の収集を始めます。裁判所は、開始決定をしたことなどを公告すると共に、登記されている抵当権者などに対して、期間内に債権の届出をするよう

不動産競売手続きの特徴

不動産は財産的価値が非常に高く、しかも、利害関係人が多数存在している可能性がある。そのため、不動産を対象とする強制執行（強制競売）では、慎重を期した手続きが予定されている。

不動産競売における暴力団の排除

令和元年（2019年）の民事執行法改正では、不動産競売において暴力団員等を排除するための規定が設けられた。具体的には、不動産の買受申出人には、暴力団員等に該当しないことを陳述することを義務付け、虚偽の陳述には刑事罰を設けた。また、裁判所は、最高価格で応札した者（最高価買受申出人）が暴力団員等かどうかを警察に照会することとし、暴力団員等であることが売却不許可事由となった。

競売に必要な情報

配当に参加すべき債権、不動産の現況、評価額、賃借権などの権利関係といった情報が必要。

不動産競売手続きの流れ

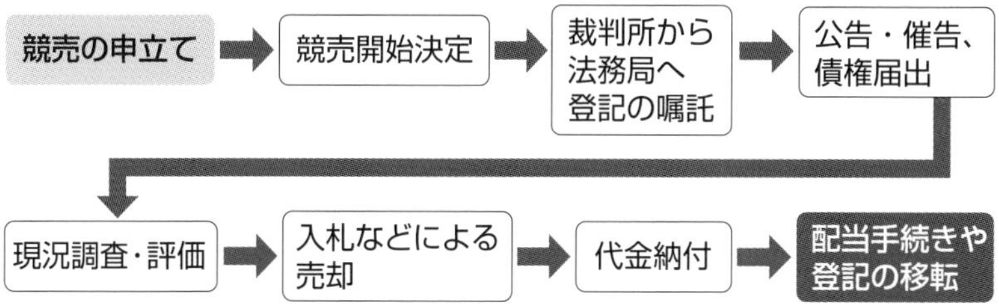

に催告します。届出によって、申立人の債権以外に、どれだけの債務を不動産が負担しているのか判明します。さらに裁判所は、執行官に対して現況調査命令を発し、不動産の占有状態などを調査させ、評価人に対して評価命令を発し、不動産の評価額を鑑定させます。この結果、現況調査報告書と評価書が作成され、裁判所に提出されます。また、裁判所書記官は、賃借権の有無などを記載した物件明細書を作成します（３点セット）。

④　売却をする

裁判所は提出された現況調査報告書と評価書を基に、不動産の売却基準価額を決定します。そして、売却期日（期間）も決定し、物件明細書等を誰もが閲覧できる状態にします。これを閲覧して競売に参加することになります。売却の方法には、競り売りや入札などの方法があります。

⑤　配当をする

不動産の代金が納付されると、配当段階に入ります。裁判所は配当期日を指定し、申立人や届け出た債権者などに対して、配当期日に配当を行うことを通知します。

納付された不動産の代金ですべての債権を満たすことができない場合には、それぞれの債権者に対する配当額は、担保権の優先順位や債権額に応じて決定されます。

３点セット

現況調査報告書、評価書、物件明細書の３つのこと。いずれも裁判所が公開している競売物件の資料である。

競売の方法

現在では、ほとんどが期間内での入札方式が採用されている。競落人が決定し、その者が代金を納付すると所有権も移転する。

民事保全

民事保全の意義を理解しておく

■ 裁判所に暫定的な救済措置を求める制度

たとえば、訴訟を利用して債権を回収する場合、訴えの提起にはじまり、審理の結果として勝訴判決を得てから債務者の財産に強制執行をかけて、現実に金銭の支払いを得ることになります。このとき、勝訴判決などの債務名義を得たからといって、すぐに強制執行ができるわけではありません。債務名義をもとに、執行文つきの債務名義という書類を請求して得ることで、はじめて強制執行が認められます。

このように、裁判手続きにより債権を回収するには、勝訴するまでにかなりの時間がかかり、勝訴してからも一定の手続きが必要となります。これらの手続きを行っている間に、債務者が自分の財産を他の債権者や第三者に売却したり、浪費したり、隠匿したりしてしまった場合には、債権者は、債務名義を得たとしても、もはや強制執行をすることができません。わざわざ裁判を提起して、時間をかけて勝訴判決を得たとしても、債権の回収が不可能となる可能性もあるのです。そのため、債権者としては、訴訟を提起するに際して、債務者が財産を処分してしまうことを封じておく必要があります。

この場合に利用できる手段が民事保全手続きです。

民事保全
民事訴訟による審判が確定するのを待っていたのでは、債権者の権利の救済が困難になる危険があることから、それを回避するために、裁判所に暫定的な救済措置を求めて、裁判所の決定によりこれを執行する手続き。

強制執行
国家が債権者の請求を強制的に実現する手続き。

■ 民事保全の種類

民事保全の種類は以下のように分類されます。

① **仮差押え**

金銭の支払いを目的とする債権（金銭債権）の保全のために、

民事保全の機能

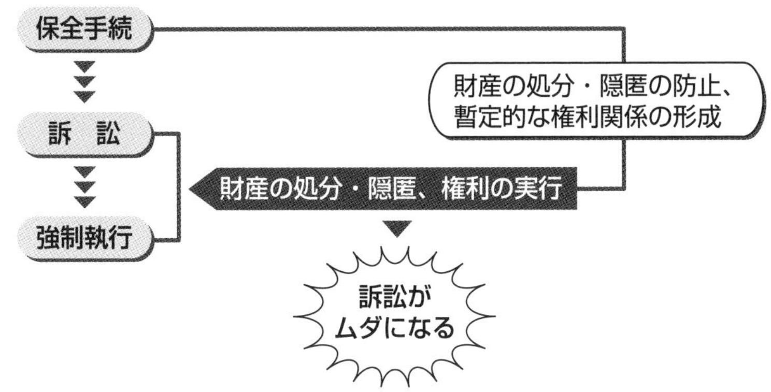

金銭債権の債務者が所有する特定の財産について現状を維持させるために利用されます。たとえば、AがBに対して金銭債権を有している場合に、Bの土地を仮差押えすることにより、Bはその土地の売却などの処分に制限が加えられます。

②　係争物に関する仮処分

特定物に対する将来の強制執行を保全することを目的とするものです。仮差押えと異なり金銭債権以外の権利が対象となります。たとえば、特定物の引渡請求権や登記請求権について、占有移転禁止の仮処分や処分禁止の仮処分によって、債務者は、現状からの変更を禁止されます。

③　仮の地位を定める仮処分（仮地位仮処分）

現在の争いのある権利関係について、権利関係が確定するまでに債権者に生じる損害・危険を除去するために利用されます。抵当権実行禁止、建築工事禁止、競売手続停止、出版差止めの仮処分などがあります。

PART3
5

民事執行・民事保全の手続き

民事保全手続きの流れ

保全命令の発令段階と執行段階に分かれている

■ 民事保全手続きの流れ

民事保全の申立ては、書面（申立書）によって行う必要があります。申立ては、原則として、本案の管轄裁判所または仮に差し押さえるべき物もしくは係争物の所在地の地方裁判所に対して行います。申立てを受けた裁判所は審理を行います。民事保全の審理は書面だけで行うことができますが、東京地裁や大阪地裁のように保全事件を扱う専門部がある裁判所では、全件について、債権者に対する裁判官の面接（審尋）が行われます。審尋では、被保全権利や保全の必要性、証拠の内容などについて裁判官が債権者に質問をします。

次に、裁判所は担保額を決定し、債権者はこの担保額を納付します。その後に裁判所が仮差押決定・仮処分決定などの保全命令を発令し、実際の執行がなされます。

■ 被保全債権の存在と保全の必要性について疎明をする

申立書には、①当事者（債権者・債務者）・代理人の氏名・住所、②申立ての趣旨、③申立ての理由を記載しなければなりません。申立ての理由には、被保全債権（債権者が主張する債権）と保全の必要性（債務者に財産がないこと、財産の消費・隠匿のおそれがあることなど）を記載します。

この申立ての理由の記載に基づいて、裁判所は審理を行います。保全手続きでの立証は「疎明」で足ります。疎明とは、裁判官を一応納得させる程度の説明で、裁判で必要とされる「証明」よりも程度が緩やかなものをいいます。

疎明

被保全債権が実際に存在することを裁判官に納得してもらえればよいことから、疎明に際しては、証人を呼ぶことはなく、被保全債権についての債務者との契約書などの書類を提出するだけで済む場合がほとんどである。

保全の必要性

たとえば、AがBに対して債権を持っている場合、Bが唯一の財産である不動産を売却処分しようとしており、この不動産が処分されるとAが勝訴判決を得ても強制執行をできる財産がなくなってしまう、などの具体的な事情が疎明できることが必要になる。

民事保全手続きの流れ

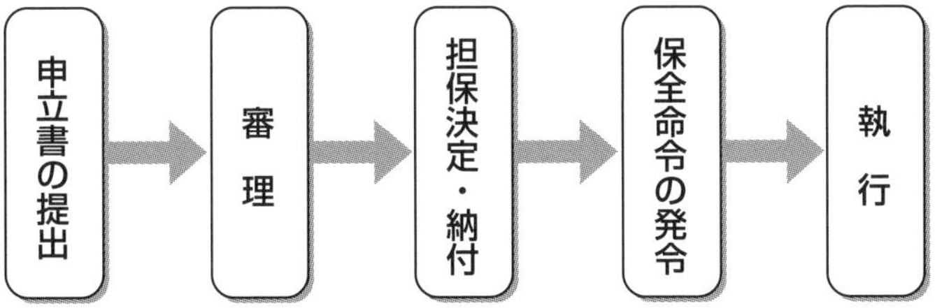

■ 債権者の審尋をする

保全処分の申立てについての裁判所の判断は、申立書と疎明資料だけでなされるのが原則です。これは、保全手続きの迅速性を確保するためです。しかし、実際には審尋という手続きがなされています。これは、裁判所に債権者（または代理人の弁護士）が出頭し、裁判官に証拠資料の原本を確認してもらい（通常、裁判所には証拠資料のコピーを提出します）、保全手続きの必要性を疎明し、担保（保証金）について裁判官と協議をする手続きです。

■ 担保（保証金）を立てる

仮差押え・仮処分は、原則として債権者の言い分だけに基づく、裁判所による「仮の」決定です。後日、債権者が提起した本案訴訟で債権者が敗訴することもあります。そのような場合には、仮差押え・仮処分の相手方には、損失が生じる可能性があります。そこで、裁判所は、債務者が被る損害賠償を担保する目的で、債権者（申立人）が一定額の担保（保証金）を納付することを求めることができます。

債権に対する仮差押え

たとえば、AがBに対して被保全債権をもっていて、BはC（第三債務者）に対して債権をもっているとする。この場合、AはBのCに対する債権について仮差押えができる。債権の仮差押えをする場合には、債務者の第三債務者に対する債権の存否などを確認する必要がある。なぜなら、債務者が第三債務者に対して実際には債権をもっていなかった場合には、仮差押えをしてもムダだからである。そのため、仮差押命令の申立てと同時に「第三債務者に対する陳述催告の申立て」も行う。

PART3
6

仮差押え

民事執行・民事保全の手続き

債務者から財産の処分権を奪っておく状態にする手続き

民事保全の対象にならないもの

本案（次ページ）の存在を予定していないものは民事保全の対象にはならない。たとえば、民事執行法55条・77条は、競売不動産を不当に占有して競売を妨害している者がいる場合に、差押債権者の申立てによって裁判所が占有を禁止することを命じることができると規定している。
しかし、これは単なる裁判所の執行命令にすぎず、差押債権者の具体的な本案の権利を実現しようとしているわけではない。

■ どんな場合に仮差押えをするのか

仮差押えとは、債務者が財産を処分することを暫定的に禁止する民事保全手続きのひとつで、金銭債権の将来の強制執行を保全するために行われる手続きです。

事例で説明すると、次のようになります。

ＡがＢに1,000万円を貸したが、Ｂは約束の返済期日が来ても返済しようとしません。ここで、あなたがＡＢどちらかの立場に立ってイメージして読み進めていけば、より具体的に理解していくことができるでしょう。ここでは、とりあえず債権者Ａの立場に立って読み進めていってください。

ところで、民事保全では、「債権者」「債務者」という言葉が頻繁に出てきます。通常「債権者」といえば、お金を貸している人間を指し、「債務者」といえば、お金を借りている人間を指します。しかし、民事保全の世界でいうところの「債権者」とは、単に民事保全を申し立てている側の人間を指し、「債務者」というのは、申立てを受けている側の人間という程度の意味だと理解しておいてください。

話を戻しますが、ＡはＢを相手どって、金を返せという民事訴訟を起こすことを決意しました。しかし、Ｂのめぼしい財産といえば、Ｂが所有している持ち家だけです。さらにＢは、他にも何件か借金を抱えています。このままだと、いつ何時、Ｂが持ち家を処分してもおかしくありません。もし処分されてしまうと、たとえＡが裁判を起こして勝訴しても、後日資力のなくなったＢからお金を返してもらうことができなくなります。

仮差押え

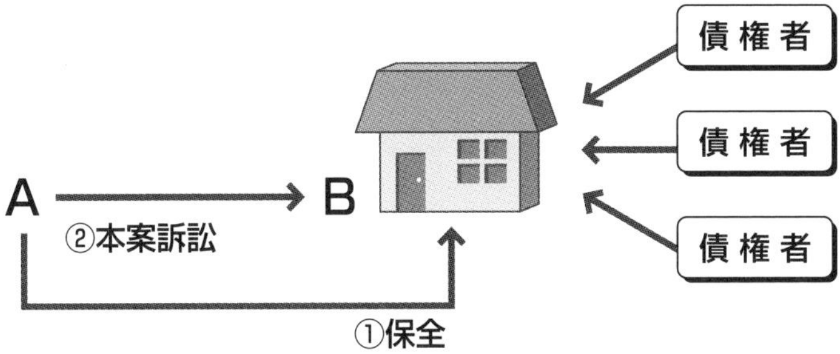

そこで、AはBの持ち家が処分されてしまうことがないように、持ち家という唯一の財産を守っておく（保全しておく）必要があります。このように、AがBから、（民事上の）貸金債権をとりはぐれないようにするために、Bの財産を処分することができない状態にしておく（保全しておく）手続きが仮差押えです。

ところで、仮差押えの手続きをとったAは、民事裁判（貸金返還請求訴訟）を起こさなければなりません。仮差押えは、あくまでも、民事裁判で争っていく権利を一時的に保全（確保）しておくという程度の意味しかありません。ですから、裁判（訴訟）を起こさなければ、仮差押えの申立てそのものが裁判所に取り消されてしまうこともありますので注意してください。

なお、仮差押えなどの保全手続きに対して、民事訴訟で争っていく事件（本例でいえば貸金返還請求事件）のことを本案訴訟といいます。

このように、仮差押えや仮処分といった民事保全手続きは、本案の権利の実現という債権者本来の目的を達成していくために、本案訴訟に先立って（もしくは並行して）申し立てていく手続きです。

特殊保全

民事保全手続きの多くは民事訴訟法の規定の準用（解釈によるあてはめ）によって行われるが、中には他の法令に保全手続きを委ねているものもある。たとえば、会社法、会社更生法、民事再生法、家事審判法の保全命令や行政事件訴訟法に規定された処分の執行停止などである。これらを特殊保全という。

仮処分

金銭債権以外の権利を保全する手続き

■ 係争物に関する仮処分

仮処分には、①係争物に関する仮処分と②仮の地位を定める仮処分の２種類がありますが、ここでは、まず、係争物に関する仮処分について説明します。

係争物に関する仮処分は、さらに２種類に分けることができます。１つは占有移転禁止の仮処分で、もう１つは、処分禁止の仮処分です。

係争物
訴訟において争いとなる目的物。

①　占有移転禁止の仮処分

アパートの賃貸人であるＡがＢに部屋を貸しました。Ｂは、実際にその部屋に居住しているものの、やがて賃料を滞納するようになり、滞納期間は現時点で半年間に及んでいるとします。Ａは滞納賃料相当額をＢに催促しましたが、Ｂはまったく支払おうとはしません。そこで、ＡはＢの賃料不払いを理由として建物明渡請求訴訟を提起しました。

ところが、なおも占有を続けるＢは、Ｃにこの部屋を転貸してしまった場合、Ａは明渡請求訴訟においてＢに対する勝訴判決を得たとしても、Ｃに対しては、Ｂに対する勝訴判決に基づいて明渡しの強制執行をすることはできません。

しかし、占有移転禁止の仮処分の申立てをしておけば、仮処分後にＢがＣに部屋を引き渡しても、Ａは、Ｂがこの部屋を占有しているものとしてＢを被告とする明渡請求訴訟を提起または維持することができます。さらに、この部屋を占有しているＣに対しても、Ｂに対する勝訴判決に基づいて明渡しの強制執行をすることができるようになります（ただし、承継執行文が

仮処分の分類

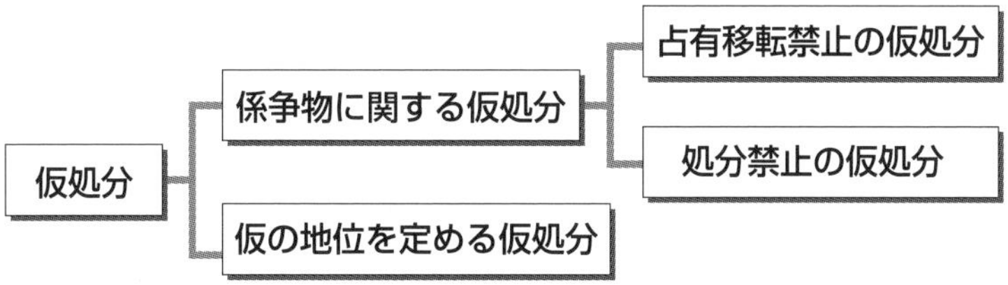

占有移転禁止の仮処分

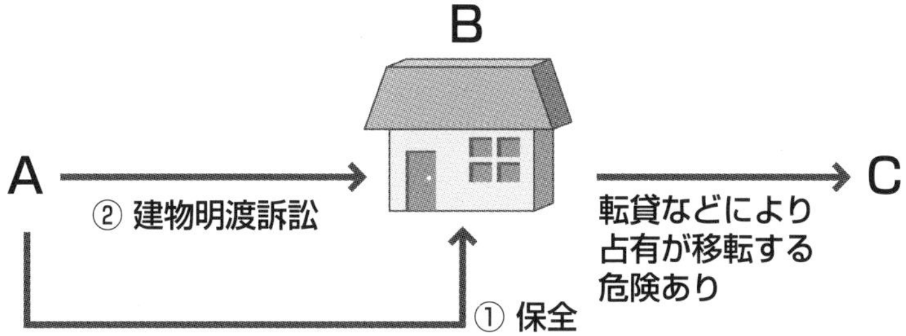

必要です）。

② 処分禁止の仮処分

登記請求権などの金銭以外の請求権を保全するために債務者の財産を確保する場合は、処分禁止の仮処分の方法があります。以下、具体例に沿って説明します。

ＡがＢから土地を購入し、代金を支払いましたが、Ｂは土地の所有権移転登記手続きに協力しようとしません。そこで、ＡはＢに所有権移転登記請求訴訟（本案訴訟）を提起したとします。ところが、訴訟の最中に、Ｂが第三者Ｃにこの土地を二重に譲渡し、C名義の所有権移転登記をしてしまった場合（処分してしまった場合）はどうなるでしょうか。

Aからすると、すでに登記名義人でなくなったBに対して「登記名義を自分に移せ」という請求をしていることになるため、Aは、あらためてCに対して所有権移転登記請求訴訟を提起する必要が出てきてしまいます。

そこで、このような事態を防ぐため、Aは裁判所に対して「Bが土地を処分することを禁止してくれ」という処分禁止の命令の申立てをして、土地の所有権が移転することを防止する必要があります。なお、処分禁止の仮処分がなされた後も、土地の処分自体は可能ですが、Aの本案訴訟での勝訴が確定したときは、仮処分の後に土地を取得した第三者はAに対して権利を主張することはできなくなります。

本案
訴訟上の問題ではなく、実体法上の権利関係（請求権の根拠となっている法律など）についての主張のことを指す。本案についてどのような判断（裁判）を求めるかについての主張を本案の申立てと呼ぶ。

■ 仮の地位を定める仮処分

現在の争いのある権利関係について、権利関係が確定するまでに債権者に生じる損害・危険を除去するために利用されます。

たとえば、A会社の従業員Bが不当な理由で解雇されたため、BはA会社を相手どって、解雇無効確認訴訟を提起したとします。

ところが、この場合、A会社は自分たちが下したBの解雇という決断が法的に正当であるということをまったく疑っていません。ですから、解雇言い渡し後、Bは会社で働くことができなくなるので、当然Bは、給料をもらうこともできなくなります。

しかも、本案訴訟の判決が確定するまでには、数か月かかるのが通常です。そこで、Bとしては、その間の生活を保障してもらう意味も込めて、判決が下りるまでの賃金を保障してもらう手立てを講じておきたいところです。

その方法として、Bは、判決が確定するまで従業員としての地位を会社に認めさせて、賃金が支払われるように裁判所に申し立てることができます。これを従業員（労働者）の地位保全

処分禁止の仮処分

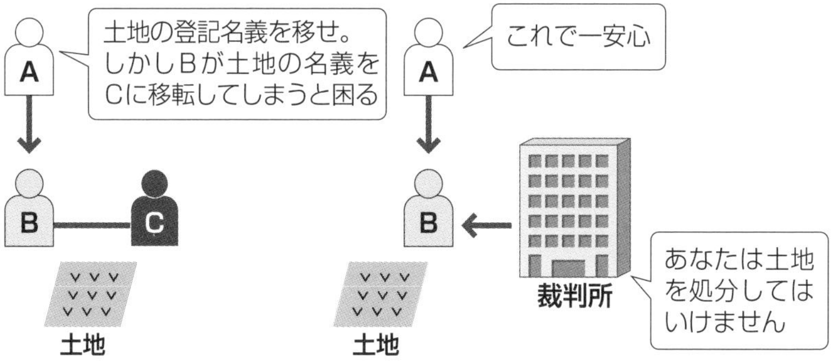

仮の地位を定める仮処分

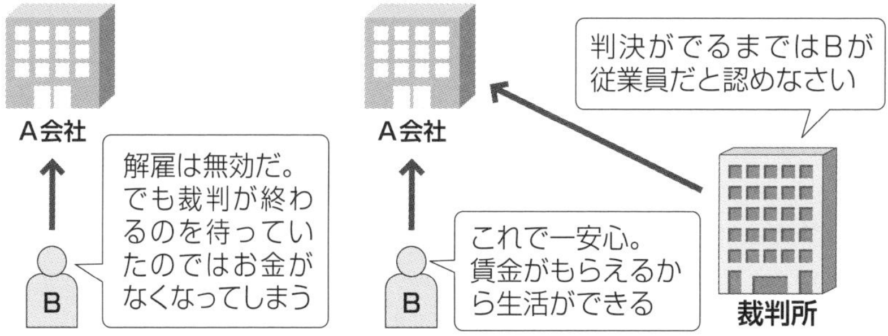

および賃金仮払いの仮処分の申立てといいます。

申立てが認められると、BのA会社における従業員としての地位が保障されると同時に、BはA会社に賃金の仮払いを請求することができるようになります。

Column

公正証書

公正証書とは、公証人という特殊の資格者（裁判官、検察官、法務局長など法律実務に長く携わった者の中から、法務大臣が任命する公務員）が法律行為や権利義務に関する事実について作成する文書をいい、客観的事実を証明することを役割としています。金銭消費貸借契約や不動産の賃貸借契約などの契約に関するものや、遺言や遺産分割協議などの法律行為に関するものに公正証書がよく用いられています。公正証書の作成手続は公証人法によって定められています。

公正証書は、一定の場合に執行力が認められます。つまり、強制執行を行うためには、その根拠となる債務名義が必要ですが、公正証書は民事執行法上の一定の要件を備えれば、債務名義となります。したがって、訴訟その他の裁判上の手続きを経ずに、公正証書に基づき強制執行を行うことが可能になります。ただし、公正証書は常に債務名義となり得るわけではなく、

公正証書に記載されている請求内容が、一定額の金銭の支払いまたはその他の代替物の給付を目的とするものであることが必要です。

また、債務者が「債務を履行しない場合には直ちに強制執行に服する無得を陳述した」などの、債務者が直ちに強制執行に服する旨の陳述が記載されていることが必要です（この記載を執行受諾文言（執行認諾約款）といいます）。

たとえば、金銭消費貸借契約において、契約書を強制執行認諾約款付の公正証書によって作成することによって、債権者は、返済期限が過ぎても債務者が返済しない場合にこの公正証書に基づいて差押えや競売といった強制執行が可能となります。

公正証書は公証人役場で作成されます。当事者双方が出向くのが原則ですが、本人ではなく代理人に行ってもらうことも可能です。

PART 4

刑事訴訟法のしくみ

PART4
1

刑事訴訟法のしくみ

刑事訴訟法の基本

「真実の発見」と「基本的人権の保障」が重要な基本原則

■ 刑事訴訟法とはどのようなものか

刑事訴訟法は、刑事事件を処理する際の手続きについて定めた法律です。刑事訴訟の手続全体を通して守られるべき基本原則として、以下の４つが挙げられます。

①　実体的真実主義

実体的真実主義とは、犯罪の有無およびその内容を正確に明らかにすることを目的として、「犯罪を犯した者は必ず処罰する」と共に、「無実の者は決して処罰することがないようにする」ということを意味しています。

②　適正手続きの保障

正当な法律の手続きによらなければ、人の自由を拘束し刑罰を科すことができないという原則です（憲法31条）。この適正手続きの保障は、基本的人権を保障することを目的とするものであり、実体的真実主義と人権保障とのバランスがとれた手続きを保障するものです。

③　当事者主義

刑事訴訟の当事者とは、検察官と被告人・弁護人のことです。当事者主義とは、刑事訴訟の手続きを進める主導権を、これらの当事者に委ねようという考え方です。裁判所が刑事裁判の審判対象や証拠の収集活動などを行うとすると、中立・公平な判断をすることができなくなってしまうので、当事者にまかせるということです。

④　迅速な裁判

適正手続と同様、憲法に規定されている原則です。憲法37条１項は、被告人に迅速な裁判を受ける権利を保障しています。

刑事事件

窃盗や殺人など、法律に定められた犯罪を犯したと疑われる者について、本当に犯罪を行ったのかどうか捜査を行い、どのような刑罰を科すべきかどうか等について裁判によって決定する事件。
犯罪を行った者は、法律に基づき刑罰を科されるが、その前提として、本当に犯罪があったのかどうか、また犯罪者と疑われている者が真犯人なのかどうかを確定するための裁判が必要になる。そして、裁判によって「ある特定の人物がある特定の犯罪行為を行った」ことが確かだといえる程度に証明されたときにはじめて、刑罰を科すことができる。

適正手続の保障

権力者が自分の都合だけで「あいつを牢獄に入れろ」などということはできない、という考え方。

刑事訴訟の流れ

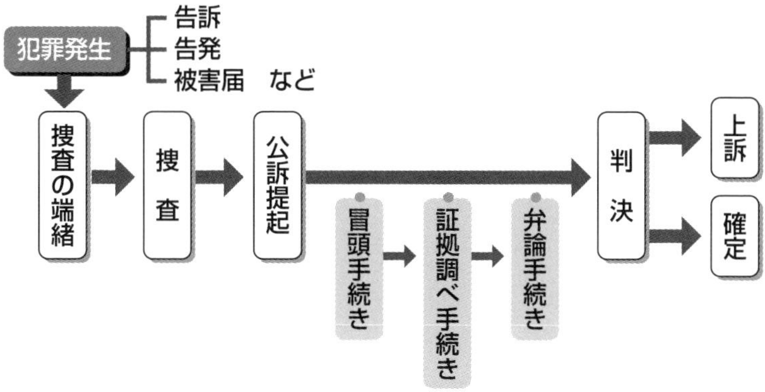

■ 刑事訴訟の当事者

刑事訴訟における当事者は、国家権力である捜査機関（検察官）と一市民である被疑者・被告人（およびその弁護人）であり、力の差があるものです。刑事訴訟法は、この力の差を考慮して対等な立場で裁判ができるようにするためにさまざまな規定を設けています。

被疑者とは、公訴提起前の捜査機関から嫌疑をかけられている者を指します。被告人とは、公訴を提起（起訴）された者です。

弁護人とは、被疑者・被告人の補助者としてその弁護を担当する者です。検察官とは、実際の訴訟における訴追者です。検察官は、警察官と共に捜査活動に携わる場合もありますし、被告人の有罪が確定すれば、刑の執行も指揮します。警察官は、刑事訴訟法上、司法警察職員と呼ばれます。

捜査については、警察官が主導的に行い、検察官は、警察官の捜査では足りない場合に、補充的に捜査を行うのが原則です。ただし、捜査に高度の法律知識を必要とする場合や、政治的に影響力の大きい事件については検察官が独自に捜査を行うことがあります。

弁護人の役割

法律的知識の面でも心理的な面でも非常に弱い立場に置かれている被疑者・被告人と、検察官を実質的に対等な立場にするため、検察官に対抗できる法律的知識をもつ弁護人に、被疑者・被告人を補助させることにした。このような理由から、弁護人の地位につくことができるのは、原則として弁護士だけとされている。

司法警察職員

おおよそ巡査部長以上の階級にある警察官を司法警察員、巡査の階級にある警察官を司法巡査といい、それ以外の警察官のことを「一般司法警察職員」という。また、麻薬取締官・労働基準監督官など、それぞれの分野の職員で、その職務をまっとうするために警察権限が与えられている者を「特別司法警察職員」という。

捜査の原則

裁判官の発した令状がなければ強制捜査は許されない

■ 捜査とは

捜査機関は、犯人と思われる被疑者の身柄を確保して、その被疑者が犯罪を行ったことを証明する証拠（証人や証拠物など）を収集します。このように、犯罪が発生したと考えられる場合に行われる証拠収集・保全、被疑者の身柄確保行為のことを捜査といいます。

捜査は、原則として、被疑者など捜査の対象となる者の意思に反して行ってはいけません。これを任意捜査の原則といいます。個人の意思に反して重要な権利・利益を制約する捜査（強制捜査・強制処分）を行うことができるのは、法律に定めがある場合に限られます（強制処分法定主義）。強制捜査は、被疑者の権利を侵害するおそれが非常に大きいので、任意捜査を捜査の基本としているのです。

■ 令状主義とは

憲法と刑事訴訟法は、「令状主義」と呼ばれる原則を採用しています。令状主義とは、裁判官の発した令状がなければ強制処分は許されない、という考え方です。強制捜査は、人権侵害を引き起こすおそれが強いため、中立・公平な立場にある裁判官にそれを許可する権限を与えることで、不当な強制捜査を抑止するために令状主義がとられています。

憲法33条は、現行犯逮捕以外の場合には、裁判官が発し、理由が明示されている令状によらなければ、逮捕されないことを人権として保障しています。

任意捜査の種類

任意捜査には、おもに以下のようなものがある。

① 任意同行
任意同行とは、捜査機関が犯罪の嫌疑を受けている者を、本人の同意を得て警察署などへ同行すること。

② 実況見分
捜査機関が視覚などの五官を使って犯罪に関係のある場所や物について認識する処分のこと。

③ 照会
捜査機関は公務所または公私の団体に必要な事項の報告を求めること。

判例の立場

道路交通法違反の疑いにより警察署で任意の取調べを受けていた被疑者が、部屋から出ようとしたところ、巡査が被疑者の左手首を両手でつかんだという事案において、手首をつかむ程度の行為は任意捜査において適法に認められる有形力の行使であるとするのが判例の結論である。

強制処分法定主義と令状主義

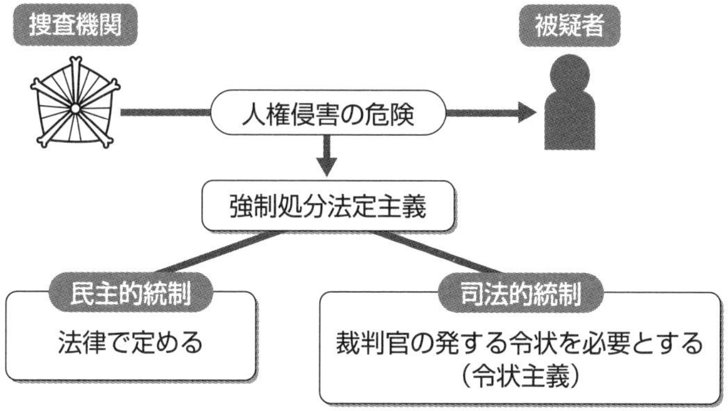

また、憲法35条は、憲法33条の場合を除いて、正当な理由に基づき裁判官が発し、捜索場所・押収物が明示されている令状によらなければ、住居侵入や捜索・押収をされないことを人権として保障しています。

刑事訴訟法では、この憲法の規定を受け、逮捕・勾留、捜索・差押えについて各種の令状に関する規定を置いています。

■ 強制処分法定主義と令状主義の関係

強制処分法定主義は、強制処分が法定されている場合だけに限定し、法定の手続きに従った場合にだけ認めるとするものです。そして、その法定手続きには、裁判官の発する令状を要することにして、捜査の適正を図ろうというわけです。

このように、令状主義は、強制処分法定主義を手続の上から保障するものだといえます。ただ、例外として令状によらない強制処分も認められている点に注意する必要があります。

強制処分法定主義の趣旨

捜査は、任意捜査（任意処分）を原則とし、強制捜査（強制処分）は、例外的に法律がとくに定めている場合だけ行うことができる。これを強制処分法定主義という。
法律の定める場合にだけ強制処分を認めることにした理由は、人権侵害の危険性が大きい強制処分を、法律に従わせることによって間接的にコントロールし、捜査機関によって濫用されることがないようにするためである。

PART4
3

刑事訴訟法のしくみ

捜査の端緒と被害届・告訴・告発の手続き

刑法犯の約９割は被害届が捜査の端緒となる

■ どんなものが捜査の端緒なのか

捜査の端緒とは、捜査機関に捜査活動を行わせるきっかけとなる事情をいいます。捜査の端緒としては、被害届や告訴・告発、自首、検視、職務質問などがあります。

① 被害届とは

被害者や被害関係者などが捜査機関口に提出する被害届は、被害者が犯罪の被害にあった事実を捜査機関に知らせる行為です。刑法犯の約９割は、被害届が捜査の端緒となっています。

② 告訴・告発とは

告訴とは、犯罪の被害者など告訴する権利を有する者（告訴権者）が、捜査機関に対して犯罪事実を申告し、その訴追を求める意思表示のことです。一方、告発とは、告訴権者および犯人以外の第三者が、捜査機関に犯罪事実を申告し、その捜査と訴追を求める意思表示です。

③ 自首とは

罪を犯した者が、犯罪が発覚する前に捜査機関に自己の犯罪事実を申告することを自首といいます。刑法上、自首は刑の減免事由とされています。

④ 検視とは

犯罪による死亡の疑いがある死体の状況を調べ、犯罪の疑いがないかどうかを確かめる処分を検視（司法検視）といいます。

⑤ 職務質問とは

職務質問とは、警察官が挙動不審な者を停止させて質問することです。

告訴と告発

告訴と告発では、それを行う主体が違う。また、告訴には親告罪について制限期間があるのに対して、告発には期間制限がないなどの違いがある。
告訴・告発を受けた検察官は、起訴するか不起訴とするかの決定を行うが、その決定は、告訴・告発をした者に通知することになっている（刑事訴訟法260条）。

行政検視

犯罪による死亡である疑いが全くないような不自然死体の場合（行き倒れ、自殺など）に、警察官が行う検視。公衆衛生、死体の処理、身元の確認などのために行われるもので、犯罪が行われたと思われる場合に行われる司法検視とは目的が異なる。

職務質問

職務質問の相手に対して所持品検査が行われる場合がある。所持品検査については、明文の根拠規定はないが、職務質問の効果をあげる上で必要かつ有効な行為といえ、職務質問に付随する行為として行うことができるとするのが判例である。ただし、所持人の承諾を得て行うのが原則とされている。

捜査の端緒

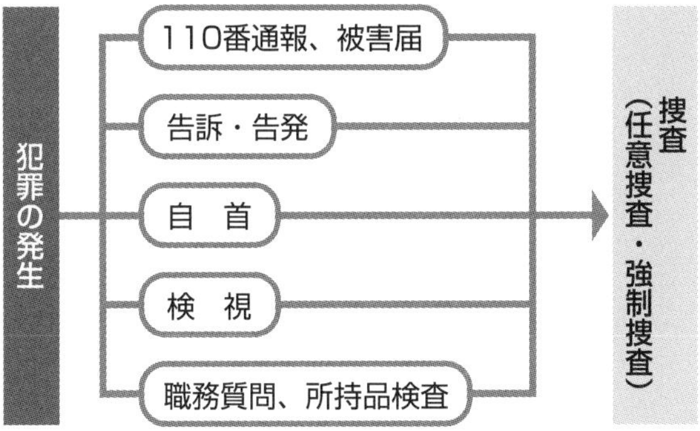

■ 告訴・告発の方法

告訴・告発を行う先は、司法警察員（巡査部長以上の警察官）または検察官です。原則としてその事件を管轄する警察署または検察庁に出向きます。

告訴・告発は、口頭でも書面でもかまいません。ただし、口頭による告訴・告発は直接行われなければならず、電話での告訴・告発は、正式には受け付けてもらえません。書面による場合は、告訴では「告訴状」、告発では「告発状」を作成します。告訴状・告発状は、形式面が整っていることが必要です。管轄の警察署や検察庁が正しく記載され、告訴人・告発人の住所・氏名などが記載されているかなどです。

内容的には、犯罪が成立していることを伝えなければなりません。ただ、実際に構成要件（犯罪成立要件）が満たされているかどうかの判断は非常に難しいので、弁護士などの専門家への相談が必要となることもあるでしょう。

告訴状・告発状の作成

告訴状・告発状については、形式・内容の双方にわたって、守らなければならない約束事があるので、事前に警察・検察に相談しておいてから手続きを進めるのが合理的である。

告訴・告発の際の注意点

告訴・告発には、書類の準備だけではなく、前もって証拠を収集し、確保しておく必要がある。
さらに、告訴・告発状は、正式に「受理」されなければ意味がない。実際上、警察や検察では、一応「預かり」の状態にして、正式に受理しないこともよくある。

PART4
4

刑事訴訟法の
しくみ

取調べ

近年では取調べの可視化が注目を集めている

■ 取調べについても規定がある

裁判所が起訴内容の犯罪事実を認定するためには、証拠が必要です。証拠には供述証拠と非供述証拠があり、取調べは、捜査機関が供述証拠を収集するために行うものです。

取調べとは、被疑者や被疑者以外の第三者に対し、口頭などで犯罪に関する事実を確認する捜査方法です。刑事訴訟法198条１項本文は、「検察官、検察事務官または司法警察職員は、犯罪の捜査をするについて必要があるときは、被疑者の出頭を求めこれを取り調べることができる」という形で、被疑者の取調べについて規定しています。また、同法223条１項は、被疑者以外の第三者についても、同様に、出頭を求めて取調べなどをすることができる旨を規定しています。

取調受忍義務

刑事訴訟法198条1項但書によると、逮捕・勾留されている被疑者には出頭義務があると解釈できるので、逮捕・勾留されている被疑者は、取調室に出頭して取調べに応じなければならない（取調受忍義務がある）とするのが捜査実務である。

■ 被疑者に対する取調べについて

取調べを開始するにあたっては、被疑者に対し、あらかじめ自己の意思に反して供述する必要がないこと（供述拒否権）を告げなければなりません。被疑者の供述は調書に録取（記録）することができます。この調書を「供述調書」といいます。供述調書について被疑者が誤りのないことを申し立てたとき、捜査機関は、供述調書への署名押印を求めることができます。被疑者の署名押印が備わった供述調書は、他に法定された要件を充たせば、後の公判で証拠として提出することができます。

供述調書

被疑者や参考人の供述を、警察官や検察官が調書に録取（記録）したもの。供述者の署名押印が備わった供述調書は、他に法定された要件を充たせば、後の公判で証拠として提出することができる。

取調べの全過程の録音録画

対象になる事件

【裁判員裁判対象事件】⇒殺人・傷害致死・強盗致死傷・
強制性交等致死傷・保護責任者遺棄致死・
危険運転致死　など

【検察独自捜査事件】⇒おもに特捜部が担当する賄賂・脱税事件　など

対象者　身柄拘束中の被疑者

■ 取調べの可視化とは

取調べの可視化とは、取調べにおける自白の強要の防止や被疑者の人権を保障するため、身柄拘束中の被疑者の取調べについて、その全過程の録音または録画を行うことをいいます。わが国では、取調べの全過程の録音録画の対象は、裁判員裁判対象事件や検察官独自捜査事件といった重大性の高い事件に限定されています。

裁判員裁判対象事件としては、殺人、傷害致死、強盗致死傷、強制性交等致死傷、保護責任者遺棄致死、危険運転致死などの人の生命に関する犯罪の他、現住建造物等放火、身代金目的誘拐、通貨偽造・偽造通貨行使、営利目的覚せい剤密輸などの重大犯罪が対象事件なので、これらの事件は取調べの可視化の対象となります。

■ 被疑者以外の取調べについて

被疑者以外の第三者に対する取調べも、被疑者に対する取調べと同様の形で行われます。取調べの対象となる第三者を「参考人」といいます。参考人の取調べは任意処分であるため、参考人には出頭拒否権や退去権がありますが、参考人取調べの際には、供述拒否権を告知する必要はありません。

検察官独自捜査事件

検察官が自ら認知して捜査を行う事件のこと。政治家や公務員による汚職事件や、法律や経済に関する高度な知識を要する企業犯罪などが対象となる。

任意性立証のための証拠調べ請求

捜査過程で作成される供述調書に関して、被疑者が任意に供述した内容であることを証明するため（任意性立証）に、検察側から録音録画記録の証拠調べ請求が行われることがある。

逮捕と勾留

逮捕と勾留は身体拘束の制限期間が異なる

■ 逮捕とは

逮捕とは、被疑者の身体の自由を拘束し、引き続き短時間、その拘束を継続することをいいます。逮捕には、通常逮捕、緊急逮捕、現行犯逮捕の３つがあります。

① 通常逮捕とは

裁判官からあらかじめ発付される令状（逮捕状）に基づいて逮捕する場合を、通常逮捕といいます。

通常逮捕に必要な要件は、ⓐ被疑者が罪を犯したことを疑うに足りる相当な理由があること（逮捕の理由）、ⓑ逃亡・罪証隠滅のおそれがあること（逮捕の必要性）です。

通常逮捕の手続き

逮捕状の請求者は、検察官と、国家公安委員会または都道府県公安委員会の指定する警部以上の司法警察員に限られている。また、逮捕状に基づき通常逮捕を行えるのは、検察官、検察事務官または司法警察職員に限られている。なお、逮捕状に基づき逮捕するときは、原則として逮捕状を被疑者に示さなければならない。

② 現行犯逮捕とは

現に犯罪を行い、または現に犯罪を行い終わった者を「現行犯人」といいます。また、一定の場合で、「罪を行い終わってから間がないと明らかに認められる者（準現行犯）」も現行犯人とみなされます。現行犯人は、誰でも令状なしで逮捕できます。これを現行犯逮捕（または準現行犯逮捕）といいます。

③ 緊急逮捕とは

現行犯逮捕の他に令状によらない逮捕として、緊急逮捕があります。ⓐ死刑、無期・長期３年以上の懲役・禁錮にあたる罪を犯したと疑われる充分な理由がある場合で、ⓑ急を要し、ⓒ裁判官の逮捕状を求めることができないときは、検察官、検察事務官または司法警察職員は、その理由を告げて令状なしで逮捕することができます。

緊急逮捕の手続き

緊急逮捕後は、すぐに裁判官に逮捕状を請求し、それが発せられないときはすぐに被疑者を釈放しなければならない。

準現行犯逮捕ができる場合

①犯人として追呼されている場合（「泥棒」と言われ、追いかけられているなど）

②贓物《ぞうぶつ》（盗品など）や明らかに犯罪に使われた凶器などを持っている場合

③身体や衣服に犯罪の顕著な跡が残っている場合（返り血がついているなど）

④誰何《すいか》（とがめ問うこと）されて逃走しようとする場合

上記①～④の場合で、「罪を行い終わってから間がないと明らかに認められる者」

■ 勾留とは

逮捕に続いて、被疑者に対して勾留が行われる場合があります。勾留とは、被疑者・被告人を拘束する裁判とその執行のことです。勾留には、起訴前に被疑者に対して行われる被疑者勾留（起訴前勾留）と、起訴後に被告人に対して行われる被告人勾留（起訴後勾留）とがあります。勾留は、被疑者の来るべき公判（刑事裁判）への出頭確保と証拠などの隠滅防止を目的に行われます。

逮捕の手続きは最大72時間しか被疑者を拘束できないのに対して、被疑者勾留（起訴前勾留）の場合は、原則として最長10日の拘束が可能となります。さらに、やむを得ない事由があれば、検察官の請求により、裁判官はこの期間を延長できますが、延長期間は通算して10日を超えることができません。つまり、被疑者勾留の期間は、最長で通算20日となります。

なお、内乱罪などの一部の犯罪については、さらに５日を限度に延長でき、最長で通算25日となります。

勾留理由開示請求権

勾留は長期の拘束が予定されているものである。そのため、被疑者の人権保障を図るという観点から、被疑者には「勾留理由開示請求権」が与えられている。

勾留と拘留

新聞などでは「拘置」という表現をすることが多く、勾留は刑罰のような印象を与えているが、刑罰ではない。刑罰として科される場合は「拘留」（刑法16条）という。

逮捕・勾留に関する原則

不必要な身体拘束を防ぐためにさまざまな原則がある

■ 国家権力の濫用から被疑者を守る

逮捕・勾留は、被疑者の身体を拘束するものであるため、濫用されて人権侵害を招くおそれがあります。そこで、不必要な身体の拘束を防ぐために、逮捕・勾留についてはさまざまな原則が定められています。

①　逮捕前置主義

逮捕前置主義とは「被疑者を勾留するにあたっては、同一の被疑事実を理由とする逮捕が先行していなければならない」という考え方をいいます。被疑者の逮捕・勾留の２つの段階で司法によるチェックを受けさせ、人権侵害を防ぐことを目的とするものです。

②　事件単位の原則

事件単位の原則とは、逮捕・勾留の効力は、逮捕・勾留の基礎となっている「事件（被疑事実）」にのみ及ぶという考え方です。

たとえば、Aが、甲という事件と乙という事件を引き起こしたとします。この場合、甲事件についてAを逮捕・勾留し、さらに乙事件についても逮捕・勾留するためには、甲乙それぞれ別個の逮捕状・勾留状を請求しなければならないというのが、事件単位の原則の考え方です。裁判官が個別の被疑事実を単位として逮捕・勾留の可否を審査するため、令状主義の精神からして、事件単位で逮捕・勾留を考えるのが基本原則となっています。

③　逮捕・勾留一回性の原則

同一事件について逮捕・勾留は１回しか許されないという原則を、「逮捕・勾留の一回性の原則」といいます。

事件単位の原則と逮捕前置主義との関係

逮捕前置主義によって求められる先行逮捕の有無は、事件単位の原則により、当該事件（被疑事実）のみを基準に判断することになる。

逮捕・勾留についての原則

- **逮捕前置主義** … 勾留の前には同一事件について逮捕が先行していなければならない
- **事件単位の原則** … 逮捕・勾留の効力は、被疑事実についてのみ及ぶ
- **逮捕・勾留の一回性の原則** … 同一事件については１回しか逮捕・勾留できない
  - **再逮捕・再勾留の禁止** … 時間を別にして同一事件の逮捕・勾留を繰り返してはならない
  - **一罪一逮捕一勾留の原則** … 一個の犯罪を分割して複数の逮捕・勾留をしてはならない

この原則から、「再逮捕・再勾留の禁止」「一罪一逮捕一勾留の原則」といった基本原則が導かれます。

再逮捕・再勾留の禁止とは、同一事件について、時を異にして逮捕・勾留を繰り返すことは許されないという考え方です。これは、刑事訴訟法が定めている逮捕・勾留による身体拘束期間の制限をまぬがれることを防ぐことを趣旨としています。ただし、一定の場合には、例外的に再逮捕・再勾留が認められています。

一罪一逮捕一勾留の原則とは、一罪の関係にある（１つの罪と評価される）犯罪行為を分割して考えて複数の逮捕・勾留をすることはできないという考え方です。

たとえば、他人の家に侵入して窃盗を行った場合、住居侵入罪で逮捕・勾留した後に窃盗罪で逮捕・勾留することは許されません。一罪を小刻みにして逮捕・勾留を繰り返すことを許しては、再逮捕・再勾留を認めることと同様の弊害が生じるからです。

一罪一逮捕一勾留の原則における「一罪」の考え方

ここでいう「一罪」とは実体法上の一罪をいう。左の事例では、住居侵入罪と窃盗罪が成立するが、両罪は「手段と目的」の関係にあるため、実体法上、「牽連犯（けんれんぱん）」に該当し、一罪として処理される。そのため、左の事例では、住居侵罪と窃盗罪とを分割してそれぞれの罪で2つの逮捕・勾留をすることは許されないのである。

逮捕後の措置

警察官は48時間以内に被疑者を検察官に送致する

■ 警察官（司法巡査・司法警察員）が逮捕した場合

司法巡査が被疑者を逮捕した場合には、すぐに司法警察員に被疑者を引き渡さなければなりません。司法警察員は、司法巡査から被疑者の身柄を受け取った場合、または自らが被疑者を逮捕した場合は、被疑者に対して、直ちに犯罪事実の要旨と弁護人を選任することができることを告げた上で、「弁解の機会」を与える必要があります。この際に「弁解録取書」という書面が作成されます。

そこから先の手続きは、逮捕した被疑者を留置する必要がないと判断した場合には、被疑者をすぐに釈放しなければなりません。留置の必要があると判断した場合には、司法警察員は、被疑者の身体が拘束された時から48時間以内に、書類・証拠物と共に、被疑者を検察官に送致する手続きをしなければなりません。

検察官が被疑者の身柄を受け取った場合、まず検察官は、被疑者に「弁解の機会」を与えて弁解録取書を作成します。

その後の手続きは、留置の必要がないと判断すれば、被疑者をすぐに釈放しなければならず、留置の必要があると判断すれば、被疑者を受け取った時から24時間以内で、かつ最初に被疑者が身体を拘束された時から72時間以内に、裁判官に勾留を請求しなければなりません。なお、この制限時間以内に公訴を提起した場合には、勾留の請求をする必要はありません。

勾留の執行

勾留請求がなされると、裁判官は、被疑者に対して被疑事実を告げ、それに対する言い分を聞く。これに基づき、裁判官が勾留の必要性なしと判断すれば、勾留請求は却下され、被疑者は直ちに釈放される。反対に、勾留の必要性が認められれば、勾留状が発せられ、検察官の指揮に基づき、司法警察職員などが勾留を執行することになる。

■ 検察事務官・検察官が逮捕した場合

検察事務官が被疑者を逮捕した場合は、すぐに検察官に引き

身柄拘束の時間制限

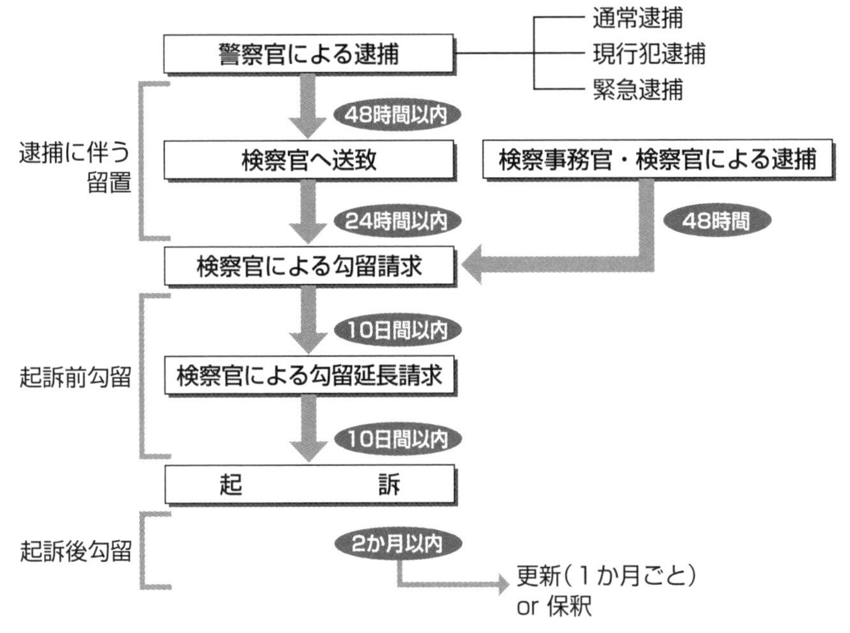

渡さなければなりません。検察官が検察事務官から被疑者の身柄を受け取った場合、または自らが被疑者を逮捕した場合には、検察官への送致がない分だけ、勾留請求までの時間制限がより厳しくなります。留置の必要がないと判断すればすぐに被疑者を釈放し、留置の必要があると判断すれば、被疑者が身体を拘束された時から48時間以内に、裁判官に被疑者の勾留を請求しなければなりません。警察官による逮捕の場合はこの時間制限は72時間以内なので、検察官・検察事務官による逮捕の場合はより厳しいものとなっているのです。

逮捕に関する時間制限を守ることができなかった場合

大地震などの天災や交通渋滞などのために被疑者の引致に著しく時間を要したなど、やむを得ない事情によって逮捕に関する時間制限に従うことができなかった場合であれば、検察官は、裁判官にその事情を説明して、被疑者の勾留を請求することができる。

PART4
8

別件逮捕・勾留

別の事件の取調べ目的で行われる逮捕・勾留のこと

■ 別件逮捕・勾留とは

ある事件（本件）について逮捕の要件が備わっていないのにその事件を取り調べる目的で、逮捕・勾留の要件を具備している別の事件（別件）で逮捕・勾留することを、別件逮捕・勾留といいます。

たとえば、本当はある殺人事件（本件）の容疑でＡを逮捕したいが、逮捕の要件が備わっていないときに、殺人事件の取調べ目的で、逮捕の要件が備わっている窃盗事件（別件）でＡを逮捕するような場合です。

このような別件逮捕・勾留はその適法性が問題となります。

■ どのような場合に別件逮捕・勾留は違法なのか

別件逮捕・勾留については、その適法性について激しく見解が対立しています。実務では、別件についての逮捕・勾留の要件を欠く場合に限り、別件逮捕・勾留は違法となるとしています（別件基準説）。そのため、前述の事例では、別件である窃盗罪について逮捕・勾留の要件が備わっているのであれば、このような逮捕は適法となります。そして、本件である殺人罪の取調べ目的で逮捕している点については、別件逮捕の適法性の問題ではなく、「余罪取調べ」の適法性の問題として処理されます。

これに対し、学説は、別件が逮捕・勾留の要件を備えていても、本件の取調べ状況や、別件についての逮捕・勾留の必要性、本件と別件の関連性などからして、もっぱら本件の取調べ目的で別件逮捕・勾留がなされたといえる場合には、別件逮捕・勾

余罪取調べの適法性

「余罪」とは、逮捕・勾留の理由である犯罪事実以外の犯罪事実をいう。このような余罪の取調べの適法性については、さまざまな見解がある。「余罪の取調べは原則として許されないが、例外的に、軽微な余罪や身柄拘束中に余罪が発覚した場合などには、余罪取調べは適法とされる」とする見解や、「余罪の取調べは原則として自由であるが、例外的に、令状主義を実質的に潜脱するような取調べは違法である」とする見解が有力である。

別件逮捕・勾留の適法性の考え方

別件基準説（実務）

別件についての逮捕・勾留の要件を欠く場合に限り、
別件逮捕・勾留は違法

➡ 本件の取調べ目的で逮捕している点は、余罪取調べの適法性の問題として処理

本件基準説（学説）

別件が逮捕・勾留の要件を備えていても、もっぱら本件の取調べ目的で別件逮捕・勾留がなされた場合には、
別件逮捕・勾留は違法

➡ 本件の取調べ状況や、別件についての逮捕・勾留の必要性、本件と別件の関連性などから判断

留は違法になると考えています（本件基準説）。

前述の事例では、もっぱら本件である殺人事件の取調べ目的で、別件である窃盗事件で逮捕・勾留した場合には、違法な別件逮捕・勾留となります。その判断としては、取調べの時間の大半が別件の窃盗事件ではなく本件である殺人事件に関するものであった場合や、窃盗罪での逮捕・勾留の必要性が乏しい場合、

また、窃盗事件と殺人事件の関連性が低い場合などには、「もっぱら本件の取調べ目的で別件逮捕・勾留がされた」という結論に傾きます。

■ 違法な別件逮捕・勾留が行われた場合

別件逮捕・勾留が違法である場合には、勾留請求や勾留延長請求は却下されます。

PART4
9

捜索・差押え・検証

捜索・差押えには原則として令状が必要

■ 物的証拠の収集方法

捜査機関が適正に捜査を行っていくためには、物的証拠の収集・保全が不可欠となります。物的証拠の収集・保全方法としては、任意処分である実況見分と、強制処分があります。ここでは、強制処分としてどんなものがあるかを見ておきましょう。

実況見分
検証と同じ内容を任意処分として行う場合のこと。

■ 捜索と差押えは不可分一体

犯罪事件に関係する物的証拠を収集・保全する手段として頻繁に利用されているのが、強制処分である捜索と差押えです。

捜索とは、一定の場所について、物または人の発見を目的として行われる強制処分のことです（102条）。捜索は、一般には差押えの前提として、その対象となる物を発見するために行われます。捜索の対象となるのは、被疑者やそれ以外の者の「身体、物又は住居その他の場所」です。

被疑者の身体・物または住居その他の場所に対する捜索は、「必要があるとき」に認められるのに対し、被疑者以外の者の身体・物または住居その他の場所である場合は「押収すべき物の存在を認めるに足りる状況のある場合」に限り許されます。つまり、被疑者以外の者について捜索を行う場合は、それを行うための要件がより厳しくなっているわけです。

一方、差押えとは、物の占有を強制的に取得する処分である「押収」の一種で、物理的な力を加えて、証拠物または没収すべき物と捜査機関がみなす物の占有を得る場合をいいます。たとえば、証拠となりそうな書類や手紙を、その占有者から強制

押収の種類
押収には、差押え、領置、提出命令がある。領置とは、遺留物や任意提出物の占有を取得する処分であり、提出命令とは、差押えの対象物を指定して、所有者・所持者・保管者にその物の提出を命じる裁判である。

捜索・差押え・検証

<table>
<tr><th colspan="2"></th><th>対象</th><th>行為</th><th>主体</th></tr>
<tr><td colspan="2">捜索</td><td>被疑者やそれ以外の者の身体・物・住居・その他の場所</td><td>物や人の発見</td><td rowspan="3">裁判所と捜査機関</td></tr>
<tr><td rowspan="3">押収</td><td>差押え</td><td>証拠物や没収すべきと考える物</td><td rowspan="2">物の占有の取得</td></tr>
<tr><td>領置</td><td>遺留物、所有者・所持者・保管者の任意提出物</td></tr>
<tr><td>提出命令</td><td>証拠物や没収すべきと考える物</td><td>所有者・所持者・保管者に提出を命じること</td><td>裁判所</td></tr>
<tr><td colspan="2">検証</td><td>場所・物・人</td><td>五官の作用による形状などの認識</td><td>裁判所と捜査機関</td></tr>
</table>

的に入手する行為が差押えの典型例です。

すでに述べた令状主義により、捜索・差押えには令状（「捜索差押許可状」）が必要になります。令状は、捜索・差押えの対象が不当に広がり、被疑者らの権利が侵害されることを防ぐために発せられるものですから、差押えの対象物件と捜索場所は、対象者に明確となる程度に特定されている必要があります。

■ 差し押さえられないものは検証する

証拠物の中には、足跡などのように差押え等を行えないものもあります。そのような場合には、物の状態を調書等に記録して証拠として残しておく他ありません。そのための手段として、検証があります。

検証とは、場所・物・人について、視覚等の五官の作用によりその形状等を認識する強制処分のことです。その方法そのものは実況見分と同様ですが、任意処分として行われる実況見分とは違って強制処分ですので、裁判官の発する令状（検証令状）が必要になります。

強制採尿を行う場合の令状

強制採尿は、令状を得た上で、医師に依頼してカテーテル（導尿管）を尿道に挿入し、体内から尿を採取する方法である。強制採尿は強制処分の一種であるので、令状が必要となる。判例は、強制採尿を捜索・差押えの一種と解釈して、「医師をして医学的に相当と認められる方法により行わせなければならない」旨の条件の記載がある「捜索差押許可状」に基づいて行うことができるとしている。

その他の物的証拠の収集・保全方法

鑑定がある。鑑定とは、特別の知識・経験を有する者による、事実の法則またはその法則を具体的事実に適用して得た判断の報告のことである。

PART4
10

科学的捜査

ポリグラフ検査、GPS捜査などがある

■ 科学的捜査とは

科学的捜査とは、医学・科学・生物学・物理学などのさまざまな専門分野の知識や技術を利用して行う捜査のことです。指紋や血液などの物質を検出することにより行う捜査や、声紋やDNAを鑑定する捜査等が行われます。科学的捜査の特徴は、供述などの主観性に基づくのではなく、結果が絶対的・一般的であるため、捜査の客観性を担保することができる点です。

しかし、科学的捜査であっても人権侵害が行われる危険性がある点や科学的捜査はどのような根拠で認められるのかどうかが問題となります。

科学的捜査の重要性

科学技術の進歩により、捜査も科学的に行われるようになってきた。科学的捜査は、広域化、組織化、密行化する犯罪を解明するのに有力な手段となり得る。

科学的捜査と黙秘権

黙秘権は、直接的には「供述」を対象とする。しかし、道路交通法上の呼気検査による「証拠の採取」は、実質的には「供述の強要」に等しいものであり黙秘権（憲法38条1項）の侵害とならないかが問題となったことがある。判例は、道路交通法上の呼気検査は、供述を強要するものではないことから、憲法38条1項には違反せず黙秘権の侵害とはならないと判断している。

■ 声紋鑑定・DNA鑑定

犯人の音声が録音されていた場合、声紋を分析することで被告人の音声との同一性を証明する捜査方法を、「声紋鑑定」といいます。また、DNA鑑定とは、遺伝子の本体であるデオキシリボ核酸（DNA）の塩基配列（A・G・C・Tの4種の組合せ）を比較することによって個人を識別する捜査方法です。血液鑑定より正確な識別が可能な鑑定方法として、証拠能力が認められ、科学技術の進歩に伴い、精度も向上しています。ただし、DNA鑑定結果の信頼性は、適格な検査者による正確な解析作業等が大前提です。そのため、鑑定資料の適正な保管等が精度に影響を与えることに注意が必要です。

おもな科学的捜査

- 声紋鑑定
- DNA鑑定
- 写真撮影・ビデオ撮影
- 通信傍受（盗聴）
- 秘密録音
- エックス線検査
- GPS捜査

など

■ 通信傍受（盗聴）

現に行われている他人間の電話その他の電気通信について、その内容を知るために、その通信の当事者のいずれの同意も得ないで聴取または録音する捜査方法を、「通信傍受」といいます。通信傍受は、通信傍受法で認められている操作方法です。なお、通信の当事者の一方の同意を得ている場合には「通信傍受」にはあたりません。通信傍受は、薬物や銃器、組織的殺人などの一定の犯罪について、その嫌疑が十分であることなどが必要となり、厳格な要件の下でのみ認められます。また、裁判官の発付する令状（傍受令状）によって行う必要があります。

通信傍受法

正式名称は、「犯罪捜査のための通信傍受に関する法律」。

■ ＧＰＳ捜査

捜査対象者の自動車やバイク等にGPS端末を取り付けて、位置情報を取得して追跡等を行う捜査方法を、「GPS捜査」といいます。

GPS捜査の適法性が問題となった事案において、判例は、GPS捜査は強制処分に該当するとした上で、GPS捜査は「検証」と同様の性質を有するものの、対象車両にGPS端末を取り付けることによって対象車両およびその使用者の所在の検索を行う点において、「検証」では捉えきれない性質を有するとし、GPS捜査を行うことは、強制処分法定主義に反するものであり、また、裁判官がGPS捜査を許容する令状を発付することはできないとしています。

被疑者の権利

黙秘権、弁護人依頼権、接見交通権などがある

黙秘権の範囲

憲法38条１項は黙秘権を規定しているが、判例によると、憲法上黙秘できる事項は「刑事上の責任を問われるおそれある事項」に限られる。これに対し、刑事訴訟法198条２項では、「取調に際しては、被疑者に対し、あらかじめ、自己の意思に反して供述をする必要がない旨を告げなければならない」と規定しており、被疑者について憲法よりも黙秘権の範囲を拡大して保障したものと解釈されている。この点は被告人についても同様である（刑事訴訟法311条１項）。

■ 黙秘権はなぜ保障されているのか

黙秘権は、被疑者の防御権の中心のひとつで、自己の供述したくない事柄について沈黙したままでいても、それを理由に不利益を受けないという権利です。黙秘権は、憲法38条１項で保障されています。これを受けて、刑事訴訟法は、被疑者と被告人に黙秘権を保障する規定を設けています。

黙秘権が保障されている理由は、自己への攻撃から身を守る権利は人間の自己維持本能に基づくものであり、人間として当然の行為であると考えられているからです。さらに、黙秘権の保障により、自白を引き出すための強引な取調べを防止することができます。

■ 弁護人依頼権・接見交通権とは

被疑者・被告人が、いつでも自由に弁護人に依頼して、その援助を受けられる権利を「弁護人依頼権」といいます。

また、身柄拘束中の被疑者や被告人が、弁護人（または弁護人になろうとする者）と立会人なく面会し、書類や物の受け渡しができる権利を「接見交通権」といいます。

接見交通権は、憲法が基本的権利として認めた弁護人依頼権を背後で支える非常に重要な役割を果たしています。判例も、接見交通権が「身体を拘束された被疑者が弁護人の援助を受けることができるための刑事手続上最も重要な権利に属するものであると共に、弁護人からいえばその固有権の最も重要なもののひとつ」だとしています。

黙秘権の保障

憲法38条1項

「自己に不利益な供述を強要されない」権利を保障

↓

黙秘権の告知

捜査機関は取調べの際、被疑者に対して、あらかじめ、自己の意思に反して供述する必要がないことを告知しなければならない（刑事訴訟法 198 条 2 項）

被告人の黙秘権

被告人は終始沈黙し、個々の質問に対して、供述を拒否することができる（刑事訴訟法 311 条 1 項）

刑事訴訟法39条は、接見交通権を重要な権利として保障している一方で、検察官送致前の留置段階では司法警察職員が、検察官送致後は検察官が、それぞれ「捜査のため必要があるとき」に接見の日時・場所などを示して、この日のこの場所でなければ弁護人は被疑者と接見できない、と一方的に指定できるようになっています。これを接見指定といい、接見交通権を制限するものです。

黙秘権の効果

黙秘権の効果としては、①黙秘権を行使しても刑罰などの制裁を受けない、②黙秘権を侵害して得られた供述は証拠とすることができない、③黙秘したことで不利益な判決を受けない、などが挙げられる。

捜査実務では、本当に捜査のため必要があるかどうか疑わしい場合にまで、接見指定をすることが少なくありません。そもそも刑事訴訟法が接見指定を認めていること自体が、憲法の保障する弁護人依頼権を侵害するのではないか、という問題提起がなされてきました。

しかし、判例は、捜査に対する配慮の必要性を理由に、接見指定が必ずしも憲法に反するものではないとしています。ただし、判例は、接見指定ができる「捜査のため必要があるとき」とは、「現に被疑者を取調べ中であるとか、実況見分、検証等に立ち合わせる必要があるなど、捜査の中断による支障が顕著な場合」に限定しています。

公訴提起と起訴便宜主義

起訴するかしないかは検察官の判断による

■ 公訴の提起と手続きについて

特定の刑事事件について裁判所の審判を求める意思表示を公訴といい、起訴状提出から始まる一連の刑事の訴えの手続きを「公訴の提起」あるいは「起訴」と呼びます。

公訴を提起する権限を公訴権といいます。日本では、公訴権は、国家機関のみが有し（国家訴追主義）、検察官が独占する権利となっています（起訴独占主義）。

公訴提起は、裁判所に起訴状を提出することによって開始されます。起訴状には、被告人の氏名その他被告人を特定するに足りる事項、公訴事実、罪名を必ず記さなければなりません。

公訴が提起された場合、裁判所は、訴訟条件が備わっている限り、起訴された事件を審判しなければなりません。起訴されたことで、公訴時効が停止し、犯罪の嫌疑をかけられている者の呼び名が被疑者から被告人へと変わります。

また、被告人には被疑者と異なり、保釈の権利が与えられます。保釈とは、保釈保証金の納付を条件として、被告人の身柄を解放（釈放）する裁判と執行のことです。

■ 起訴便宜主義とは

現行法では起訴するかしないかを決定する権限は検察官に委ねられています。起訴が可能な場合でも、検察官の判断によっては不起訴にできるようになっているのです。

刑事訴訟法248条はこのことを「犯人の性格、年齢及び境遇、犯罪の軽重及び情状並びに犯罪後の情況により訴追を必要とし

訴訟条件

公訴を提起して公判（刑事裁判）を維持するための条件のこと。訴訟条件を欠く場合は、裁判所は有罪・無罪の判断をせずに手続を打ち切ることとなっている。

起訴便宜主義の趣旨

刑事訴訟で起訴されて有罪の実刑判決を受ければ、前科者として以後の人生で社会的にさまざまな不利益を負うことが予想される。自業自得とはいえ、ごく軽い罪を犯したにすぎない者が、過重な不利益を受けることになるのは酷といえる。そこで、刑事政策的観点から、ときには不起訴にするなど柔軟な処理をすることができる起訴便宜主義が採用された。

起訴についての検察官の裁量

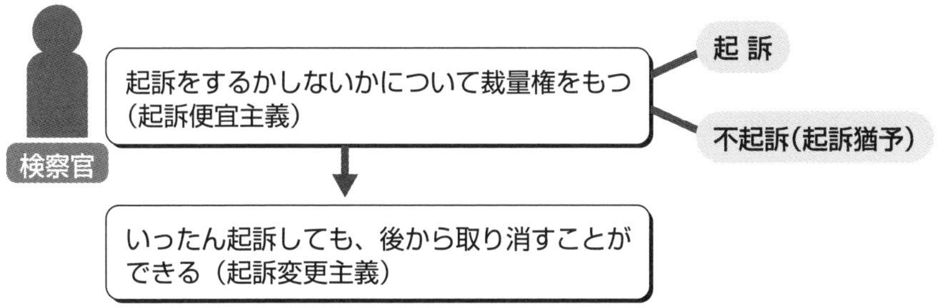

ないときは、公訴を提起しないことができる」という形で定めています。これに基づいて被疑者を不起訴とすることを起訴猶予といい、起訴猶予を認める法制度を起訴便宜主義といいます。

なお、これに対し、「犯罪の嫌疑が十分にあって、公訴時効も成立しておらず、公訴を提起する上で何ら法的な障害がない場合には必ず起訴しなければならない」とする制度を起訴法定主義といいます。

■ 起訴変更主義とは

起訴便宜主義を採用した以上、起訴後になって、不起訴処分とする事由が判明した場合には、公訴の取消しを認めるのが自然だといえます。そこで、刑事訴訟法は、公訴は第一審の判決があるまでは取り消すことができると定めています。これを起訴変更主義といいます。

公訴が取り消された場合、裁判所は公訴棄却の決定をして審理を打ち切ることとなります。この決定が確定した後は、検察官は、その後に新たに重要な証拠を発見しない限り、同一の事件について再度起訴することはできません。

起訴便宜主義と精密司法

起訴便宜主義の採用により、検察官は、犯罪の嫌疑についてだけでなく、訴追を行うかどうかの諸事情についても、十分な資料を集めなければならなくなった。その結果、検察官が起訴さえすれば有罪となるケースがほとんどとなり、「精密司法」といわれる反面、公判が形骸化する危険性があるとの批判もある。

公訴を提起できない場合

犯罪には原則として公訴時効が設けられている

■ 公訴時効にかかると起訴できない

犯罪行為が終わってから一定の期間が経過すると、起訴することが許されなくなります。この期間のことを公訴時効といいます。公訴時効が完成した場合、公訴を提起しても免訴の判決を受けることとなります。ニュースやテレビドラマなどで犯罪の時効がとり挙げられることがありますが、その場合の時効とは公訴時効のことを指します。

公訴時効が設けられている理由については、「時間の経過により、一般人の処罰感情が薄らぐ」「証拠の散逸により真実発見が困難になる以上、起訴を許すべきでない」といった理由が挙げられています。

ただ、被害者や遺族の処罰感情が時の経過で薄れるとはいえませんし、捜査方法の進歩により、真実発見が困難になるとも言い切れません。そのため、平成22年４月に施行された刑事訴訟法の改正により、殺人罪や強盗殺人罪など、人を死亡させた罪で法定刑に死刑がある罪については公訴時効が撤廃されています。

なお、有罪が確定して刑の言渡しを受けた後、一定の期間が経過すると、その刑の執行権が消滅します。これを「刑の時効」といいます（刑法31条以下）。刑の時効によって、国家の刑罰執行権が消滅するものであり、一定期間の経過によって起訴が許されなくなる公訴時効とは異なります。

免訴の判決
裁判所が有罪・無罪の判断をせずに、手続きを打ち切る判決。この場合、検察官は公訴を再び提起することはできない。

■ 親告罪は告訴がなければ起訴できない

告訴があることが公訴を提起する条件となる犯罪を親告罪と

公訴時効の期間

人を死亡させた罪以外の罪の種類	期 間	人を死亡させた罪の種類	期 間
死刑にあたる罪	25年	死刑にあたる罪	
無期懲役・無期禁錮にあたる罪	15年	無期懲役・無期禁錮にあたる罪	30年
長期15年以上の懲役・禁錮にあたる罪	10年	長期20年の懲役・禁錮にあたる罪	20年
長期15年未満の懲役・禁錮にあたる罪	7年	上記以外	10年
長期10年未満の懲役・禁錮にあたる罪	5年		
長期5年未満の懲役・禁錮にあたる罪	3年		
拘留・科料にあたる罪	1年		

いいます。つまり、被害者が告訴して処罰を望む場合に限って起訴できることとなっています。

おもな親告罪としては、未成年者略取・誘拐罪、名誉毀損罪、侮辱罪、器物損壊罪などがあります。また、窃盗罪、詐欺罪、背任罪、横領罪、恐喝罪については、配偶者・直系血族・同居の親族以外の親族が犯人である場合には親告罪となります。と

なお、平成29年の刑法改正によって、それまで親告罪とされていた強姦（強制性交等）罪や強制わいせつ罪などの性犯罪が非親告罪となりました。

親告罪の場合、告訴することができる告訴期間に制限があり、原則として犯人を知った日から6か月を経過したときは、告訴をすることができなくなります。

性犯罪の非親告罪化の理由

被害者の名誉・プライバシー等を保護するために親告罪とされていたが、実際には被害者に告訴をするか否かの選択を迫ることになり、かえって被害者の精神的な負担となっていたため、これを考慮して非親告罪とされた。

起訴状一本主義

裁判官が予断をもたないようにするためのもの

■ 予断排除の原則とは

裁判所は、中立・公平な立場から裁判を行わなければなりません。ですから、裁判官が予断と偏見をもって裁判に臨むことがあってはなりません。このように、裁判官の予断・偏見を防止するため、白紙の状態で裁判に臨むことにするルールのことを予断排除の原則といいます。

予断排除の原則のあらわれとしては、以下に述べる「起訴状一本主義」が重要ですが、他にも裁判官の除斥・忌避・回避や公訴の提起後第一回公判期日まで勾留に関する処分を事件に関与しない裁判官が行うことなどがあります。

■ 起訴状一本主義とは

起訴状には、裁判官に、事件に関して予断を生じさせるおそれのある書類などを添付したり、その内容を引用してはならないという原則を起訴状一本主義といいます。

起訴状に証拠を添えることは、当然に許されません。証拠が裁判官に予断を抱かせるものであることは明白だからです。

また、起訴状に被告人の前科・経歴・性格などを記載することも余事記載であり禁じられています。ただし、判例は、被告人の前科であっても、公訴事実の構成要件となっている場合や公訴事実の内容となっている場合には、公訴事実を示すのに必要であるため適法としています。また、判例は、被告人の経歴・性格などを被害者が知っていることに乗じて恐喝を行った場合、被告人の経歴・性格などを起訴状に記載することも許さ

起訴状一本主義

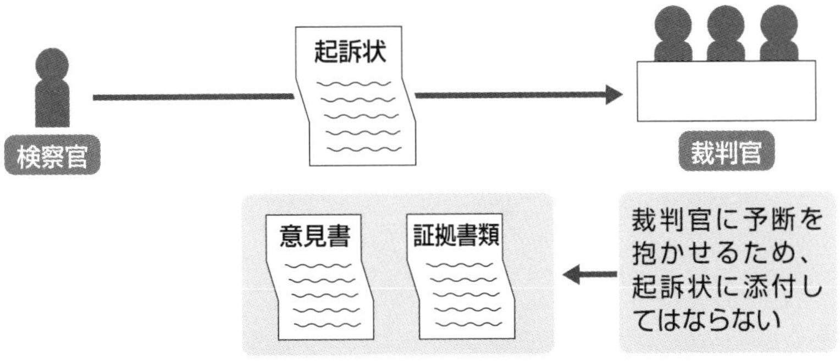

れるとしています。

起訴状には予断を生じるおそれのある書類の内容を引用することも禁じられています。ただし、判例は、脅迫罪（恐喝罪）・名誉毀損罪について、脅迫文書や名誉毀損文書の原文全部あるいは一部を起訴状に記載することを許しています。その理由は、これらの文書が脅迫罪（恐喝罪）・名誉毀損罪に関する公訴事実の一部をなすものであるから、「裁判官に事件につき予断を生ぜしめるおそれのある書類の内容を引用したものというにはあたらない」ということにあるとされています。

■ 起訴状一本主義に違反した場合

起訴状一本主義に反する記載があった場合には、その起訴状は無効となります。一度、裁判官に予断を与えてしまった以上、後からこれを治癒することはできないからです。

この場合、裁判所は、公訴提起の手続違反を理由に公訴棄却の判決を下すことになります。

公訴棄却

刑事訴訟において、実質的な審理に入る前に手続を打ち切ること（刑事訴訟法338〜339条）。
起訴状一本主義に違反して公訴が提起された場合の他、被告人に対して裁判権を有しないとき、公訴の提起があった事件について、さらに同一裁判所に公訴が提起されたとき、公訴提起の手続に関する規定に違反し公訴提起が無効であるときは、裁判所は判決で公訴を棄却しなければならない。

PART4
15

訴因

訴因は検察官が示した審判の対象である

■ 訴因とは何か

訴因とは、検察官が主張する具体的な犯罪事実のことです。起訴状には、「公訴事実」という標題の下に、「被告人は、令和○年○月○日の○時○分頃、大阪駅構内で甲から５万円在中の財布をすり盗った」というような犯罪事実（訴因）が記載されます。このように、公訴事実は訴因を明示して記載されます。訴因は、検察官が裁判所に対して審判を請求する範囲（審判対象）を明示すると共に、被告人に対して防御の範囲を示す役割を果たすものです。そこで、訴因の明示に際しては、裁判の審判対象が明らかになるように、審判の対象となる事実を明確に特定して記載する必要があります。

■ 訴因はどの程度特定されなければならないか

実際にどの程度の犯罪事実の記載があれば、訴因が特定しているといえるのでしょうか。

刑事訴訟法は、訴因を明示するための罪となるべき事実の特定は、「できる限り日時、場所及び方法を以て」行わなければならないとしています。なお、判例は、犯罪の種類、性質などにより、犯罪の日時・場所・方法を明確にできない特殊事情がある場合には、法の目的を害さない限り、幅のある表示も許されるとしています。

起訴状記載の訴因が特定されてない場合は、起訴は無効となります。ただし、この場合に裁判所はすぐに公訴を棄却するのではなく、検察官に訴因を補正（訴因の不備を補完して有効な

罪となるべき事実

「罪となるべき事実」とは、特定の犯罪の構成要件に該当する事実をいう。公訴事実を見れば、ある犯罪の構成要件に該当することが明らかになるように、具体的に特定して記載しなければならない。

公訴事実（訴因）の特定

起訴状には、「公訴事実」が記載されている

↓

「公訴事実」は、「訴因」を明示して記載しなければならず、「訴因」を明示するには、できる限り日時・場所・方法をもって「罪となるべき事実」を特定しなければならない

ものとすること）する機会を与え、その結果、訴因が特定されれば、起訴は有効とされています。

■ 訴因の予備的・択一的記載について

数個の訴因を予備的・択一的に記載することが認められています。これを「訴因の予備的・択一的記載」といいます。

① 予備的記載

ＡがＢを死なせたことは明らかだが、殺意の有無について疑問があるときに、「殺人、そうでなければ傷害致死」として、２個の訴因に順序をつけて記載するような場合がこれにあたります。

② 択一的記載

被告人が恐喝して財物を交付させたのか、だまし取ったのかわからないが、どちらで処罰してもかまわないという場合に、恐喝の訴因と詐欺の訴因を順序をつけないで択一的に記載するような場合がこれにあたります。

訴因変更

「公訴事実の同一性」の範囲で訴因を変更できる

■ 訴因変更とは

公判が進行する中で、提出された証拠から認められる事実と、検察官が公訴提起の際に示した訴因とが食い違っていることが判明する場合があります。この場合、いったん提起した公訴を取り下げて（公訴の取消し、257条）、新しい訴因で公訴の提起をやり直すことも考えられますが、それではこれまでの手続きがムダになってしまうだけでなく、被告人にも過大な負担をかけることになってしまいます。

そこで、法は、「公訴事実の同一性」を害しない限度において、検察官が訴訟の途中で、起訴状に記載された訴因を変更することを認めています。

公訴事実の同一性

新訴因と旧訴因の両者における、日時・場所・罪質などの基本的事実が社会通念上同一である場合をいう。具体的には、日時・場所・被害者など基本的な事実関係が共通または近接しており、一方の事実が認められると他方の事実が認められない関係にあることが必要とされる。

■ 訴因変更命令とは

訴因変更は、通常、検察官の請求に基づいて行われますが、裁判官が訴因変更を命令することもできます。これを「訴因変更命令」といいます。

現行法は当事者主義を採用していることから、審判対象である訴因の変更は原則として検察官の自由にまかせるべきですが、訴因の立証について裁判所と検察官との間に食い違いがある場合には、真実発見の見地から、裁判所は訴因変更を命じることが認められています。

なお、訴因変更をすれば有罪であることが証拠上明白であって、その罪が相当重大なものである場合を除き、裁判所は訴因変更命令をする義務はありません。さらに、訴因変更命令が出

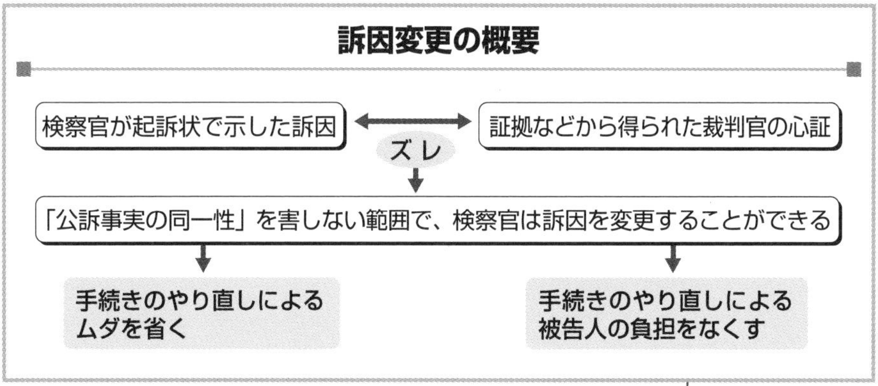

されたとしても、そのことにより直ちに訴因変更の効力が生じるのではなく、あくまでも検察官が訴因変更の請求をすることが必要となります。

■ 検察官が訴因変更が必要となるべき場合について

どのような場合に訴因変更が必要となるのでしょうか。具体的犯罪事実である訴因が審判対象である以上、具体的犯罪事実である訴因と裁判所の認定事実との間に食い違いが生じたときは、原則として訴因変更が必要となります。しかし、そのズレがわずかである場合でも常に訴因変更の手続きをとらなければならないというわけではなく、訴因と裁判所の認定事実との間に重要な食い違いが生じた場合に訴因変更が必要となると考えられています。具体的には、まず、訴因の特定のために必要な具体的事実について食い違いがある場合は、訴因変更が必要となります。次に、一般的に被告人が防御する上で重要な事項に食い違いがある場合にも、原則として訴因変更が必要となります。ただし、この場合であっても、被告人の防御の具体的な状況等の審理経過に照らして、被告人に不意打ちとならず、かつ、判決で認定される事実が訴因記載の事実と比べて被告人にとってより不利益であるとはいえない場合には、例外的に訴因変更は不要となります。

保釈

保証金を支払って被告人の身柄の拘束を解く制度

■ 保釈とは

一定額の保証金を納付させ、勾留中の被告人をいったん解放することを保釈といいます。保釈は、起訴後に認められるものであり、起訴前、つまり被疑者段階では認められません。保釈された被告人が、その後の公判期日に出頭しない場合には保証金は返還されないことになるため、被告人に経済的・精神的なプレッシャーをかけて、公判への出頭を確保する制度です。

保証金の額は、犯罪の性質や情状、被告人の性格・資産などを考慮して決められます。政治家の汚職事件などでは数億円の保釈金を積ませることもありますが、一般的には150万円から300万円であることが多いようです。保釈を許す場合には、被告人の住居を制限するなど、一定の条件を付けることができます。

保釈の請求権者

保釈は、被告人・弁護人の他、被告人の法定代理人、保佐人、配偶者、直系親族、兄弟姉妹が請求することができる。

■ 保釈には３種類がある

保釈には、権利保釈、裁量保釈、義務的保釈の３種類があります。

①　権利保釈（必要的保釈）

一定の除外事由がある場合を除いて、被告人や弁護人などから保釈の請求があれば権利として保釈が必ず認められます。

除外事由として、以下の６つのうちいずれかに当てはまる場合には、権利保釈は認められません。

ⓐ　死刑または無期もしくは短期１年以上の懲役・禁錮にあたる罪を犯したとき

ⓑ　死刑または無期もしくは長期10年を超える懲役・禁錮にあ

保釈の手続き

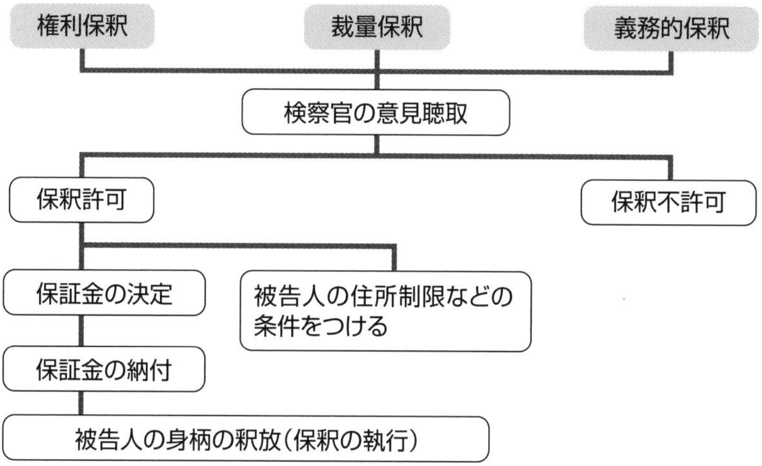

たる重罪の前科があるとき

ⓒ　長期３年以上の懲役・禁錮にあたる罪の常習犯のとき

ⓓ　罪証隠滅のおそれがあるとき

ⓔ　被害者その他一定の者に対する加害のおそれがあるとき

ⓕ　氏名不詳・住居不明のとき

②　裁量保釈（任意的保釈）

裁判所は、権利保釈の除外事由がある場合でも、保釈することを適当と認めるときは、職権で保釈を許可することができます。

③　義務的保釈

裁判所は、勾留による拘禁が不当に長くなったときは、請求により、または職権で保釈を許可しなければなりません。

裁量保釈の考慮要素

裁判所は、①保釈された場合の被告人が逃亡しまたは罪証を隠滅するおそれの程度、②身体拘束の継続によって被告人が受ける健康上、経済上、社会生活上または防御の準備上の不利益の程度、③その他の事情を考慮して判断する。

PART4
18

公判の基本原則と裁判所の訴訟指揮権

訴訟指揮権は訴訟を円滑に進行するための裁判所の権能

■ 公判手続きとは

公訴提起から裁判が確定し、事件が裁判所を離れるまでの全手続きを、公判手続きといいます。公判手続きは、刑事訴訟手続きの中核となるもので、第一審・控訴審・上告審に分けることができます。公判手続きにおける審理については、以下の原則が重要です。

①　公開主義

審判は公開の法廷で行われなければならないという原則を公開主義といいます。公開主義は、公正な訴訟を確保するために不可欠な原則であり、憲法は、裁判の公開を制度として保障しており、さらに刑事事件についてはとくに被告人の人権として公開裁判を受ける権利を保障しています。

②　口頭主義

当事者の主張・立証などの公判期日の手続の進行は口頭で行うという原則です。口頭で行われることによって、訴訟当事者は同時に情報を把握し共有することができるため効率的です。また、裁判官も、訴訟当事者や証人の口から直接その主張を聞くことで書面よりも直接的な情報を得ることができます。密室裁判となることを防ぐことにもなるので、公開主義の保障にもつながります。

③　直接主義

裁判の基礎にすることができるのは、裁判所が直接取り調べた証拠だけだという原則を直接主義といいます。

口頭主義に関する規定

刑事訴訟法は、公訴提起など厳格な方式を必要とする訴訟行為については「書面主義」を採用している（256条１項など）。一方で、判決をするには原則として口頭弁論を経なければならないとしている（43条１項）。
また、証拠書類の取調べ方法として朗読を要求し（305条・307条）、判決の宣告においても、主文と理由の朗読、または主文の労働区と同時に理由の要旨の告知を義務付けている（規則35条２項）。

法廷警察権の内容

予防的作用	傍聴人の規制（傍聴券の配布、所持品検査など）
	法廷の警備（警察官の派出の要請など）
	報道規制（写真撮影、録音、放送の制限など）
排除的作用	入退廷命令、在廷命令、発言禁止命令など
	退廷命令の執行 （廷吏・法廷警備員などによる退廷の強制的実現）
罰則など	裁判所の命令に従わず、職務執行を妨害する、裁判の威信を害するなどの行為があった場合、裁判所は、行為者の拘束を命じることができ、20日以下の監置、3万円以下の過料に処すことができる
	法廷警察権による命令に違反し、職務執行を妨げた場合には、刑罰として審判妨害罪に処せられる

■ 訴訟指揮権、法廷警察権とは

訴訟指揮権とは、訴訟の進行を円滑に行うために、裁判所が当事者の活動をコントロールする権利のことです。訴訟指揮権は、公判期日の内外を問わずに認められるものですが、公判期日においては裁判長が訴訟指揮を行います。

訴訟指揮権の具体例としては、たとえば、検察官や弁護人が証人尋問の際に、重複する質問をしたり、事件に関係のない質問をした場合、裁判長は、訴訟指揮権を行使して質問を制限することができます。

訴訟指揮権の1つに法廷警察権があります。法廷警察権とは、法廷の秩序維持のために、裁判官の職務の執行を妨げたり、不当な行いをする者に対して、退廷命令など相当な処分を下すことができる裁判所の権限のことです。

裁判所（裁判長）は、法廷警察権を行使することによって、法廷の秩序を維持し、適正な審理を行うことができるようになります。

PART4
19

公判準備

公判期日の審理を円滑にするための準備

公判期日

裁判所、検察官、被告人、弁護人、その他の訴訟関係者が、公開の法廷で訴訟行為（訴訟手続において裁判所や検察官、被告人それぞれが行う行為）をするために指定された日時のこと。

■ 公判準備は公判のための準備活動

公訴が提起され、裁判所が起訴状を受理すると、第一回公判期日へ向けた準備が始まります。公判期日に充実した審理を円滑に行うには、事前にその準備をしておくことが不可欠だからです。

■ 裁判所による公判準備

まず、裁判所から起訴状の謄本が被告人に送り届けられます。公訴の提起があった日から２か月以内に起訴状の謄本が被告人の手元に届かないときは、公訴の提起は効力を失い公訴棄却の決定がされることになります。公訴の提起から被告人に対する起訴状謄本の送達までにあまりにも時間がかかりすぎると、被告人の防御にとって不利益が生じるためです。

また、裁判所は、被告人に弁護人がいないときは、被告人に対して、①弁護人を選任することができること、②貧困などの事情により弁護人を選任できないときは国選弁護人の選任を国に請求できること等を知らせ、③死刑または無期あるいは長期３年を超える懲役・禁錮にあたる事件については、弁護人なしに開廷することができないため、弁護人を選任するかどうかなどを確かめなければなりません。

さらに、裁判所（裁判長）は、検察官および弁護人の都合などを確認した上で、公判期日を指定し、通知します。なお、第１回公判期日の指定については、起訴状の謄本が被告人に送達される前には行うことができません。

公判準備の概要

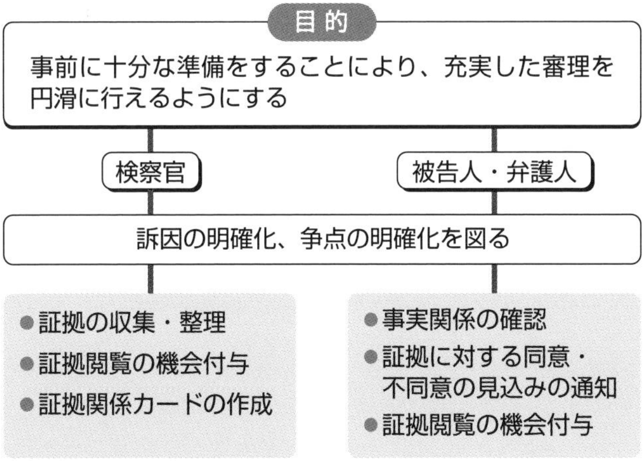

■ 訴訟当事者による公判準備

訴訟当事者である検察官・被告人・弁護人は、第１回公判期日前に、できる限り証拠を収集・整理して、審理が迅速に行われるよう準備しなければなりません。裁判所による公判準備手続きと並行して、訴訟当事者も積極的に公判に向けた事前準備を進めることが要求されています。

このような訴訟当事者による事前準備を促進するため、裁判所は、第１回公判期日前に検察官と弁護人を出頭させて、公判期日の指定その他訴訟の進行に関し必要な事項について打合せを行うことができます。ただし、予断排除の原則より、打合せが事件につき予断を生じさせるおそれのある事項にわたることはできません。

また、第１回公判期日においてとくに充実した公判審理を継続的、計画的かつ迅速に行うために準備をする手続きとして「公判前整理手続」があります。

予断排除の原則

186ページ参照。

PART4
20

冒頭手続き

人定質問、起訴状朗読、黙秘権等の権利告知、罪状認否の順に行われる

■ 冒頭手続きとは

公判準備が終わると、いよいよ公判が開始されます。まず、はじめに行われるのが冒頭手続きです。冒頭手続きとは、第一回公判期日における最初の手続きのことで、具体的には証拠調べに入る前までの過程を指します。

まず、被告人に対する人定質問が行われます。人定質問とは、被告人が人違いでないことを裁判長が確認するために行う質問です。通常は、被告人に対して氏名・生年月日・住居・職業などが尋ねられます。

人定質問に続いて、検察官による起訴状の朗読が行われます。起訴状の朗読は、口頭主義の要請に基づくものであり、公判廷で審判の対象を明らかにすると共に、被告人や弁護人に対して、防御の対象を明らかにする機能があります。

起訴状朗読が終わると、裁判長は、被告人に対し、黙秘権と訴訟法上の権利について告知します。具体的には、公判において被告人は終始沈黙し、または個々の質問に対し陳述を拒むことができること、陳述することもできるが陳述すれば自己に不利益な証拠にも利益な証拠にもなることを告げます。

黙秘権などが告知された後、被告人と弁護人には、被告事件について陳述する機会が与えられます。被告人・弁護人はこのとき、起訴状に書かれた事実の認否や、正当防衛・責任能力の有無などについて主張することになります。この起訴事実に対する認否を罪状認否といいます。

被害者の特定との関係

性犯罪などの一定の事件については、被害者の氏名等が公開の法廷で明らかにされることで被害者の名誉やプライバシーが著しく害されるおそれがあるため、裁判所は、被害者等の一定の者から申出があれば、被告人または弁護人の意見を聴いた上で、被害者の氏名・住所その他当該事件の被害者を特定させることとなる事項（被害者特定事項）を公開の法廷で明らかにしない旨の決定（被害者特定事項の秘匿決定）をすることができる。
被害者特定事項の秘匿決定が行われた場合には、検察官は、たとえば被害者の氏名について仮名を用いるなど、秘匿事項が明らかにならないように起訴状の朗読を行う。

冒頭手続き

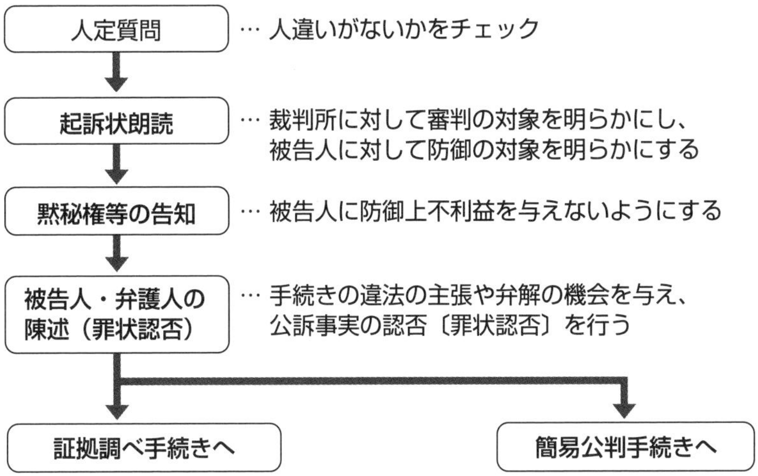

■ 罪を認めれば簡易公判手続きも

被告人が罪状認否において、起訴状に記載された訴因について有罪であることを認める陳述を行った場合、裁判所は、検察官・被告人・弁護人の意見を聴いた上で、簡易公判手続きによって審判する旨の決定をすることができます。

簡易公判手続きとは、通常の公判手続きと異なり、伝聞法則や証拠調べの方式が不適用になるなど、審判手続きが簡略化された公判手続きです。ただし、対象となる犯罪が死刑または無期あるいは短期１年以上の懲役・禁錮にあたる場合は、簡易公判手続きに入ることは許されません。

なお、捜査や公判準備は通常どおり行わなければならず、証拠調べ手続きが簡略となる以外は通常の公判手続きと大きな差はないため、実務ではほとんど利用されていません。

証拠調べ手続き

証拠調べを通じて裁判官の心証が形成されていく

証拠調べ手続き
証拠調べ手続きは、検察官の冒頭陳述→証拠調べ請求→証拠意見・証拠決定→証拠調べの実施という流れで行われる。

冒頭陳述
検察官が証拠によってどんな事実を証明しようとしているのかを陳述すること。

証拠調べの方法
証拠書類の取調べは、朗読や要旨の告知によって行われる。証拠物の取調べは、展示によって行われる。証人の取調べは、証人尋問による。

■ 冒頭陳述で検察側が立証しようとする事実が明らかに

冒頭手続きが終了した後、証拠調べ手続きに入ります。証拠調べとは、証拠の信用性を具体的に調べる手続きのことです。この証拠調べを通じて、裁判官は犯罪事実が存在するかどうかの心証を形成していくわけです。

証拠調べは検察官の冒頭陳述から開始されます。これは、検察官が証拠によってどんな事実を明らかにしようとしているのかを述べるものです。冒頭陳述では、被告人が犯行に及んだ動機・原因、犯罪が行われた日時・場所・方法、被告人の経歴や前科などが具体的に述べられていきます。

■ 証拠調べの請求とは

次に、検察官から、物的証拠や証人などの証拠調べの請求が行われます。検察官には、事件の審判に必要となるすべての証拠の取調べを請求することが義務付けられています。

証拠調べの請求は、書面によるのが原則であり（書面主義）、その際、証拠と証明すべき事実との関係を具体的に明示しなければなりません。この証拠と証明すべき事実の関係を立証趣旨といいます。

検察官から証拠調べの請求がなされた場合、裁判所はその請求を認めるのかどうかを判断しなければなりません。その際には、相手方（被告人または弁護人）の意見を聴くことが義務付けられています。請求を採用する場合には採用決定を、採用しない場合には却下決定を行います。

証拠調べ手続きの流れ

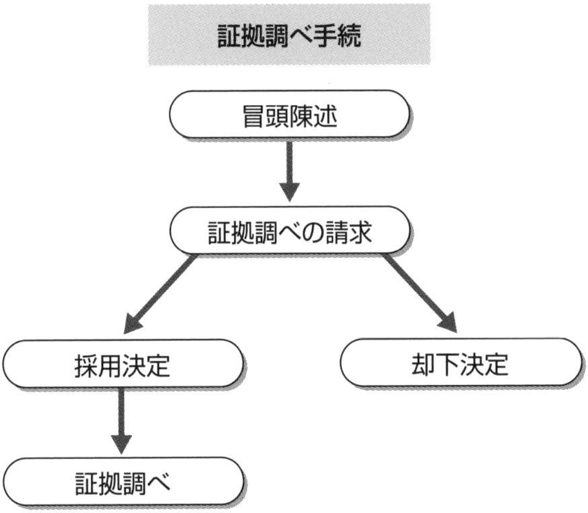

検察官の請求に基づく証拠調べが終わると、引き続いて今度は、被告人・弁護人から証拠調べの請求が行われます。その後の流れは、検察官から証拠調べの請求がなされた場合と同様です。

■ 証拠調べを開始する

証拠採用の決定がなされると、証拠調べに入ります。具体的には、証人尋問（206ページ）、証拠物の展示、証拠書類の朗読などが行われるわけです。この証拠調べの範囲、順序と方法について裁判所は、検察側・被告人側双方の意見を聴いて定めることができます。

証拠調べでは、検察官が証人を尋問するなどの立証活動を終えた後、被告人側が請求した証拠について取調べを行います。

こうした証拠調べを通して、裁判所の証拠に対する評価や心証が形成され、それをもとに判決が下されることになるわけです。

心証
裁判で認定すべき事実に対する裁判官の内心的な判断。

証拠裁判主義と証拠の分類

事実認定は証拠に基づいて行わなければならない

■ 証拠裁判主義とは

刑事訴訟法は、「事実の認定は、証拠による」ことを定めています。これを証拠裁判主義といいます。証拠裁判主義は、迷信や非科学的な方法による事実認定のように、証拠によらない事実認定を排除することを趣旨とするものです。

■ 証拠の分類

証拠は、素材である「証拠方法」とそこから得られる「証拠資料」に分けることができますが、刑事訴訟においては、以下のように分類されます。

① 人証と物証

証拠は、証拠方法の物理的な性質や状態の違いから、人証（人的証拠）と物証（物的証拠）とに分けることができます。

人証とは、人の供述が証拠方法となる場合であり、これ以外は物証となります。物証は押収（差押え・領置など）によって取得されます。

② 供述証拠と非供述証拠

証拠資料の区別として最も重要なのが、供述証拠と非供述証拠です。供述証拠は、伝聞法則の適用が問題となります。

人の記憶に残った事実の痕跡を言葉によって表現した供述（思想）を証拠として利用する場合、それを供述証拠といいます。証人の証言、参考人の供述調書などがその例です。

他方、事実の痕跡が人の知覚以外のものに残っており、それが証拠として用いられる場合を非供述証拠といいます。犯行に

証拠方法

証拠調べの客体となる物で、証人や証拠物・書証（文書）などのこと。

証拠資料

証拠方法を取り調べた結果、得られた内容物のことで、証人の証言や書証の記載内容（供述証拠）、証拠物の形状（非供述証拠）などがこれにあたる。

実質証拠と補助証拠

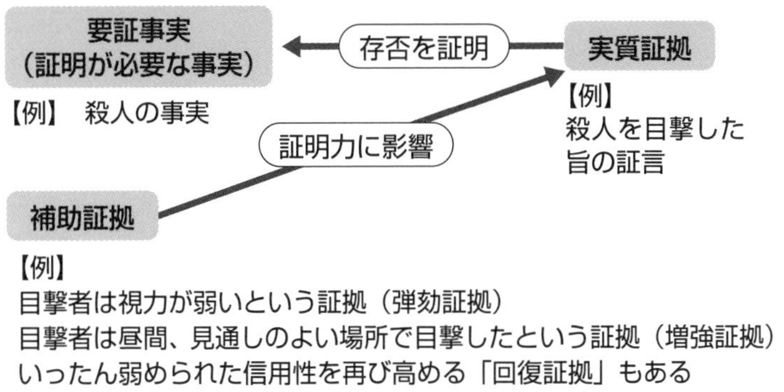

使用された凶器や、犯行現場に残っていた指紋、犯行によって破壊された物件などがその例です。

③　直接証拠と間接証拠

証拠と証明する事実との距離による違いです。直接証拠と間接証拠とで、証拠の価値に優劣はありません。

直接証拠とは、たとえば甲という事実を証明したい場合に、それを直接的に証明する役割を果たす証拠をいいます。

他方、間接証拠とは、甲事実を直接証明できない場合に、間接的に甲事実の存在を推認させる乙という事実を証明する証拠のことです。

④　実質証拠と補助証拠

証拠が事実や証拠に対してどのような役割を果たすかによる違いです。

提出された証拠が、要証事実の有無を証明しようとしている場合、それを実質証拠といいます。

他方、実質証拠の信頼性を強めたり弱める事実を証明するための証拠を補助証拠といいます。

PART4
23

厳格な証明・自由な証明と挙証責任

犯罪の成立や刑の加減などは厳格な証明による

■ 厳格な証明・自由な証明とは

裁判官がある事実について一定の心証（事実が存在するかどうかの判断）を得ること、あるいはそのための当事者の活動を「証明」といいます。証拠裁判主義では、証明は、証拠能力が認められ公判廷における適法な証拠調べを経た証拠だけで行われることが求められていると考えられており、こうした証明方法を「厳格な証明」といいます。他方、証明の対象となる事実の中には重要性の低いものもあります。そうした事実については証拠能力も適法な証拠調べも必要としないとされています。このような証明方法を「自由な証明」といいます。

刑事訴訟は、被告人に刑罰を科すかどうかを判断する手続きですから、「被告人の罪や責任を基礎付ける事実」については、厳格な証明が必要になります。

■「疑わしきは被告人の利益に」の原則

刑事訴訟においては、実質的挙証責任（客観的挙証責任）は原則として検察官が負うことになっています。つまり、被告人を有罪に導けるだけの心証を裁判官にもたせることができない場合には、被告人は無罪となります。

検察官が挙証責任を負うのは、刑事訴訟において「疑わしきは被告人の利益に」の原則が採用されていることに基づきます。この原則は、審理を尽くしても被告人が本当に犯罪を行ったのかどうか疑問が残るときは、判決で無罪の言渡しをしなければならないという考えです。

実質的挙証責任（客観的挙証責任）

証明が必要なある事実の存否が不明である場合に、これによって不利益な判断を受ける当事者の法的地位のこと。

厳格な証明の対象

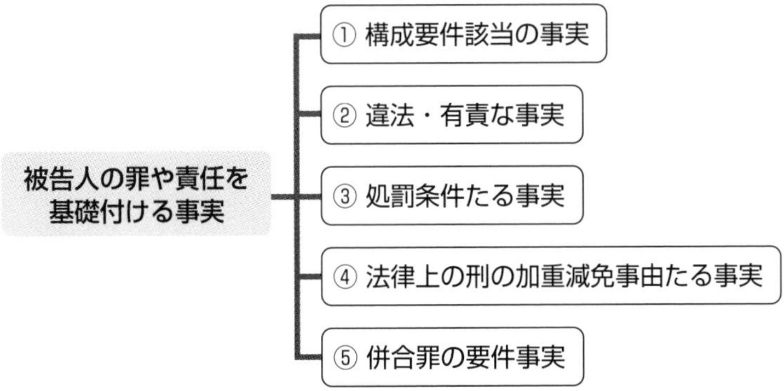

刑罰権は国家がもつものですから、刑罰権の発動を主張する検察官に挙証責任を負担させるのが合理的だといえます。また、もし被告人に挙証責任を負わせるということにすると、被告人は無罪の証明ができなければ有罪と判断されることになり、被告人は犯罪を犯したから処罰されるのではなく、訴訟のやり方がまずかったから処罰されることになりかねません。誤って無実の者が処罰されるということは、何よりも防止しなければならないのです。

■ 被告人が挙証責任を負うケース

このような理由から、挙証責任は、原則として検察官が負うとされています。ただし、例外的に、被告人が挙証責任を負うこととされている場合もあります。これを「挙証責任の転換」といいます。挙証責任が転換される場合としては、たとえば、刑法230条の２に規定されている「名誉毀損に関する摘示事実の真実性の証明」があります。

被告人が挙証責任を負うその他の例

①刑法207条の同時傷害ではない事実の証明、②爆発物取締罰則６条の犯罪目的がないことの証明、③児童福祉法60条４項の児童の年齢を知らなかったことについて過失がなかったことの証明などが、被告人が挙証責任を負う例として挙げられる。

人証・物証とその証拠調べの方式

証人は正当な理由がないと証言を拒めない

■ 人証の証拠調べとは

人証とは、人の供述が証拠となる場合をいい、証人、鑑定人などが人証となります。

人証の証拠調べは尋問によって行われ、証人に対する尋問（証人尋問）は、証拠調べの手続においてとくに重要視されています。証人とは、裁判所あるいは裁判官に対して、自分が過去に経験した事実を供述する第三者のことです。証人の供述を証言といいます。

証人が宣誓の上で虚偽（ウソ）の陳述をすれば偽証罪で処罰されます。また、証人には証言義務があり、正当な理由なく、宣誓または証言を拒んだときは、過料や罰金などの制裁を受けます。

偽証罪
宣誓した証人が虚偽の内容の陳述をすることによって成立する犯罪。3か月以上10年以下の懲役が科される。

これに対し、被告人には黙秘権が保障されているため、被告人は証人になれないとされています。ただ、被告人が自発的に陳述を行った場合には、その内容を証拠として採用することができます。この被告人の陳述を証拠として取り調べる手続きが、被告人質問です。

なお、犯罪の被害者については、裁判に関与する機会がほとんどないため、「忘れられた存在」と呼ばれることもありましたが、被害者の権利を保障するため、平成19年の改正により、刑事訴訟法に新たに被害者参加制度が導入されました。この制度により、一定の犯罪被害者は、被告人や証人に質問（尋問）することもできるようになっています。

証拠調べの方式

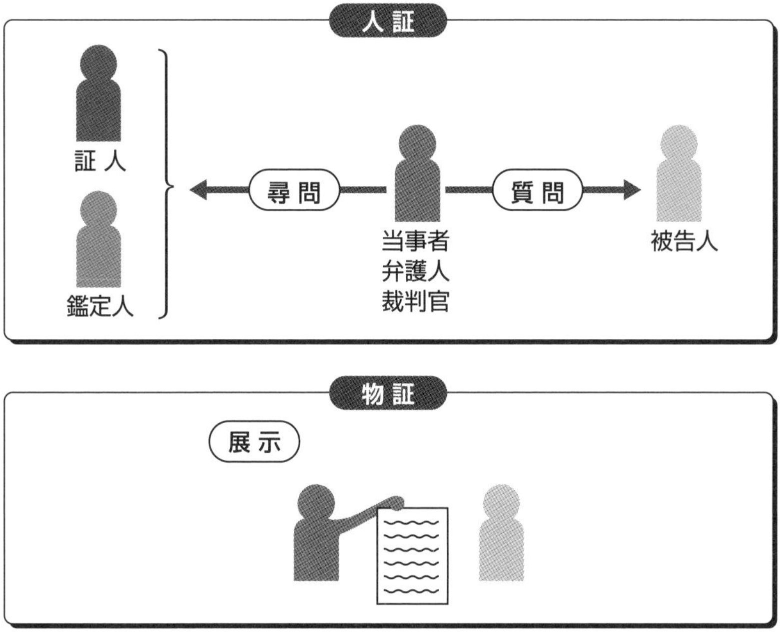

■ 物証の証拠調べとは

物証とは、その物体（証拠物）の存在および状態が証拠となるもののことです。犯行に利用された凶器や窃盗の被害品などがその例です。なお、人の場合でも、被害者の身体の傷跡など身体の状態が証拠となる場合は、物証として取り調べられることとなります。

物証の取調べは、公判廷において、展示の方法によって行われます。展示とは、その証拠物の存在・形状を関係人に示すことをいいます。

PART4
25

証拠能力

証拠として取り調べるためには証拠能力が必要

■ 証拠能力はなぜ必要なのか

証拠能力とは、公判廷において証拠として取り調べるために法律上要求されている資格のことです。刑事訴訟において、ある証拠を証拠調べにおいて取り調べるためには、その証拠に証拠能力が備わっていることが必要です。

信用性の低い証拠や、誤解・偏見を生みやすい証拠など類型的に証明力の低い証拠は、事実認定の根拠に用いると、誤判の危険を生じる可能性があります。そのため、証拠能力がない証拠は、そもそも証拠調べを行うこと自体が許されません。また、手続の適正を図る観点からは、違法な手続きによって収集された証拠は排除する必要があります。このような理由から、証拠能力が認められるものだけが証拠として取り調べられることとされています。

なお、証拠能力と区別すべき概念として証明力というものがあります。証明力とは、証明対象となる事実の認定において役立つ程度という、その証拠が持つ価値をいいます。

証明力の判断

証明力の判断については、原則として裁判官の自由な心証に委ねられている。

■ 証拠能力が認められるためには

ある証拠の証拠能力の有無は、以下の３つの観点から判断されます。

①　自然的関連性

「自然的関連性がある」とは、その証拠が、それによって証明しようとする事実（要証事実）を最小限証明するといえる価値をもっているということです。たとえば、単なる意見や想像、

証拠能力の有無の判断枠組み

- 自然的関連性
- 法律的関連性
  ※伝聞法則、自白法則、悪性格の立証などで問題となる
- 証拠禁止
  ※違法収集証拠排除法則によって否定される場合がある

うわさは、自然的関連性がなく証拠能力が認められません。

②　法律的関連性

「法律的関連性がある」とは、その証拠が裁判官の判断を誤らせるおそれのないことをいいます。

「法律的関連性がない」とされる代表的な例としては、被告人の粗暴さや日頃の行いの悪さを立証するための証拠が挙げられます。被告人の粗暴性などは犯罪の動機などの事実を立証する上で無意味ではありませんが、被告人に対する過度の偏見を裁判官に抱かせる危険性があるため、原則として被告人の粗暴性などを立証するための証拠には法律的関連性は認められません。

その他に、伝聞法則や自白法則との関係でも、法律的関連性の有無が問題となります。

③　証拠禁止

「証拠禁止」とは、手続きの校正を担保するためなど、真実発見以外の理由によって、証拠とする資格を否定する概念です。捜査機関によって違法な手続きで収集された証拠などは、公判において証拠禁止の観点から証拠能力が否定されることがあります。

PART4
26

刑事訴訟法のしくみ

伝聞法則

伝聞証拠は信用性が低いため原則として証拠能力が認められない

■ 伝聞証拠と伝聞法則について

公判廷外の供述を内容とする供述証拠であって、供述内容が真実であることを立証するために証拠として提出されるものを、伝聞証拠といいます。

たとえば、Aが強盗事件の被告人となっている刑事裁判で、「Aが○○をナイフで脅して金銭を奪おうとしているところを目撃したとBが言っている」というCの供述を内容とする文書（供述調書）を提出して、Aが強盗の実行行為を行ったことを証明しようとする場合、その文書は伝聞証拠ということになります。

このような伝聞証拠は、原則として証拠能力が否定され、公判廷で証拠調べをすることができません。このように伝聞証拠の証拠能力を否定する考えを伝聞法則といいます。

検面調書

伝聞証拠の一種。検察官面前調書の略。被告人以外の者が検察官の前で行った供述を記録した調書のこと。証拠能力が認めらるためには一定の要件を満たさなければならない。

員面調書

伝聞証拠の一種。司法警察員面前調書の略。警察官の面前でなされた被疑者や参考人の供述を記録した書面のこと。証拠能力が認められるためには一定の要件を満たさなければならない。

■ 伝聞証拠はなぜ証拠能力が否定されるのか

伝聞証拠はなぜ証拠能力が否定されるのでしょうか。

人づての情報というものは、とかくあいまいなものです。「Aが○月○日○時○分に××をしているのを見たと、Bが言っていた」などという供述は、知覚・記憶・表現という段階を経て生み出されるものですが、それぞれの段階において、聞き間違い、記憶違い、言い間違いなどの誤りが入りこむ危険性があるといえます。このような信用性に乏しい供述証拠が、そのまま裁判所の事実認定の資料とされることを認めるのは妥当ではないでしょう。

そこで、伝聞証拠については、公判廷での反対尋問や、直接

伝聞法則とは

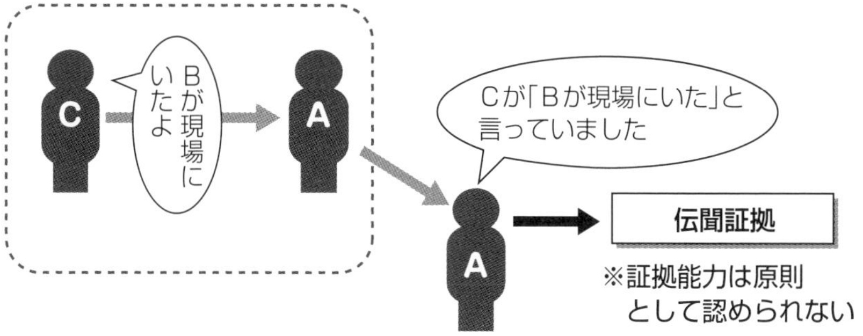

主義に基づき公判廷で供述者に供述させることによってそのしぐさや態度などから、その供述の信用性をチェックさせることが必要です。そのため、反対尋問等によるチェックを受けていない信用性の低い伝聞証拠は、原則として証拠能力が認められないこととされているのです。

■ 伝聞法則には例外がある

伝聞証拠には証拠能力が認められないのが原則ですが、例外的に、伝聞証拠にあたる場合であっても、証拠能力が認められて証拠として取り調べることが許される類型があります（刑事訴訟法321条～328条）。これを伝聞例外といいます。

伝聞例外は、証拠として用いる必要性と、信用性の情況的な保障を、証拠ごとにそれぞれ要件を設けて定められています。これらは、①実質的にすでに反対尋問の十分な機会が与えられている、②反対尋問の機会を与えることが無意味である、③反対尋問の実施が困難である、④反対尋問によるチェックに代わるほどの信用性があり、かつ証拠として用いる必要性が高い、といった内容のいずれかにあたります。

検証調書

伝聞証拠の一種。捜査機関や裁判所が行った検証の結果を記載した書類のこと。裁判官の作成した検証調書は無条件に証拠能力が認められるが、捜査機関による調書の場合は、被告人側の同意等、一定の要件を満たさなければ証拠能力は認められない。

自白法則

自白については特別の制約が設けられている

■ 自白とは

自己の犯罪事実の全部または重要な部分を認める被告人の供述を、自白といいます。

自白は、有罪である旨の陳述とは異なります。そのため、被告人がある犯罪を犯したという事実を認めると同時に、責任能力がないとして無罪の主張をしているという場合も、自白にあたります。

しかし、自白は、その内容が必ずしも真実であるとは限らず、自白を重視すると事実認定に誤りが生じかねません。そこで、憲法や刑事訴訟法は過度に自白を信頼することを防止するため、「自白法則」と「補強法則」という制限を設けています。

■ 自白の証拠能力が認められるには任意性が必要

「自白法則」とは、任意性に疑いのある自白については証拠能力を否定するという原則です。つまり、強制や拷問、脅迫、不当に長い抑留・拘禁などによって得られた自白は、証拠能力が認められず、証拠とすることができません。

■ 自白法則の根拠

自白法則の根拠としては、①任意性に疑いのある自白は、その内容が虚偽であるおそれがあるので排除される、②被告人の黙秘権を中心とする人権保障のためにこのような自白は排除される、③自白の採取過程における手続きの適正を担保するために必要である、などと考えられています。

自白に関する制限

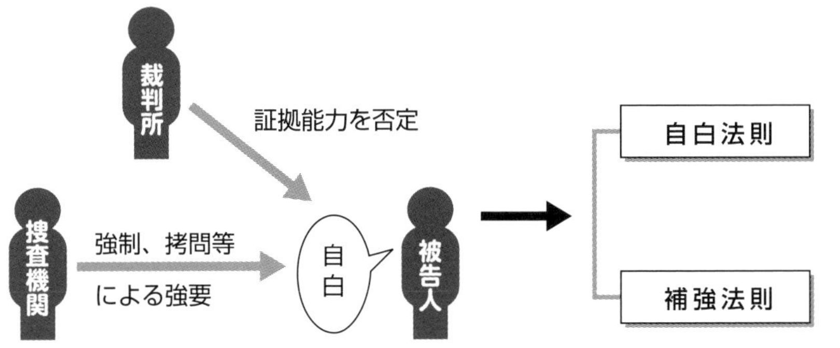

■ 自白だけで有罪とすることはできない

任意になされた自白だけで有罪の心証が得られる場合でも、他にそれを補強する証拠（補強証拠）がなければ、自白のみで有罪とすることはできないという原則のことを「補強法則」といいます。補強法則は、自白の証明力を制限するものであり、たとえ裁判官が被告人の自白のみで有罪の心証を得たとしても、有罪の証拠が自白しか存在しない場合には、有罪とすることはできないことになるため、公判廷に顕出された証拠の証明力は裁判官の自由な判断に委ねられるという自由心証主義の例外となる法則です。

補強法則の趣旨としては、自白の偏重や強要による人権侵害や誤判の危険を防止することにあります。

補強法則によって、捜査機関は、自白以外の証拠を収集しなければなりません。その結果、不任意の自白を引き出すような拷問などの行為の抑制が期待できるわけです。

補強法則については、補強を要する範囲や、補強の程度、補強証拠としての適格性など、さまざまな議論がされています。

補強を要する範囲

補強証拠は犯罪を構成する事実のうち、どの範囲について必要なのかについては、犯罪事実の客観的側面の主要部分（罪体）について補強証拠が必要であるという考え方（罪体説・形式説）と、罪体に限らず、自白の内容となっている事実の真実性を実質性に担保する証拠があればよいとする考え方（実質説）とが対立している。判例は実質説に立っているといわれている。

違法収集証拠排除法則

違法な手続きで得た証拠は証拠能力が否定される

■ 違法収集証拠排除法則とは

たとえば、令状が必要な強制捜査をするにあたって、令状がないにもかかわらず警察官が強制的に証拠物を取得したという場合において、入検察官がその証拠物の取調べを請求したときは、裁判所はそれを認める決定を行うべきでしょうか。

結論からいうと、このような違法な手段で集められた証拠は「違法収集証拠」と呼ばれ、証拠能力が否定されます。つまり、証拠として取り調べることは許されません。このように、違法に収集された証拠の証拠能力を否定し、証拠調べから排除する原則を、「違法収集証拠排除法則」といいます。

違法収集証拠排除法則について定めた条文は、刑事訴訟法には存在しませんが、この原則が重要な証拠法則であることは、判例で認められています。

違法収集証拠排除法則が認められている理由としては、①違法な手段で収集された証拠を否定することが、違法捜査を抑止する最良の手段だということ、②司法への信頼維持のために必要であることが挙げられます。

ただし、法に反した捜査方法によって集められた証拠のすべてが違法収集証拠排除法則によって排除されるわけではありません。たとえば、捜索差押許可状の記載に明白な誤記があったという程度の軽微な違法であれば、それによって収集された証拠の証拠能力を否定する必要はないと考えるのが一般的です。

毒樹の果実とは

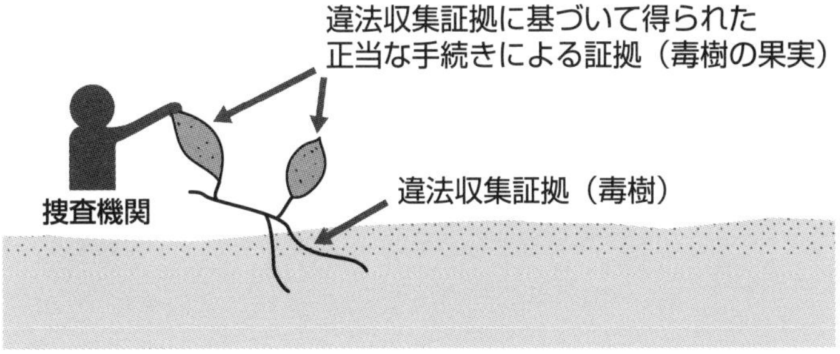

■「毒樹の果実」の法理とは

たとえば、被疑者を脅迫して得た自白（甲証拠）に従って、捜索・差押えを行ったところ、証拠物（乙証拠）が見つかったような場合に、乙証拠の証拠能力を肯定することは妥当なのでしょうか。

この場合の乙証拠は、違法な手続きで収集された甲証拠に基づいて発見された証拠であることから、「毒樹の果実」あるいは違法収集証拠の「派生証拠」と呼ばれます。この場合、違法収集証拠である甲証拠から派生的に得られた乙証拠についても証拠能力を否定すべきだという考え方を「毒樹の果実」論といいます。このような見解をとる理由は、違法収集証拠排除法則の趣旨を徹底するためです。違法収集証拠そのものの証拠能力を否定したとしても、それをもとに得られた派生証拠に証拠能力を認めるのであれば、結局、違法捜査は抑止されず司法の廉潔性も失われることになります。そこで、派生証拠も排除されなければならないということになります。

もっとも、違法収集証拠と派生証拠との関連性が薄い場合などは、証拠能力を認めてよいと考えられています。

司法の廉潔性
国民の司法に対する信頼を維持するために、裁判で行われる手続きにはやましいところが少しもないようにすること。

PART4 29

弁論手続き・判決

弁論手続きでは、論告・求刑、最終弁論、被告人陳述が行われる

■ 公判が佳境に入る弁論手続き

証拠調べの手続きがすべて終わると、その結果に基づいて当事者の最終的な陳述が行われます。この陳述がなされていく過程を弁論手続きといいます。

弁論手続きは、まず検察官の論告によって開始されます。論告とは、証拠調べが終わった後に検察官が行う事実と法律の適用についての意見の陳述です。

このとき、検察官から「被告人を懲役○年に処するのが相当であると考える」という形で、刑の量刑に関する意見も示されます。検察官が行うこのような量刑に関する意見陳述は求刑と呼ばれています。

刑の量定

有罪認定がなされた場合に刑の量（程度）を決定することをいう。量刑ともいう。

弁論

公判手続きにおいて証拠調べの次に被告人と弁護人によって行われる意見の陳述のこと。被告人と弁護人が弁論を行うことは最終陳述権として法律上保障されている。

検察官の論告・求刑の後、弁護人が最終弁論を行います。最終弁論とは、弁護人が、事実および情状、法律の適用について自己の最終的な意見を述べることです。

弁護人による最終弁論に引き続き、被告人の最終陳述が行われます。その内容は、弁護人と同様のものが予定されていますが、実際の訴訟では、被告人の反省の気持ちが述べられるだけなど簡潔な場合が少なくありません。

この被告人の最終陳述によって審理は終了します。これを弁論の終結あるいは結審といいます。

■ 判決の言渡し

弁論手続きが終わり、当事者が主張を尽くすと、判決が言い渡されます。判決は、具体的には、裁判長が主文および理由を

弁論手続き・判決

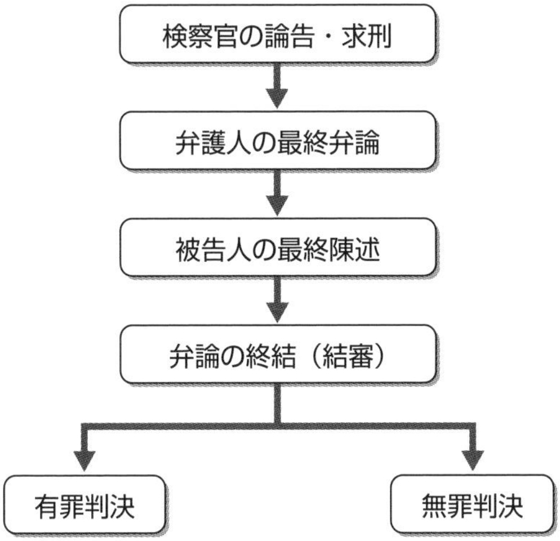

朗読するか、あるいは主文の朗読と理由の要旨を告知する形で行われます。

判決に対して不服がある場合は、上訴を行うことができます。しかし、法定の上訴申立期間が経過するなどの理由で、上訴することができなくなれば、判決が確定します。判決の確定によって、訴訟は完全に終了することになるわけです。

判決が有罪であれば、被告人は刑の執行を受けることになります。

なお、有罪判決の宣告後、しばしば裁判長が、被告人に対して「もう二度とこんなことをしてはダメですよ」というような内容の話をすることがあります。これは、「裁判長は、判決の宣告をした後、被告人に対し、その将来について適当な訓戒をすることができる」と規定している刑事訴訟規則221条に基づいてなされているものです。

30 判決の効力・一事不再理効

一事不再理効は二重の危険禁止に基づくもの

■ 執行力と既判力

判決が確定すると、裁判の効力として、①執行力、②既判力、③一事不再理効が生じます。

執行力とは、有罪判決があった場合に、そこに示された刑の内容を国家権力によって強制的に実現する効力のことです。確定した判決のとおりに懲役刑・禁錮刑・罰金刑が執行される根拠となる効力というわけです。

次に、既判力とは、確定した裁判で争われた事項が後に再び別の訴訟で争われた場合に、その事項について前訴と矛盾した裁判を行うことを禁じる効力です。既判力が認められる結果、たとえば、前訴で「○年○月○日に、Aが○県○市○町のホテルMで乙のカバンを盗んだ」という事実が否定されていた場合、後訴では、裁判所がこの事実を肯定するような判断を行えなくなるわけです。

裁判の確定
裁判が外部的に成立し、上訴などの不服申立てによって争うことができなくなった状態。

■ 二重の危険禁止に基づく一事不再理効

執行力と既判力は、民事訴訟・刑事訴訟を問わず発生します。民事訴訟の場合、いったん確定した効力がその後の行為によって変更される可能性があるため、基準時の状態を前提として既判力によって確定された法律関係を後で争うことが認められています。これに対して、刑事訴訟の場合は、過去の犯罪行為に対して、刑罰権を発生させるというものですから、既判力の基準時以降の行為によって刑罰権の発生という法律関係が変更を受けることはありません。

判決の効力

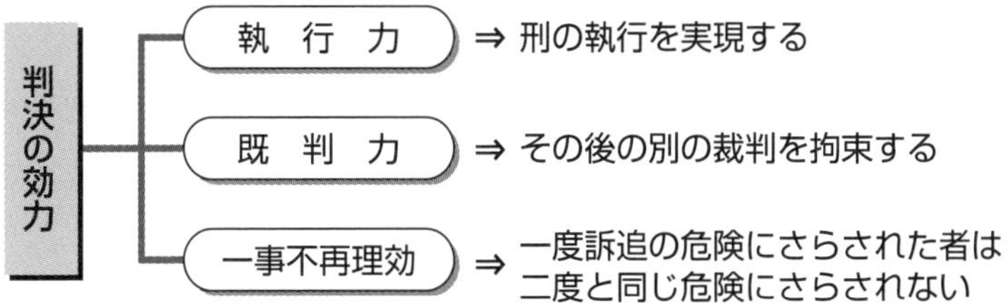

このような刑事訴訟における効果が一事不再理効です。一事不再理効とは、判決が確定した場合に、「公訴事実を同一にする範囲」において再度の訴追を禁止する効果です。

たとえば、Aさんが甲という訴因に基づいて起訴されたが、無罪判決を得てそれが確定したとします。その後、検察官が別の乙という訴因に基づいてAさんを起訴しようとした場合に、甲訴因と乙訴因とに公訴事実の同一性が認められる場合には、乙訴因による起訴は、一事不再理効によって禁止されることになるわけです。

このように、一事不再理効は、一度訴追の危険にさらされた者は二度と同じ危険にさらされることはないという、二重の危険の禁止に基づくものであると考えられています。

一事不再理効が及ぶのは確定判決を受けた被告人だけであり、共犯者には効力は及びません。さらに、一事不再理効が及ぶ時間的な範囲は、事実審理が法律的に可能であった最後の時であるとされています。通常は、第一審の判決が言い渡された時が基準になります。

PART4
31

上訴・非常救済手続き

刑事訴訟法の
しくみ

再審は事実認定に誤りがあった場合に行われる

■ 上訴には３種類ある

上訴とは、未確定の裁判に対して上級裁判所に救済を求める不服申立てのことです。上訴には、判決に対する控訴と上告、決定・命令に対する抗告があります。

① 控訴

控訴とは、第一審の判決に対する高等裁判所への上訴のことをいいます。上告とは、判決に対する最高裁判所への上訴を意味します。控訴の結果に不満がある場合には上告がなされることになります。控訴は、第一審で判決を受けた後14日以内に、当事者が判決を行った第一審裁判所に対して、「控訴申立書」という書面を提出して控訴の申立てを行うことによって、手続きが始まります。刑事訴訟の控訴審は、原裁判の当否を事後的に審査する事後審です。

② 上告

控訴審の判決に対して不服があれば、当事者はさらに最高裁判所へ上告を行うことができます。ただし、上告ができるのは、原則として、高等裁判所の判決において憲法違反または判例違反がある場合です。

③ 抗告

抗告とは、裁判のうち、決定・命令に対して行う上訴です。抗告には、高等裁判所に対して行う一般抗告と、最高裁判所に対して行う特別抗告があります。

一般抗告は、さらに通常抗告と即時抗告に分けられます。即時抗告とは、法律に特別の定め（刑事訴訟法19条３項、25条な

控訴審の裁判

控訴審の審理が終了すると、終局裁判が行われる。終局裁判の種類としては、①不適法による控訴棄却の決定と判決、②理由なしとする控訴棄却の判決、③原判決破棄の判決、④公訴棄却の決定、がある。破棄の場合は、同時に差戻し、移送、自判のいずれかの判決がなされる。

上告審の裁判

上告審の審理が終わると、終局裁判が行われる。上告審の終局裁判としては、①上告棄却の決定、②上告棄却の判決、③原判決破棄と差戻し・移送・自判、④公訴棄却決定がある。

再審手続きの流れ

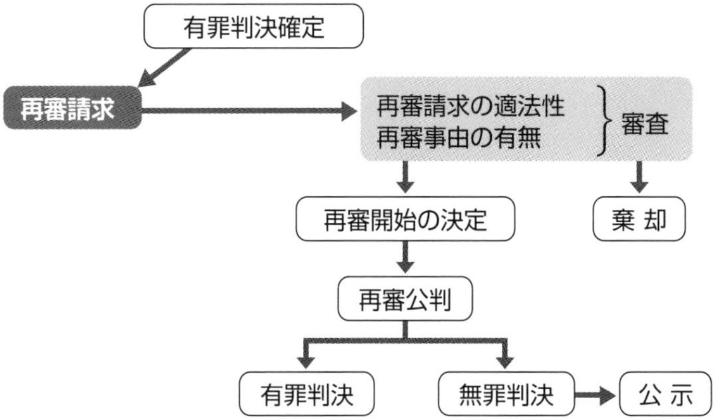

ど）がある場合だけ認められている抗告のことです。一方、通常抗告とは、即時抗告以外の抗告をいいます。

最高裁判所に対して行う特別抗告は、刑事訴訟法によって不服を申し立てることのできない決定または命令に対して、憲法違反・判例違反を理由として行うものです。

■ 再審と非常上告

確定した判決の誤りを是正し、無実でありながら刑罰を科されることになった者を救済する「非常救済手続き」が設けられています。非常救済手続きには、再審と非常上告がありますが、このうち重要な機能を果たしているのは再審です。

再審とは、確定した判決の事実認定に誤りがあった場合に、裁判をやり直す制度です。一方、判決確定後に、その事件の裁判手続もしくは判決そのものに法令違反のあることが判明した場合に、その違法性をただすために行われるのが非常上告です。

再審事由の具体例

再審事由の具体例としては、原判決の証拠となった証言などが確定判決により虚偽であったことが証明された場合や、有罪の言渡しを受けた者に対して無罪や免除などを言い渡すべき明らかな証拠が新たに発見されたときなどが挙げられる。

被害者を救済する制度と機関

経済的な支援の他、精神的なケアも重要

■ 犯罪被害者等給付金支給法とは

犯罪の被害者が経済的なてん補を求める方法として、加害者に対する民事上の損害賠償請求が考えられますが、加害者に十分な資力がない等により賠償されないことがあります。

そのような場合、犯罪被害者等給付金支給法に基づき、犯罪に巻き込まれて死亡したり重度の後遺症が残ったりした被害者や遺族を対象として、国から遺族給付金（最高額2964万5000円）や障害給付金（最高額3974万4000円）が支給されます。

■ 犯罪被害者保護法・犯罪被害者等基本法

平成12年に制定された犯罪被害者保護法は、犯罪被害者などどの保護を図る制度として、被害者やその遺族の心情を考慮し、優先的に公判を傍聴できるように配慮することを規定している他、裁判所に申し出れば、訴訟記録の閲覧やコピーをすることが可能としています。

平成16年には、犯罪被害者などの権利や利益の保護を図る法律として犯罪被害者等基本法が成立しています。犯罪被害者等基本法では、犯罪被害者などのために、国や地方公共団体が二次被害の防止や安全確保、居住・雇用の安定に努めなければならないことが定められています。

■ 公的相談機関・民間支援組織について

犯罪の被害者になった場合には、まず、全国の警察署や検察庁の相談窓口を利用するとよいでしょう。

犯罪被害者給付金支給法

正式には「犯罪被害者等給付金の支給等による犯罪被害者等の支援に関する法律」。この法律により、犯罪に巻き込まれて死亡した場合や、重度の後遺症が残った場合に、被害者や遺族は、遺族給付金や障害給付金を国に請求することができる。

犯罪被害者保護法

正式には「犯罪被害者等の権利利益の保護を図るための刑事手続に付随する措置に関する法律」。犯罪の被害者やその遺族の心情を尊重し、被害の回復を図る措置を定めている。

犯罪被害者等給付金の支給

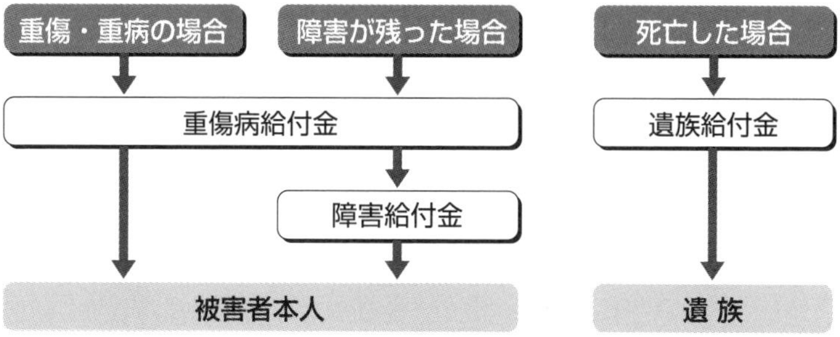

たとえば、警視庁に設けられている「犯罪被害者ホットライン」では、被害者やその家族を支援するため、①捜査や裁判はどのように進むのか、②犯人はどのような手続きで処罰されるのか、③捜査のため、被害者や家族にどのような協力をお願いするのか、④被害者やその家族が利用できる制度や相談窓口にはどのようなものがあるのか、などの情報を提供し、電話相談に応じています。

また、全国の検察庁には「被害者支援員」が配置されています。被害者支援員は、①被害者からの各種相談への対応、②刑事手続きに関する説明、③法廷への案内・付添い、④事件記録の閲覧、証拠品の返還などの手続きの手助けなどを行っています。

さらに、犯罪被害者を支援する民間組織も全国に多数存在します。各都道府県に設置された加盟団体からなる「全国被害者支援ネットワーク」や、全国各地の弁護士会に設置されている「犯罪被害者支援センター」などです。

個別の事件に応じて相談を受け付ける窓口として、各都道府県に設置されている「全国暴力追放運動推進センター」や「配偶者暴力相談支援センター」などがあります。

犯罪被害者ホットライン

電話番号は以下のとおり。
03-3597-7830

PART4
33

刑事訴訟法の
しくみ

裁判員制度

国民参加型の新しい司法制度

■ 裁判員制度とは

一定の重大犯罪に関する裁判において、裁判官と一般から選出された裁判員とが、犯罪事実の認定と量刑（被告人に下すべき刑を決定する作業のこと）について一緒に判断する制度が裁判員制度です。

裁判員制度を導入することで、一般国民にわかりやすい裁判が実現されることが期待されています。また、国民参加を進めることで、公判の調書裁判主義（法廷での供述よりも警察や検察の取調べで作成された供述調書が偏重されている日本の刑事裁判の実情を表した言葉）などを改善することも狙いといえます。

裁判員制度
一般市民が裁判員として、刑事裁判に参加する裁判。裁判員制度は、国民の司法への理解と関心を高めることと、一般市民の経験や良識を判決に生かすことで、より信頼性を高めることを目的としている。

裁判員裁判の対象事件は、公判前整理手続に必ず付されることとなります。裁判員裁判では、１つの事件につき、原則として裁判官３名と裁判員６名が選ばれます。一度裁判員となれば、期間に関係なく審理が終了するまでその事件を担当することになります。審理はおもに以下のような形で進められることになります。

危険な事件の担当
裁判員やその家族に危害が加えられたり、著しく生活の平穏が侵害される可能性のある事件には、裁判員制度の対象事件にもかかわらず、裁判員は事件から外される。裁判員を除外するかどうかを判断する場合のポイントは以下の３つである。
① 被告人の言動
② 裁判員への危害のおそれ
③ 裁判員が畏怖している

① 公判

事件に関する証拠を調べ、証人や被告人に対して質問を行います。公判の場では、裁判官と同様に、裁判員が証人に質問を行うことも認められています。

② 評議・評決

公判後は、これらの証拠を基にして、裁判官と共に議論を行うことになります（評議）。そして被告人が有罪か無罪か、有罪である場合にはどれほどの重さの刑罰が妥当であるのかを裁

刑事手続きにおいて裁判員が参加する部分

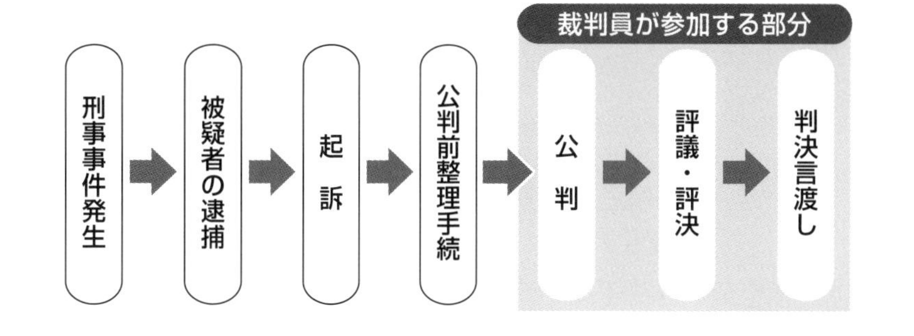

判官と共に決定します（評決）。

なお、評議の際の裁判員の意見は、裁判官と同じ重みを持ち、評決は全員一致か、過半数によって決められます。

③　**判決**

評決内容が決まると、裁判長が判決の宣告を行います。この判決の宣言によって、裁判員の仕事も終了することになります。

自分が住む地域の事件を担当する

裁判員の候補に選ばれた場合には、自分の住所地を管轄する裁判所への出頭を要請される。

■ どんな事件が対象となるのか

裁判員制度は、刑事事件のみを対象としていますが、その中でも国民の関心が高い事件や、国家を脅かす可能性のある重大な事件が対象となります。具体的には、以下のような重大な犯罪の場合に限られています。

・殺人罪や強盗致傷罪などの、法定刑に死刑・無期懲役・無期禁錮のある犯罪事件

・傷害致死罪や危険運転致死罪などの、故意の犯罪行為が原因で被害者を死亡させた犯罪事件

なお、裁判員は、自分がどのような事件の裁判を担当するのかについては、公判の当日に裁判所へ出向いて初めて知らされることになっています。

少年事件は担当になるのか

少年が起こした事件が裁判員裁判の対象事件に該当する場合には、逆送により、裁判員裁判で判断することになる。

PART4
34

裁判員の選任

一定の事情がないと辞退できない

■ 選任の流れ

裁判員の選任手続きについては、裁判員の参加する刑事裁判に関する法律（裁判員法）や裁判員の参加する刑事裁判に関する規則（裁判員規則）によって規定されています。裁判員は、20歳以上の日本国民（衆議院議員の選挙権をもっている者）の中から選ばれます。選出方法は事件ごとにくじで行われます。裁判員として選任されるまでの大まかな流れは右ページ上図のとおりです。選任手続きは、①裁判員として呼び出されるまでと、②裁判当日、候補者の中から裁判員として選任されるまで、の２段階に分けることができます。

■ 裁判当日の手続き

裁判員候補者として裁判所に出頭したからといって、必ずしも裁判員 選出されるわけではありません。通常、１つの裁判に対して50人～100人の裁判員候補者が選ばれ、この中から最終的に６人の裁判員と補充裁判員（裁判員が途中で審理を抜ける場合に備えて、あらかじめ審理に立ち会う裁判員）が選出されることになります。裁判当日、裁判員候補者は午前９時30分ごろに裁判所の待機室に集合し、右ページ下図の手続きを経て６人の裁判員が選定されます。

選任手続きが終了した後、裁判員裁判が開始されます。裁判員は参加すべき公判期日などに出頭しなければなりません。正当な理由がないのに候補者としての呼出しに応じないと刑罰ではありませんが、10万円以下の過料の支払いを命じられること

裁判員に支払われる金額

裁判員や裁判員候補者、補充裁判員に対しては交通費・日当・宿泊費が支払われる。裁判員には裁判ごとではなく、参加した日数ごとに日当が支給されるため、裁判日数が増えればそれだけ支給される額も多くなる。交通費については該当日数分が支給される。

日当

裁判員および補充裁判員には、１日１万円程度を上限に日当が支払われる。裁判員候補者に関しては8000円が上限である。

交通費・宿泊費

自宅から裁判所までの交通費については、規定された額が支給される。裁判所と自宅の距離が遠く、宿泊施設を必要とする場合は、宿泊費が支払われる。宿泊費の金額は、宿泊する地域によって、1泊あたり7800円または8700円である。

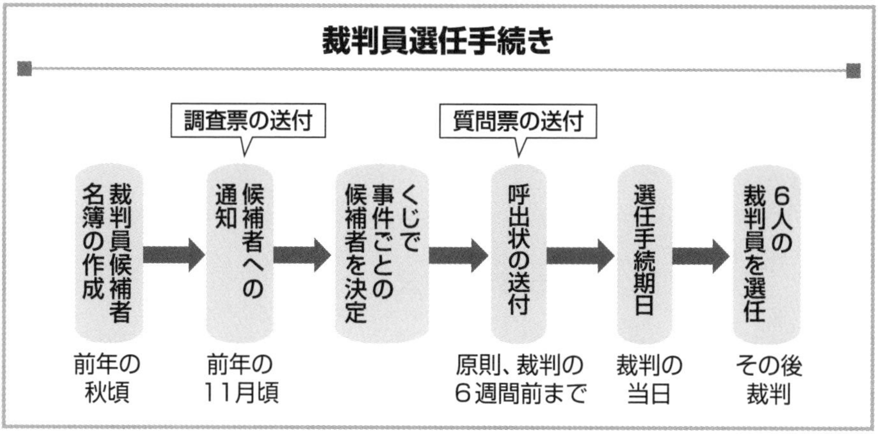

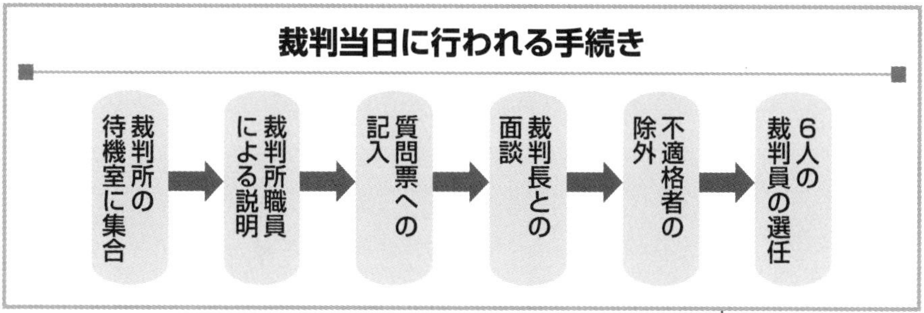

になります。ただし、裁判員候補者に選ばれたとしても正当な理由があれば裁判員の辞退や、裁判員選任手続きの日に出頭しないこともできます。たとえば、当日、急に体の具合が悪くなったなどの理由で、やむを得ず裁判所に出頭できないケースなどは認められます。

■ 調査票と呼出状に理由を書く

裁判員に選ばれた人は、自分勝手な理由で辞退することはできません。ただし、①特別の事情がある場合、②深刻な悪影響が生じる場合には辞退が認められることもあります。

一方、自分の信念や、宗教信念などの思想上の問題を理由に、裁判員の義務を辞退することはできません。

深刻な悪影響が生じるおもなケース

- 審理に差し障るほどの重い病気や障害がある
- 親族の介護や保育、通院の付き添いを行う必要がある場合
- 葬儀等の社会生活上の重要な用務がある場合
- 妊娠中もしくは、出産から8週間を経過していない女性

裁判員裁判

裁判員が裁判官と共に有罪・無罪や量刑を決める

■ 裁判員が裁判ですること

裁判で裁判員に求められているのは、一般国民としての常識や良心であり、法律の知識ではありません。提出された証拠から常識的に判断し、被告人が起訴状に書かれている罪を犯したかどうかについて意見を述べればよいのです。

もし、証拠に基づかない意見や法律的に見て間違っている意見を言った場合は、基本的には裁判官が指摘してくれます。法律にあてはめての判断は裁判官が行いますし、証拠に基づいて本当に被告人が犯罪を行うことが可能かどうかの証明は検察官が行います。あくまでも、裁判員は普通の生活を営んでいる常識的な目線で判断することが求められているのです。

裁判長などの許可をとれば、紛失のおそれのない裁判所内で時間をかけて証拠書類を読むことは可能です。検察官が提出する書類は以前より減りつつありますし、被告人の精神状態を述べた精神鑑定書も、医学者の協力を仰ぎ、簡単で理解しやすいものに変える作業が行われています。わからない法律用語については、評議などで裁判官に尋ねることも可能です。

法解釈自体はしない

法の解釈には社会常識とは別のレベルの知識が必要となるケースもあるため、裁判員は法解釈自体には関与しなくてよい。
ただし、裁判員は法の解釈について、裁判官に対して自分の意見や見解を述べることは可能である（裁判員法68条3項）。

被告人への直接質問

弁護人、検察官、そして裁判官の順で質問をするが、裁判員は裁判長の許可を得ればいつでも被告人に質問をすることができる。
なお、裁判員が被告人や証人にした質問の内容が不明確だった場合、検察官や弁護士に趣旨を確認される場合もあるが、原則として、それ以外の質問をされることはない。

■ 裁判員の守秘義務

裁判員はその職務上、被害者や加害者のプライバシーに関しての知識を得ることがあるため、守秘義務が課され、違反した場合、裁判員は秘密漏示罪（６か月以上の懲役または50万円以下の罰金）で処罰されます。

裁判員が守秘義務を負う秘密は、「評議の秘密」と、「裁判員

裁判員裁判の法廷の様子

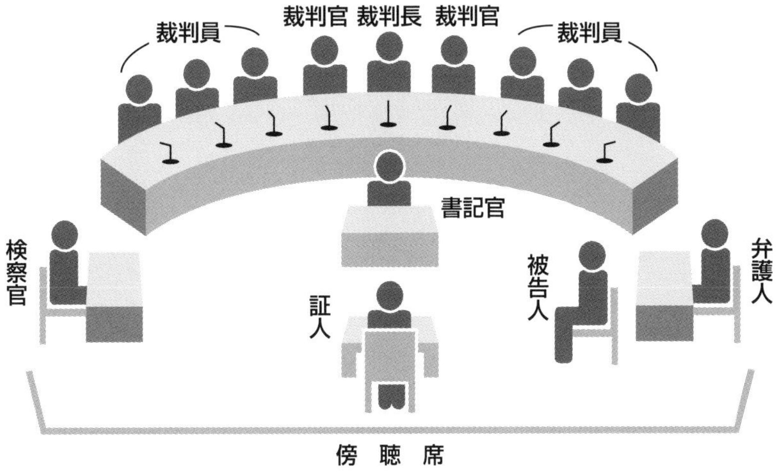

としての職務上知りえた秘密」です。

■ 多数決により評決する

裁判員の参加する裁判は、通常３人の裁判官と６人の裁判員の合議体によって行われます。裁判員は裁判官と共に証拠調べおよび被告人や証人への質問を行って、有罪か無罪かの判断と、有罪の場合の量刑の判断をします。

十分な議論を行っても意見が一致しない場合、多数決が採用されます。有罪とするためには、過半数の賛成と裁判官と裁判員が最低でも１名ずつは賛成していることが条件となります。裁判官全員が有罪と判断している場合でも、裁判員全員が無罪という意見であれば、判決は無罪となります。

量刑について意見が分かれた場合には、刑が重い（被告人にとって不利益である）順に過半数となるまで意見の数を足していき、過半数となった時点の刑を宣告刑とします。

守秘義務

「評議の秘密」とは、評議の経緯や内容、結論についての多数決の状況のこと。
一方、「裁判員としての職務上知りえた秘密」とは、他の裁判員の氏名や非公開の資料の内容など、評議以外の部分で、とくに裁判員という立場であることによって知った事柄を意味する。
なお、守秘義務を負うとしても、以下のことは許される。
・裁判員になったことを家族や親しい人に話す
・休暇取得のために、裁判員になったことを上司に報告する

少年事件と刑事手続き

少年の矯正教育などのために成年事件とは異なる手続きが行われる

少年法の改正
令和４年（2022年）４月施行の民法改正によって、成年年齢が20歳から18歳に引き下げられたが、少年法では20歳未満の者を「少年」とするという定義を維持している。ただし、民法改正にあわせて少年法も改正され、令和４年（2022年）４月から、少年のうち18歳・19歳の者を「特定少年」と定義し、特定少年については成年者であることを踏まえ、逆送される対象事件が拡大し、一定の場合には実名報道を含む報道（家庭裁判所が事件を検察官に送致すること）規制が解除されるなど、18歳未満の少年（未成年者）と異なる取扱いをすることになった。

■ 少年犯罪とは

少年（20歳に満たない者）が何らかの罪を犯した（何らかの犯罪にあたる行為をした）とき、その責任はどのように問われるのでしょうか。

少年が罪を犯したとしても、大人とまったく同じように取り扱うことには問題があります。少年は心身共に成熟途中にあるため、やってよいことと悪いこととの区別がつきにくい場合があるからです。また、「前科者」のレッテルを貼ってしまうと、更生して立ち直ることが困難になることにもなりかねません。

そこで、少年事件（加害者が少年である刑事事件）については、成年事件（加害者が20歳以上の者である刑事事件）と異なった扱いをするべきとの見地に立って少年法が存在しており、少年について特別に取り扱うことにしています。

■ 少年の分類

少年事件については、原則として家庭裁判所の審判（少年審判）によって処分が決定されます。少年法では、少年審判に付する対象となる少年を「非行少年」と呼び、非行少年を次のように分類しています。

①　犯罪少年（14歳以上）

刑法41条では、14歳未満の少年には刑事責任がないとし、14歳未満の少年が罪を犯しても犯罪が成立せず処罰しないとしています。このように14歳以上20歳未満の少年で罪を犯した者を犯罪少年といい、14歳未満の少年と区別しています。

少年の年齢による少年事件の取扱いの差異

年　齢	取扱い
14歳未満	刑事未成年（刑罰を科すことはできない）
14歳以上	逆送により刑罰を受ける可能性あり
16歳以上	故意の犯罪行為で死亡させた場合は原則逆送
18歳未満	死刑相当でも無期刑が科される
18歳以上	原則逆送の対象が「死刑、無期または短期1年以上の懲役・禁錮にあたる罪の事件」に拡大
20歳未満	少年法が適用される年齢

②　触法少年（14歳未満）

14歳未満で刑罰法規に触れる行為をした少年を触法少年といいます。14歳未満の少年に犯罪は成立しませんが、その行為が刑罰法令に触れる場合は何らかの措置が必要であるため、少年法の適用対象となります。

③　ぐ犯（虞犯）少年（少年の年齢は問わない）

犯罪少年や触法少年には該当しないが、保護者の正当な監督に服しない性癖がある、正当な理由なく家庭に寄りつかない、不道徳な人と交際するなど、その性格や環境に照らし、将来、罪を犯しまたは刑罰法規に触れる行為をするおそれのある少年をぐ犯（虞犯）少年といいます。

■ 少年事件の手続き

少年事件では、おもに教育・処遇により少年を更生させるという観点から、その手続きが定められています。

①　少年の年齢による手続きの違い

犯行時に少年が14歳以上であった場合は、事件の内容、少年の性格、心身の成熟度などから、事件の送致を受けた家庭裁判

14歳未満の場合

犯行時に少年が14歳未満であった場合は、刑事未成年に該当し刑事罰を受けない。この場合、都道府県知事または児童相談所長から送致を受けたときに限り、家庭裁判所で審判される。

所が刑事手続きに移行させる（検察官に送致する）ことがあります。これを逆送（検察官送致）といいます。家庭裁判所から逆送を受けた検察官は、少年に起訴するに相当する犯罪の嫌疑がある限り、原則として起訴を行わなければなりません。

さらに、16歳以上の少年のときに犯した故意の犯罪行為により被害者を死亡させた罪の事件や、特定少年のときに犯した死刑、無期または短期（法定刑の下限）１年以上の懲役・禁錮にあたる罪の事件については、原則として逆送をすることになっています（原則逆送対象事件）。逆送されると検察官が起訴し、刑事裁判の対象になるので、少年でも懲役や罰金などの有罪判決が言い渡されることがあります。

②　少年審判の特徴

非行少年の処遇を決める家庭裁判所の手続きを少年審判といいます。少年審判は刑罰を科する場ではなく、少年の更生・改善にために何が必要であるかを判断する場であるため、その手続きは刑事裁判のそれとは異なります。

検察官の関与

少年審判においても、非行事実の認定に必要な場合には、犯罪少年の審判の手続きに検察官を関与させることがある。

刑事裁判の手続きは、検察官と被告人・弁護人が向かい合い、裁判官が一段高い席に座り、公平な立場から純法律的に有罪・無罪と有罪の場合の処罰を決めます。これに対し、少年審判の手続きは、裁判官が非行少年と同じ目線に立ち（弁護士などの付添人が非行少年のために同席することもあります）、後見的な観点から非行少年のさまざまな事情を考慮し、どのように処遇すべきかを決定します。

③　少年に対する保護処分

特定少年の特例

特定少年については、成年者であることを考慮し、将来罪を犯すおそれがある（ぐ犯少年である）ことを理由とする保護処分は行われない。

少年事件の発生から審判（逆送された場合は判決）までの手続きのおもな流れは、次ページ図のとおりです。少年の更生の観点から、犯罪少年に関する事件は、すべて家庭裁判所に送致されるのが原則です（全件送致主義）。そして、逆送されなかった非行少年が家庭裁判所の審判の対象となり、何らかの処遇が必要と判断されると「保護処分」が決定されます。

少年事件の手続きの流れ

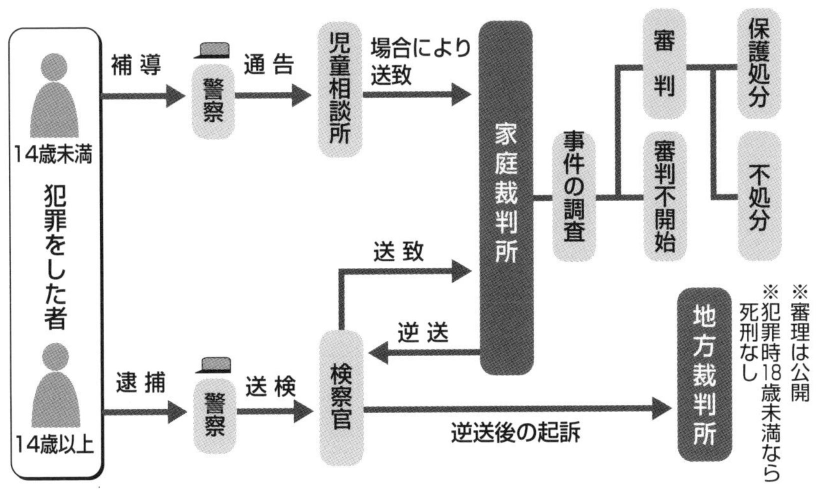

保護処分とは、家庭裁判所に送致された少年を更生させるために行われる少年法上の処分のことをいいます。保護処分には以下のものがあります。

・保護観察

護観察官や保護司の指導・監督を受ければ社会内でも更生できると判断された場合、保護観察に付されます。決められた約束事を守りながら家庭などで生活し、社会内で更生可能と判断した場合に、保護司や保護観察官が、その後の生活状況などについて監督・指導を行う処分です。

・少年院への送致

再び非行を犯すおそれが強く、社会内での更生が難しい場合に、少年の更生・教育のため、少年院に送る処分です。

・各施設への送致

比較的低年齢の少年について、少年の自立支援や養護のため、児童自立支援施設や児童養護施設に少年を送る処分です。

Column

不当な不起訴処分と検察審査会

起訴便宜主義には、柔軟な処遇をするなど利益になる部分が少なくありません。しかし、起訴をするかどうかについて検察官の裁量が大きいことは、訴追が、司法上の目的からではなく、政治的な思惑のもとに控えられるといった危険もはらんでいます。そこで、そのような不当な不起訴処分を防ぐために、①準起訴手続き、②検察審査会、③起訴・不起訴処分の告知という３つの制度が用意されています。

準起訴手続き（付審判請求）とは、公務員の職権濫用罪などについて検察官が不起訴処分を行った場合に、その告訴人・告発人が、裁判所に対して審判に付すことを請求できる制度です。裁判所が、その請求に理由があることを認め、その事件を審判に付する旨の決定を行った場合、公訴提起の効力が生じます。

検察官の不起訴処分の当否を審査するためのチェック機関を「検察審査会」といいます。告訴人・告発人・請求人と犯罪の被害者は、不起訴処分に不服があるときは、検察審査会に処分の当否の審査を請求することができます。検察審査会の一定の議決には、公訴提起の効果が認められています。

起訴・不起訴処分の告知制度とは、検察官が、告訴・告発・請求のあった事件について起訴・不起訴の処分をした場合に、すぐに告訴人らにその旨を告げることを要求する制度です。とくに不起訴処分としたときには、告訴人などから請求があった場合、速やかに処分の理由を告げる必要があります。この制度により関係者に対して処分を批判する機会が保障されることになります。

このように、日本では検察官の不起訴処分に対しては以上の３つのシステムが用意されています。

PART 5

行政訴訟・不服申立てのしくみ

行政活動から国民を救済する行政争訟

違法・不当な行政活動から国民の救済を図る

■ 国民を救済する行政救済法

国民主権主義の国家では、行政は国民の利益になるように活動します。しかし、行政活動とはいっても、実際にそれを行うのは人間です。人間である以上、ときには違法または不当な行政活動をしてしまうことはあります。問題は、そのような行政活動によって権利・利益を侵害される国民をいかに救済するかです。違法・不当な行政活動によって権利・利益を侵害された国民を一定の要件の下で救済する、行政の分野に固有の法的救済を定めた法律を総称して、行政救済法といいます。

違法と不当

違法とは、法律に違反している状態をいう。おもに法律関係が争われる訴訟で問題になる。これに対して、不当とは、法律違反ではないが、妥当性を欠いている状態をいう。

■ 行政争訟法とは

行政救済法の中でも、違法・不当な行政活動そのものを是正して個人を救済することを直接の目的とする争訟に関する法律を、とくに行政争訟法と呼んでいます。行政争訟は、行政上の法律関係に関する争訟を意味し、通常の民事訴訟で争われるべき紛争については、行政争訟からは除かれます。

■ 行政争訟の種類

行政争訟には、次のとおり、裁判所に対して救済を求める行政訴訟と、行政機関に対して救済を求める行政上の不服申立てがあります。

① 行政訴訟

裁判所に訴訟を提起して、違法な行政活動から国民を救済する方法です。行政事件訴訟法によって手続きが定められていま

行政救済法の構造

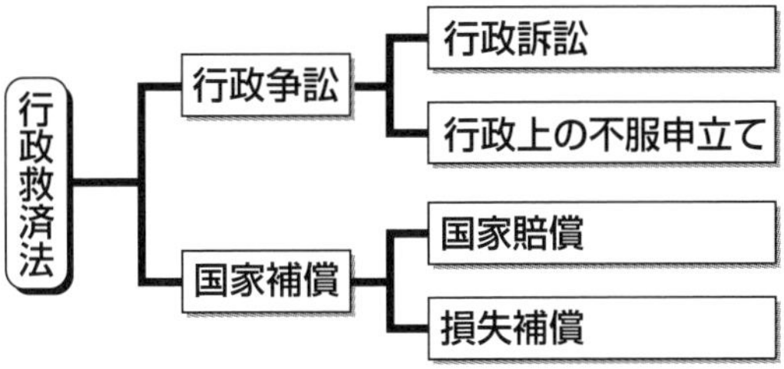

す。行政救済法の中でも、もっとも重要なもので、とくに行政処分の取消しを求める取消訴訟は最重要の訴訟類型です。

② 行政上の不服申立て

行政機関に対して不服申立てをして、違法または不当な行政活動から国民を救済する方法です。行政不服審査法によって手続きが定められています。審査機関が行政機関である点や、行政活動が適法かどうかというだけでなく、行政活動が不当かどうかについても審査できる点が、行政訴訟と異なる点です。

なお、行政上の不服申立てを狭義の行政争訟と呼ぶこともあります。

③ 行政上の苦情処理制度

行政訴訟、行政上の不服申立ての他、行政争訟そのものではありませんが、両者を補完するものとして、行政上の苦情処理という市民の権利救済制度があります。これは、公的機関が行政機関の業務に対する市民からの苦情や不満に関する申立てを受け付けて、その解決を図る制度です。行政訴訟や行政上の不服申立てよりも簡易な手続きであり、費用や手間をとらずに市民を救済することができる点が長所です。ただし、解決のためにとられた措置については法的な拘束力はありません。

行政裁判所の禁止

わが国では、大日本帝国憲法の下では司法裁判所の他に行政事件を扱う行政裁判所が設置されていたが、現在の日本国憲法の下では、司法裁判所が行政事件についても担当している。行政権に対する国民の権利救済を十分に果たせるようにすることなどを目的として、日本国憲法は行政裁判所などの特別裁判所の設置を禁止しているからである。

行政訴訟の類型

行政活動から不利益を受けた者は、直接裁判所に対して救済を求めることができる

■ 行政訴訟（行政事件訴訟）とは

行政活動の是正などを求めるために、裁判所に対して提起されるものを行政訴訟といいます。なお、「行政訴訟」は法律上用いられている言葉ではなく、法律上は「行政事件訴訟」という言葉が用いられており、行政事件訴訟法に行政訴訟の類型が規定されています。

行政訴訟は、主観訴訟と客観訴訟に分けられます。主観訴訟とは、個人の権利利益の救済を目的とする訴訟です。主観訴訟はさらに、抗告訴訟と当事者訴訟に分けられます。抗告訴訟とは、行政庁の公権力の行使に関する不服の訴訟であり、行政事件訴訟法のメインになる訴訟です。当事者訴訟とは、当事者間の権利義務の争いを直接に解決することを目的とする訴訟です。客観訴訟とは、客観的な法秩序の維持を目的とする訴訟です。これには民衆訴訟と機関訴訟があります。

■ 主観訴訟の類型

①　抗告訴訟

抗告訴訟は、さらに法定抗告訴訟と法定外抗告訴訟に分類されます。法定抗告訴訟とは、行政事件訴訟法が規定を置いている訴訟類型をいいます。現在、法定抗告訴訟は、ⓐ処分取消しの訴え、ⓑ裁決の取消しの訴え、ⓒ無効等確認の訴え、ⓓ不作為の違法確認の訴え、ⓔ義務付けの訴え、ⓕ差止めの訴えの6種類が規定されています。

これに対して、法定外抗告訴訟とは、行政事件訴訟法に訴訟

行政訴訟の類型

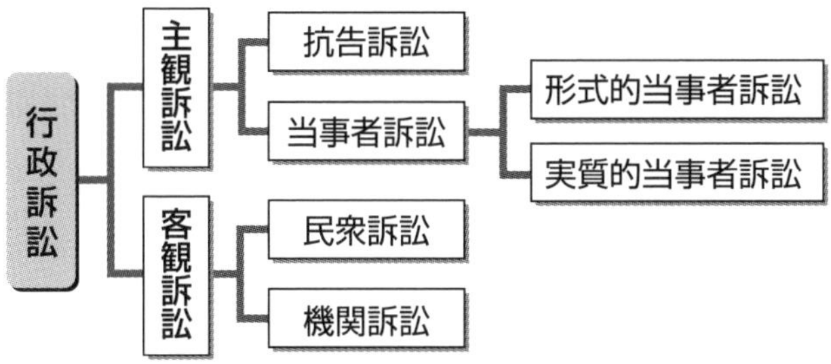

類型として規定されていない訴訟類型です。法定抗告訴訟の類型は例示であり、私人の権利・利益を救済するために、その他の訴訟類型が認められる余地があると考えられています。

② 当事者訴訟

当事者訴訟は、実質的当事者訴訟と形式的当事者訴訟に分類されます。実質的当事者訴訟とは、公法上の法律関係に関する訴えをいいます。形式的当事者訴訟とは、争いの性質上、争いのある法律関係について、関係当事者同士が訴訟で争うと法令により定められている訴訟類型をいいます。

■ 客観訴訟の類型

① 民衆訴訟

国または公共団体の機関の法規に適合しない行為の是正を求める訴訟で、選挙人たる資格その他自己の法律上の利益に関わらない資格で提起するものです。選挙訴訟や住民訴訟がその例です。

② 機関訴訟

国または公共団体の機関相互間の権限の存否またはその行使に関する紛争についての訴訟です。地方公共団体の長と地方議会が、議会の決議の有効性について争う訴訟がその例です。

実質的当事者訴訟の例

たとえば、公務員の地位確認の訴えや、公務員が給与の支払いを求める訴えなどがある。

形式的当事者訴訟の例

たとえば、土地収用法は、土地の収用裁決において、土地の補償額（損失補償）について不服があるときは土地の所有者と収用を申し立てた起業者との間で訴訟を行うべき旨を規定している。

民衆訴訟を提起することができる者

客観訴訟の一種である民衆訴訟は、本文に記載されているように、個人の権利義務に関係がない。しかし、誰でも訴えを提起できるのではなく、法律に定められた者のみが提起できるという制度が採られている。たとえば選挙に関する訴訟では、選挙人であれば提起可能であるというように、自己の利益に無関係の資格で提起することができる。

取消訴訟

行政行為に処分性が認められなければ適法に提起できない

■ 取消訴訟とは

取消訴訟とは、行政庁の行った行政処分を取り消すことを求める訴訟です。取消訴訟には、「処分の取消しの訴え」と「裁決の取消しの訴え」の２つがあります。行政行為（行政処分）は、違法であっても、取消訴訟を提起してその効力を否定しない限り、有効なものとして取り扱われるというのが原則です（これを「取消訴訟の排他的管轄」といいます）。そのため、取消訴訟は、抗告訴訟の中でも重要な役割を果たしています。

■ 取消訴訟の対象

取消訴訟とはいっても、行政行為について何でも訴えの対象となるわけではありません。行政事件訴訟法３条２項は、取消訴訟の対象は「行政庁の処分その他公権力の行使にあたる行為」であると規定し、当該行政行為にいわゆる「処分性」があることを訴訟要件としています。

具体的に、どのような行政行為に処分性が認められるのかについて、判例は、「直接国民の権利義務を形成し、またはその範囲を確定することが法律上認められているもの」でなければならないとしています（東京都ゴミ焼却場事件判例）。この定義をもとに、判例は行政行為の性質ごとに具体的に処分性を判断しています。

訴訟要件と本案勝訴要件

訴訟要件とは、訴訟提起自体が適法であると裁判所に認めてもらうための要件である。訴訟要件が認められない場合、却下判決が下され、いわば門前払いの判決を受ける。
これに対して、本案勝訴要件（勝訴判決を受けるための要件）とは、訴訟要件が認められることを前提として、訴訟の中身である具体的な請求（本案）について、裁判所に請求・主張を認めてもらい勝訴を得るための要件である。

■ 処分性の有無について問題となった行政行為

さまざまな行政行為について、処分性があるかどうかが裁判

処分の取消訴訟

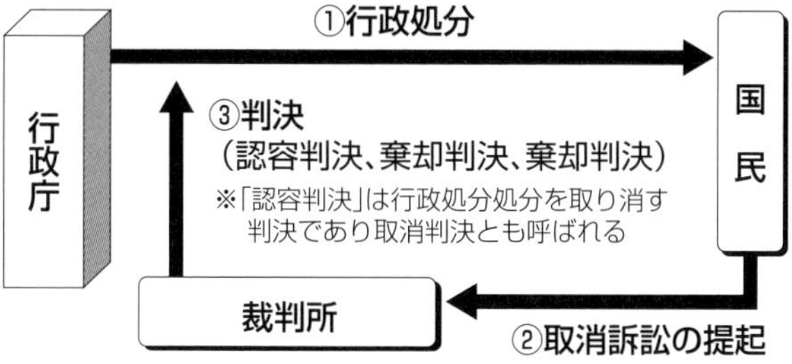

上争われています。以下、おもなものを紹介します。

①　行政機関の内部的行為

墓地埋葬法に関する厚生省部長通達のように、行政内部の命令である通達には処分性は原則として認められていません。

②　事実行為

保険医に対する知事の戒告や中学校生徒心得など、個人の権利義務に直接の法的効果を及ぼさない事実行為にも、処分性は認められません。戒告や生徒心得だけでは、法的な権利義務が発生しないからです。また、マンション建設業者に周辺住民との協議を求めるといった、国民に任意の協力を求めるよう指導したりする行為も、個人の権利義務に直接の法的効果を発生させないため、処分性は認められません。

③　一般的行為

法令・条例といった一般的な規範や行政計画は、直接に国民の具体的な権利義務に影響を及ぼさないので、処分性は否定されます。判例も、土地区画整理事業計画の処分性が争われた事案で取消訴訟の対象とはならないとしました。しかし、判例は、特定人に対して具体的な法的効果を及ぼすといえる場合には、処分性を認めています。たとえば、公立保育所を廃止する条例の制定について、判例は処分性を認めています。

通達

各省庁などの行政官庁が扱う事務に関して法令の解釈や運用の指針などを職員などに対して知らせること。

条例

地方公共団体が制定する自主立法。条例は、法律の範囲内で制定される。

④　私法上の契約

国有財産の売却や公害防止協定などは私法上の契約なので、たとえ行政庁が主体となっていても、処分性は認められません。

私法上の契約

請負契約のように国民同士でも結ぶことができる契約のこと。
一方、公務員の勤務契約などの行政に固有の契約を「公法上の契約」という。

■ 訴訟提起の資格（原告適格）

取消訴訟は誰でも提起できるわけではありません。たとえ行政処分がなされたとしても、何の関係もない人がそれを争って取消訴訟を提起できるとすると、裁判所は渋滞状態になってしまいます。また、訴訟は利害関係のある当事者が真剣に取り組むからこそ、法的拘束力のある判決を下すことができるのです。

そのため、提起できる資格を限定して、その資格のない者の訴えは訴訟要件を欠くものとして、却下すべきこととされています（行政事件訴訟法９条）。この資格を原告適格といいます。

■「法律上の利益を有する者」（行政事件訴訟法９条）

行政事件訴訟法９条は、「法律上の利益を有する者」に原告適格が認められると規定しています。「法律上の利益を有する者」とはどのような者かについて、判例は、「ジュース不当表示事件」という訴訟で、「当該処分により自己の権利もしくは法律上保護された利益を侵害され、または必然的に侵害されるおそれのある者」に原告適格を認めると判示し、その行政処分の根拠となる法令によって保護された個別的な利益をもつ者でなければ、原告適格が認められないとしています。

そして、行政事件訴訟法９条２項は、「法律上の利益を有する者」の該当性については、処分の根拠となった法令の趣旨・目的、処分において考慮されるべき利益の内容・性質についても考慮して判断すべきであると規定しています。

また、処分の根拠となった法令だけではなく、関係法令の趣旨・目的、害されることになる利益の内容・性質と害される態様・程度についても考慮して判断すべきと規定しています。こ

取消訴訟の提起が適法といえるには

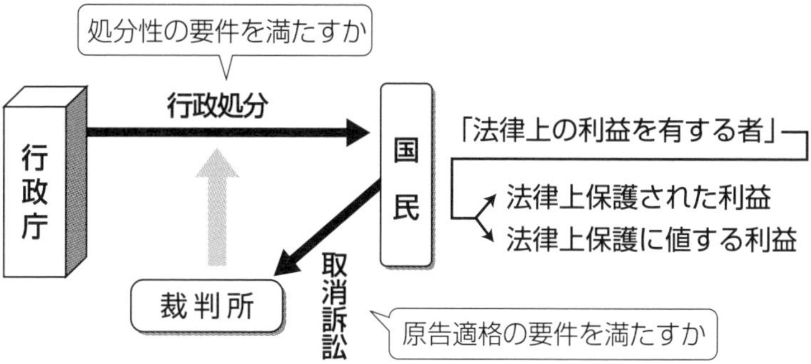

●その他、以下の要件を満たすことも必要

・訴えの利益
　⇒ 本案判決を受けるための利益はあるか
・被告適格
　⇒ 被告になるための資格を満たしているか
・管轄
　⇒ 管轄に間違いはないか

の条文は非常に読みづらい表現ですが、簡単に要約すれば「個々の具体的な法令や事案ごとに利益の有無を判断して下さい」という趣旨です。

その他の訴訟要件
訴えの利益（本案判決を受けるための利益）・被告適格（被告になるための資格）・管轄などがある。

■ 出訴期間

取消訴訟はいつでも提起できるわけではありません。出訴期間という訴訟提起の期限があります。行政処分の効力が、長く不安定な状態に置かれることを防ぐために設けられています。これにより、行政処分の早期安定が図られます。行政事件訴訟法14条は、原則として、①処分・裁決があったことを知った日から6か月以内、または②処分・裁決があった日から1年以内を出訴期間として定めています。

取消訴訟以外の抗告訴訟

無効等の確認、不作為の違法確認、義務付け、差止めの訴えがある

■ 無効等確認の訴えとは

行政処分は、違法であっても取り消されるまでは一応有効なものとして扱われるのが原則です。そのため、違法な行政処分の効力を否定するには、取消訴訟を提起しなければなりません。しかし、取消訴訟には出訴期間の制限があり、一定の期限を経過すると訴訟提起が認められません。これでは、国民の救済を十分に図ることができません。そこで、行政事件訴訟法は、行政処分を取り消す取消訴訟の他に、そもそも行政処分は無効であると主張する無効等確認の訴えを定めています。

行政処分
公権力の主体である国や公共団体の行為によって国民の権利義務を形成し、その範囲を確定することが法律上認められているもの。

無効等確認の訴えは、行政処分の、違法性や瑕疵が重大である場合には、はじめから無効と扱うべきであって、もはや取り消されるまでは有効であるという扱いをすべきではないという考えに基づくものです。無効な行政処分であるならばば、行政処分の早期安定を図る必要もないため、無効等確認の訴えには出訴期間はなく、いつでも訴訟を提起できます。

■ 無効等確認の訴えの訴訟要件・本案勝訴要件

無効等確認の訴えの訴訟要件は、処分性、原告適格、被的確、管轄です。処分性については取消訴訟と同様の問題が生じます。

原告適格については、行政事件訴訟法36条が定めています。この条文の解釈は見解が分かれていますが、判例の考えに基づけば、次の２つのいずれかの者に限り、無効等確認訴訟を提起することができる原告適格を有することとなります。

① 処分または裁決に続く処分により損害を受けるおそれがあ

抗告訴訟の種類

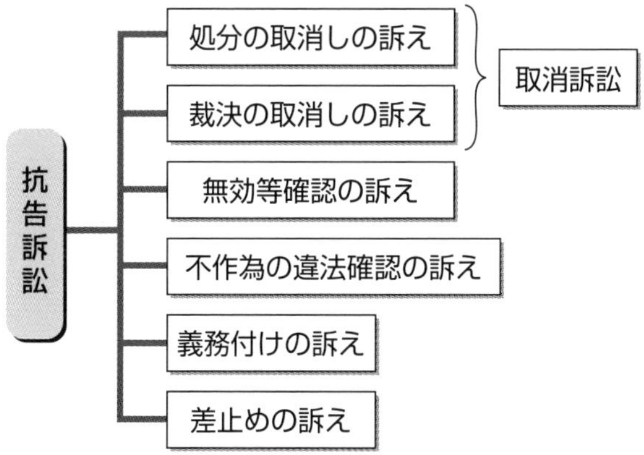

る者

② 処分または裁決の無効等の確認を求めるについて法律上の利益を有する者で、その処分または裁決の存否またはその効力の有無を前提とする現在の法律関係に関する訴えによっては目的を達することができない者

①は予防的訴訟、②は補充的訴訟と呼ばれています。②の「法律上の利益を有する者」とは、取消訴訟の原告適格と同様の解釈をするというのが通説的見解です。

また、②の「現在の法律関係に関する訴えでは目的を達することができない」場合がどのような場合かについても争いがあります。判例はかなり緩やかに考え、他の訴えと無効等確認の訴えを比較して、無効等確認の訴えが、原告の権利救済の方法として他の訴えよりも適しているといえる場合であれば足りると考えています。

最後に、無効等確認の訴えの本案勝訴要件として、行政処分の違法・瑕疵が重大であることと、違法・瑕疵が重大であることが明白であることが必要です（重大明白説）。

無効等確認の訴えの判例

無効等確認の訴えで有名なものは、高速増殖炉もんじゅの設置許可に重大明白な違法があるとして無効等確認の訴えを提起したものが挙げられる。最高裁は重大明白な違法はないとして、訴えを棄却している。

■ 不作為の違法確認の訴え

行政事件訴訟法37条

不作為の違法確認の訴えの原告適格について「不作為の違法確認の訴えは、処分又は裁決についての申請をした者に限り、提起することができる」と規定している。

行政事件訴訟法は、行政処分という作為だけでなく、不作為に対しても争う手段を用意しています。それが不作為の違法確認の訴えです。

この訴えは、行政庁に対し国民が法令に基づいて申請を行い、行政庁が相当の期間内に何らかの処分または裁決をすべきであるにもかかわらず、これをしないことについての違法の確認を求める訴えです。

不作為の違法確認の訴えの原告適格は、単に「処分または裁決について申請をした者」であれば認められます。

■ 義務付けの訴え

一定の処分・裁決をしない行政庁に対して、国民が望む処分・裁決をすべきことを義務付けることを求める訴えも可能です。これを義務付けの訴えといいます。義務付けの訴えは、申請型と非申請型に分類されます。

① 申請型義務付けの訴え

一定の処分または裁決を求める旨の法令に基づく申請または審査請求がされ、行政庁がその処分・裁決をすべきであるのにこれがされない場合に、行政庁に対してその処分・裁決を命ずることを求める訴えです。法令に基づく申請または審査請求をした者に限り、原告適格が認められます。また、不作為の違法確認の訴えや取消訴訟との併合提起が必要です。たとえば、営業許可の申請をしたのにもかかわらず、数か月経っても営業許可処分も不許可処分もなされない場合、不作為の違法確認の訴えと営業許可処分の義務付けの訴えを併合提起します。

② 非申請型義務付けの訴え

行政庁が一定の処分をすべきであるにもかかわらずこれがされない場合に、行政庁がその処分をすべき旨を命ずることを求める訴えです。一定の処分がされないことにより重大な損害が

取消訴訟以外の抗告訴訟の活用例

（例）人違いで下された課税処分に対して納税義務がないことを明らかにしたい場合（行政処分の違法や瑕疵が重大な場合）→ 無効等確認の訴え

（例）数か月経っても営業許可申請に対する返答がない場合 → 不作為の違法確認の訴え／申請型義務付けの訴え
※併合提起

（例）周辺住民が産業廃棄物処理施設設置許可の取消しを求めたい場合 → 非申請型義務付けの訴え

（例）国歌斉唱の際に起立しなかった教員が予想される懲戒処分を差し止めたい場合 → 差止めの訴え

生じるおそれがあり、かつ、その損害を避けるために他に適当な方法がない場合に限り、提起できます。たとえば、産業廃棄物処理施設の周辺住民が、施設設置許可の取消処分を求めるような場合が挙げられます。

■ 差止めの訴え

国民に不利な行政処分・裁決がなされることがあらかじめ予想できる場合には、その処分・裁決の差止めの訴えを提起することができます。取消訴訟が、行政処分・裁決がされた後の事後的な救済方法であるのに対し、差止めの訴えはあらかじめ一定の処分・裁決をさせないという事前的な救済方法です。

差止めの訴えは、一定の処分・裁決がされることにより重大な損害が生じるおそれがあり、その損害を避けるため他に適当な方法がない場合に限り、提起できます。

仮の救済制度

行政訴訟の提起に伴い、一時的に処分の効力を停止し、または行政庁に暫定的な処分を命じる制度

■ 仮の救済制度とは

行政処分を除去・予防するために、抗告訴訟は効果的ですが、判決で処分を除去または処分が予防されるまでには、長い裁判を戦わなければなりません。この間に行政処分によって不利益を受けた場合は、裁判が無意味になってしまいます。そこで、行政事件訴訟法は訴訟提起に伴い、一時的に処分の効力を停止し、または行政庁に暫定的な処分を命じる制度を定めました。これが仮の救済制度です。仮の救済制度には、①処分の執行停止、②仮の義務付け・仮の差止めがあります。

■ 執行停止

取消訴訟が提起されるたびに処分の執行が停止されてしまうと、行政の円滑な運営が妨げられ、処分の妨害目的で取消訴訟が提起されてしまいます。しかし、取消訴訟の係属中に処分が執行されてしまうと、原告は、たとえ勝訴したとしても損害を被ってしまい実質的に権利が救済されないおそれがあります。ます。そこで、裁判所に処分等の執行停止を申し立てることが認められています。執行停止には、「処分の効力」「処分の執行」「手続の続行」の全部または一部の停止があります。

執行停止を申し立てるには、①取消訴訟を提起していること、②重大な損害を避けるために緊急の必要があることが必要となります。ただし、執行停止により公共の福祉に重大な影響が生じるおそれがあるとき、または、取消訴訟の提起（本案）に理由がないと思われるときには、たとえ重大な損害があっても執

公共の福祉

一般的には、社会的な共同生活の利益のことを公共の福祉という。

仮の救済制度のしくみ

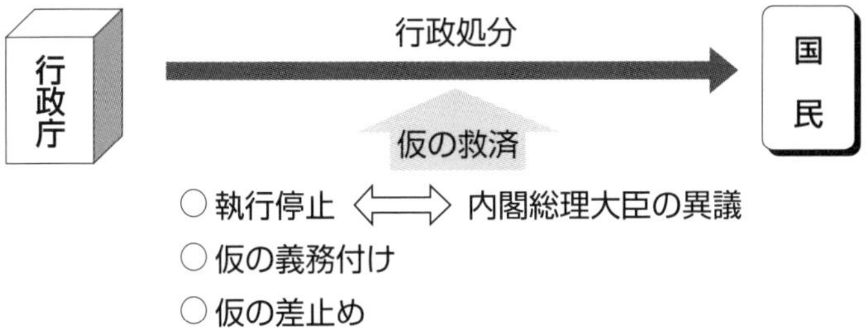

行停止は認められません。さらに、内閣総理大臣が執行停止に異議を申し立てたときは、執行停止は取り消されます。

■ 仮の義務付け・仮の差止めとは

仮の義務付けと仮の差止めは、義務付けの訴えや差止めの訴えが提起された場合に、暫定的に行政処分を義務付けたり、差し止めたりする制度です。これらを申し立てるには、①義務付けの訴えまたは差止めの訴えが提起されていること、②償うことができない損害を避けるために緊急の必要があること、③本案について理由があるとみえることが必要です。

仮の義務付け・仮の差止めは、執行停止よりも強い強制力を行政庁に課す制度です。そのため、執行停止の要件と比べて、より深刻な損害を避けるための緊急の必要性が求められる点や、本案に理由が「ある」といえることが要件になっている点に特徴があります。また、義務付けの訴えや差止めの訴えの訴訟要件は、「重大な損害」とされていますが、仮の義務付け・仮の差止めでは、「償うことができない損害」とされています。これは、本体となる訴訟の確定前という暫定的な措置とはいえ、一応は原告が望む救済の状態を与えることになるため、本体の訴訟要件よりも厳格な要件が置かれたものと考えられます。

内閣総理大臣の異議

行政処分の執行停止に対して、内閣総理大臣が異議を述べること(行政事件訴訟法27条)。内閣総理大臣から異議が述べられた場合には、裁判所は執行停止を取り消さなければならない。
執行停止により、社会に重大な不利益が生じると考えられる場合に、内閣総理大臣の異議が出される。

本案

仮の義務付け・仮の差止めは、原告が求める救済の内容が暫定的に実現された状態である。この原告の請求が、最終的に、正式に認められるか否かが争われる訴訟を、一般に本案と呼んでいる。

国家補償法① −国家賠償法

違法な行政活動によって市民が受ける損害や損失をてん補するのが国家賠償法

■ 国家補償法とは

行政訴訟は、違法な行政処分の取消詩を求めたり、一定の行政処分をすることを義務付けさせる、違法な行政処分を事前に差し止めるなど、行政処分に対する権利救済を裁判所に求めるものです。

これに対し、違法または適法な行政活動によって、国民に損害や損失が発生した場合に、その損害や損失を金銭によって埋め合わせて国民の救済を図るために、一連の法律が制定されています。この一連の法体系を国家補償法と呼んでいます。

行政活動によって、国民に損害や損失が発生する具体例

「警察官の違法な捜査によって、プライバシーを侵害された」「公園のブランコに欠陥があったために、子どもが負傷してしまった」「市の公共事業の実施のために自分が所有する土地と建物が収用されることになってしまった」など、さまざまなケースがある。

国家補償法としては、大きく２つの制度に分けることができます。

１つは、国または地方公共団体の違法な行為あるいは何らかの瑕疵（欠陥）によって被った国民の損害に対して賠償を行う、国家賠償制度であり、国家賠償法という法律が規定しています。ここでは、もともと国民に損害を与えることを予定していない場合の救済について、取り扱っています。

もう１つは、国または地方公共団体の適法な行為によって、国民に発生した損失に対して補償を行う、損失補償の制度です。損失補償については、憲法29条３項で規定されており、これを受けて多くの法律において損失補償の規定が設けられています。

■ 国家賠償法の規定

国家賠償法１条は、公務員による違法な公権力の行使によって国民が損害を受けた場合に、国または公共団体に賠償責任を

国家補償法の構造

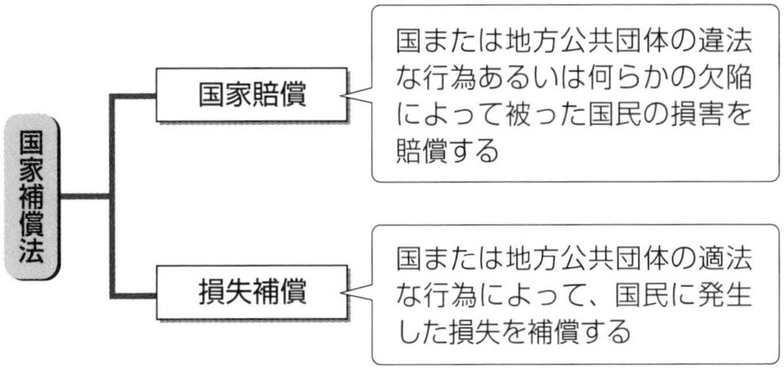

負わせています。この規定によって、公権力の行使、とくに、行政活動によって損害を受けた国民が泣き寝入りすることなく、損害のてん補を受けることができます。

2条では、公の営造物の設置・管理の瑕疵（欠陥）から生じた国民の損害について、国または公共団体の賠償責任を定めています。国・公共団体が設置または管理する道路や河川といった公の営造物は、通常有するべき安全性を備えていなければならず、このような安全性を欠くために発生してしまった損害については、賠償責任を負うべきであるということです。

4条では、国家賠償法に規定されていない事項については、民法（民法の特則を含みます）の規定が適用されるとしています。この規定は、国家賠償法が民法の特別法であることを意味するものです。そのため、たとえば、1条、2条に基づいて賠償請求できる場合であっても、民法の不法行為に関する規定（過失相殺、消滅時効など）が補充的に適用されます。また、1条、2条に基づいて賠償請求ができないケースであっても、民法の規定を根拠として賠償請求できます。

公の営造物
公の目的に供用されている有体物のこと。具体的には、国家賠償法2条に例示されている道路や河川の他、庁舎などの建造物、自動車・航空機といった動産も含まれる。

国家補償法② − 損失補償

損失補償は適法な行政活動によって特別の犠牲を強いられた者に対して補償を行うもの

■ 損失補償とは

国家賠償法は国・地方公共団体の違法な行為などへの賠償責任を定めた法律です。一方、行政活動は適法であるものの、その活動により国民が特別な犠牲を受ける場合があります。この特別の犠牲に対し、金銭的な補償を行う制度が損失補償です。

損失補償法という法律はありません。損失補償の要件は、憲法29条３項が定めています。これを受けて、土地収用法、自然公園法などの個別の法律が、損失補償に関する規定を置いています。

なお、判例は、個別の法律に損失補償の規定がない場合であっても、憲法29条３項を直接の根拠として、国民が損失補償を請求する余地を認めています。

憲法29条3項
「私有財産は、正当な補償の下に、これを公共のために用ひることができる」と規定されている。

■ 損失補償の要件

憲法29条３項は、①私有財産を公共のために用いることを損失補償の要件としています。「公共のために用いる」の意味についてはさまざまな見解がありますが、公共事業などのために直接用いる場合、より広く解釈して、公共目的のために私有財産に損失が与えられる場合という見解などが有力です。

また、損失補償は、社会の中において特別な犠牲を強いられた者に対して、その受けた損失を社会全体でてん補しようとする考え方に基づいています。そのため、②特別の犠牲のあることが、損失補償を受ける要件となります。

特別の犠牲の有無を判断する基準については、３つの基準が

特別な犠牲の判断基準と正当な補償

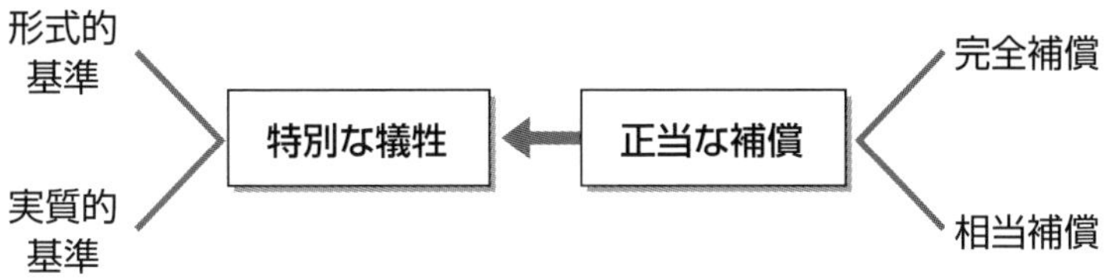

あります。第1は、形式的基準として、規制が個別的で一般的であるかという基準が挙げられます。一般的であれば、補償は不要ということになります。第2は、実質的基準として、規制が財産権を剥奪したり、本来の効用を妨げる程度の重大な制限であるかという基準があります。財産権の剝奪または重大な制限にあたる場合には、補償を認める方向に働き来ます。第3は、財産権の侵害や規制の目的がどのようなものかという基準があります。たとえば、判例は、災害防止という目的から財産権を規制する場合は、権利者はそれを受忍しなければならないため、損失補償は不要であるとしています。

■ どの程度の補償がなされるのか

特別の犠牲にあたる場合に、損失補償はどの程度の範囲に及ぶのでしょうか。この問題については、２つの見解があります。１つは、規制の前後を通じて財産的な価値が変わらないように、完全な補償が必要であるとする完全補償説です。もう１つは、その時代の社会通念に照らして、相当な範囲で補償すればよいとする相当補償説です。終戦後間もない時期の農地改革については、最高裁判所では相当補償説が採用されましたが、現在では、完全補償が原則です。

行政上の不服申立て

不当な行政活動に不服がある国民が不服を申し立てることで、自己の権利利益の救済を図る

■ 行政機関への不服申立て

行政機関が国民に対して何らかの処分をした場合、相手方の国民としては納得がいかないことがよくあります。たとえその処分が法令に違反していないときでも、不当ではないかとの疑問を抱くこともあります。この場合、行政事件訴訟法による救済手段が用意されてはいますが、時間や費用がかかる点に加え、裁判沙汰を好まない国民性もあいまって、利用しづらいことも否めません。

このような場合に備えて、行政不服審査法には、行政上の不服申立てという制度が設けられています。行政上の不服申立てとは、行政活動をめぐる紛争につき、国民の不服の申立てに基づき、行政機関が審理を行い、これに基づいて裁決などを下すことによってこの紛争を解決する作用です。

■ 審査請求、再審査請求、再調査請求

行政不服審査法は審査請求・再審査請求・再調査請求を定めています。審査請求とは、原則として処分庁（処分をした行政庁）・不作為庁よりも上級（原則として最上級）の行政庁に処分の不服を申し立てることをいいます。再審査請求とは、審査請求についての判断（裁決）に不服がある者が、法律の定める行政庁に対してさらに不服を申し立てることです。再調査請求とは、処分庁以外の行政庁に審査請求ができる場合に、処分庁に対して不服を申し立てて調査を求めることで、審査請求よりも簡易な手続きです。どの請求も常に認められているわけでは

行政上の不服申立手続きの概要

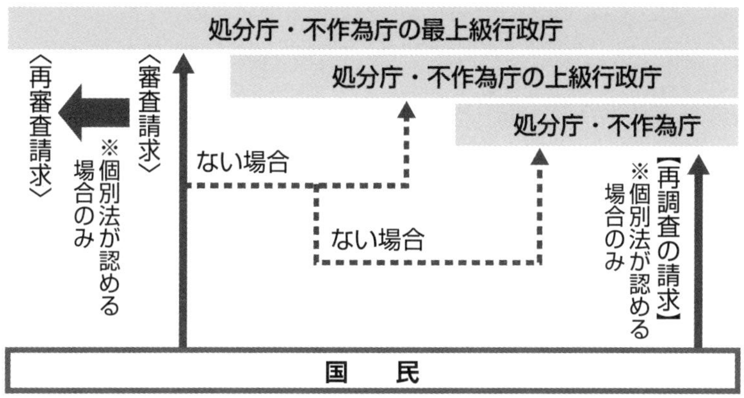

なく、行政不服審査法や個別法の要件を満たした場合にのみ認められています。

■ 審査請求前置主義とは

裁判との関係で重要になってくるのが、自由選択主義と審査請求前置主義です。

自由選択主義とは、行政処分に不服がある者は行政庁に審査請求などの不服を申し立てること、裁判を提起することのどちらでも自由に選択できる原則をいいます。これに対して審査請求前置主義とは、行政処分に不服がある者はまず審査請求を提起し、裁決を経てから、裁判を提起しなければならない原則をいいます。

個別の法律で審査請求を先に経なければならない旨の規定がある場合には、それを経なければなりません。審査請求が却下された場合には、審査請求が前置されたとはいえません。また、不適法な審査請求を行い、裁決庁が誤って審理の上審査請求を棄却する旨の裁決をしても、審査請求前置の要件を満たしたことにはなりません。

個別の法律で審査請求前置主義が定められている場合

たとえば、審査請求が訴訟の第一審にあたるといえるほど手続きが整えられており、税務など、大量に不服が申し立てられるおそれがあり、また専門的な知識が必要な事柄について、すべて訴訟が提起されると裁判所の負担が過大になりすぎるような場合には、個々の法律によって審査請求前置主義が定められている。

【監修者紹介】

森　公任（もり　こうにん）

昭和 26 年新潟県出身。中央大学法学部卒業。1980 年弁護士登録（東京弁護士会）。1982 年森法律事務所設立。おもな著作（監修書）に、『公正証書のしくみと実践書式集』『職場のトラブルをめぐる法律問題と実践解決書式』『著作権の法律問題とトラブル解決法』『インターネットの法律とトラブル対策』『入門図解 親子の法律問題【離婚・親子関係・いじめ・事故・虐待】解決の知識』『三訂版　仮差押・仮処分の法律と手続き』など（小社刊）がある。

森元　みのり（もりもと　みのり）

弁護士。2003 年東京大学法学部卒業。2006 年弁護士登録（東京弁護士会）。同年森法律事務所 入所。おもな著作（監修書）に、『公正証書のしくみと実践書式集』『職場のトラブルをめぐる法律問題と実践解決書式』『著作権の法律問題とトラブル解決法』『インターネットの法律とトラブル対策』『入門図解 親子の法律問題【離婚・親子関係・いじめ・事故・虐待】解決の知識』『三訂版　仮差押・仮処分の法律と手続き』など（小社刊）がある。

森法律事務所

家事事件、不動産事件等が中心業務。
〒104-0033　東京都中央区新川２－15－３　森第二ビル
電話 03-3553-5916　　http：//www.mori-law-office.com

図解で早わかり
最新　裁判・訴訟の基本と手続き

2023年４月30日　第１刷発行

監修者　森公任《もりこうにん》　森元《もりもと》みのり
発行者　前田俊秀
発行所　株式会社三修社
〒150-0001　東京都渋谷区神宮前2-2-22
TEL　03-3405-4511　FAX　03-3405-4522
振替　00190-9-72758
https://www.sanshusha.co.jp
編集担当　北村英治
印刷所　萩原印刷株式会社
製本所　牧製本印刷株式会社

ISBN978-4-384-04913-8 C2032